法学的童真
孩子的法律视界

姚建龙 著　姚中琛 绘

上海三联书店

法学的童真

孩子的法律视界

法学的童真

孩子的法律视界

法学的童真

孩子的法律视界

法学的童真

孩子的法律视界

法学的童真

孩子的法律视界

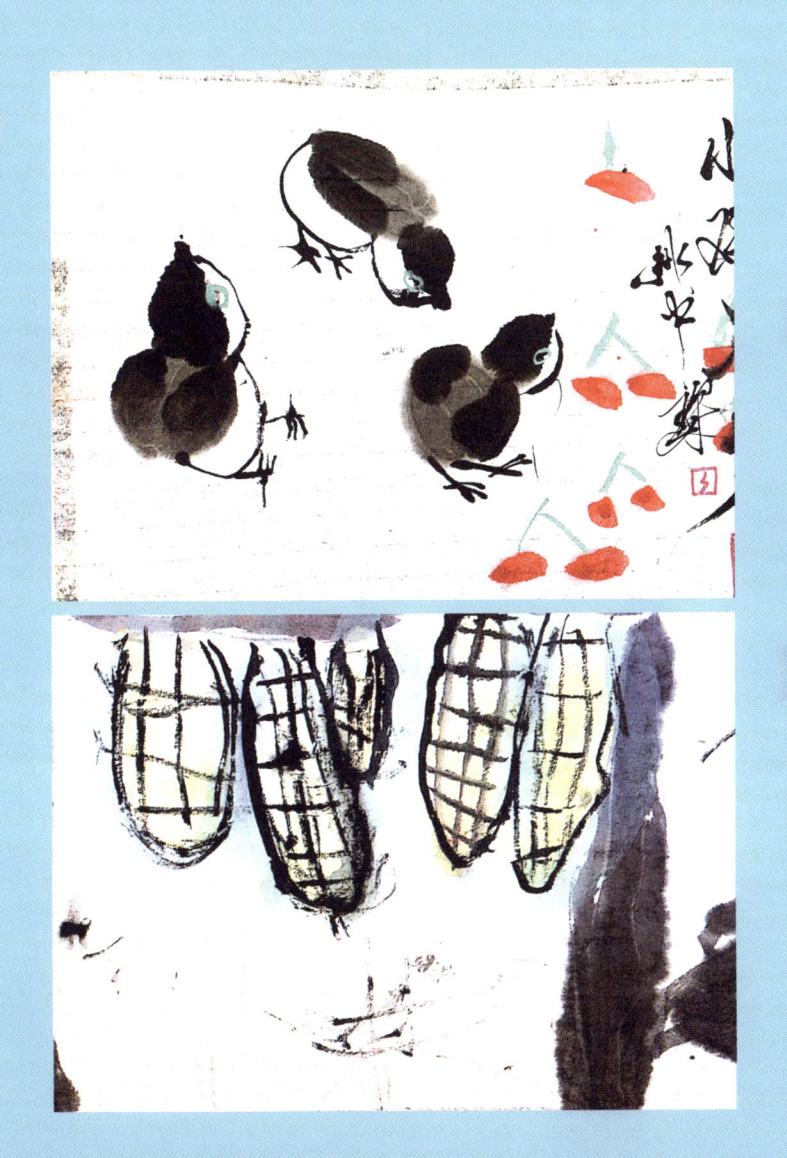

法学的童真

孩子的法律视界

法学的童真

孩子的法律视界

法学的童真

孩子的法律视界

法学的童真

孩子的法律视界

法学的童真

孩子的法律视界

法学的童真

孩子的法律视界

法学的童真
孩子的法律视界

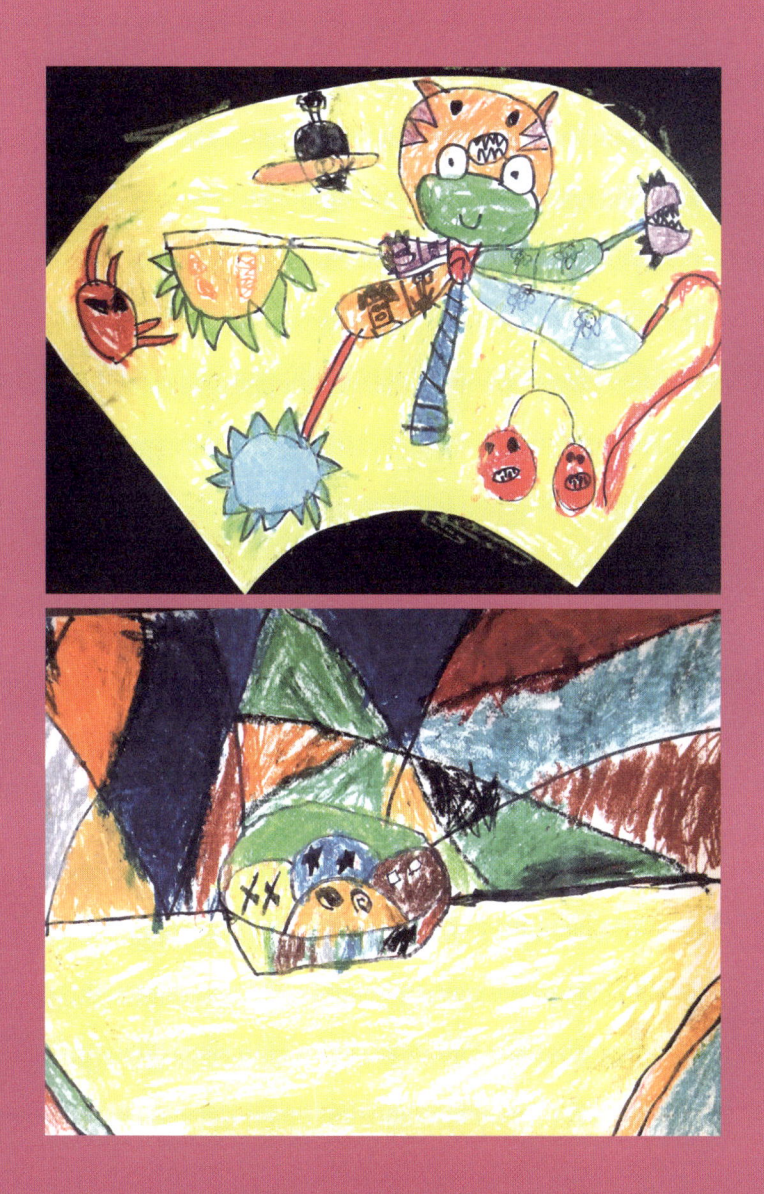

法学的童真
孩子的法律视界

法学的童真

孩子的法律视界

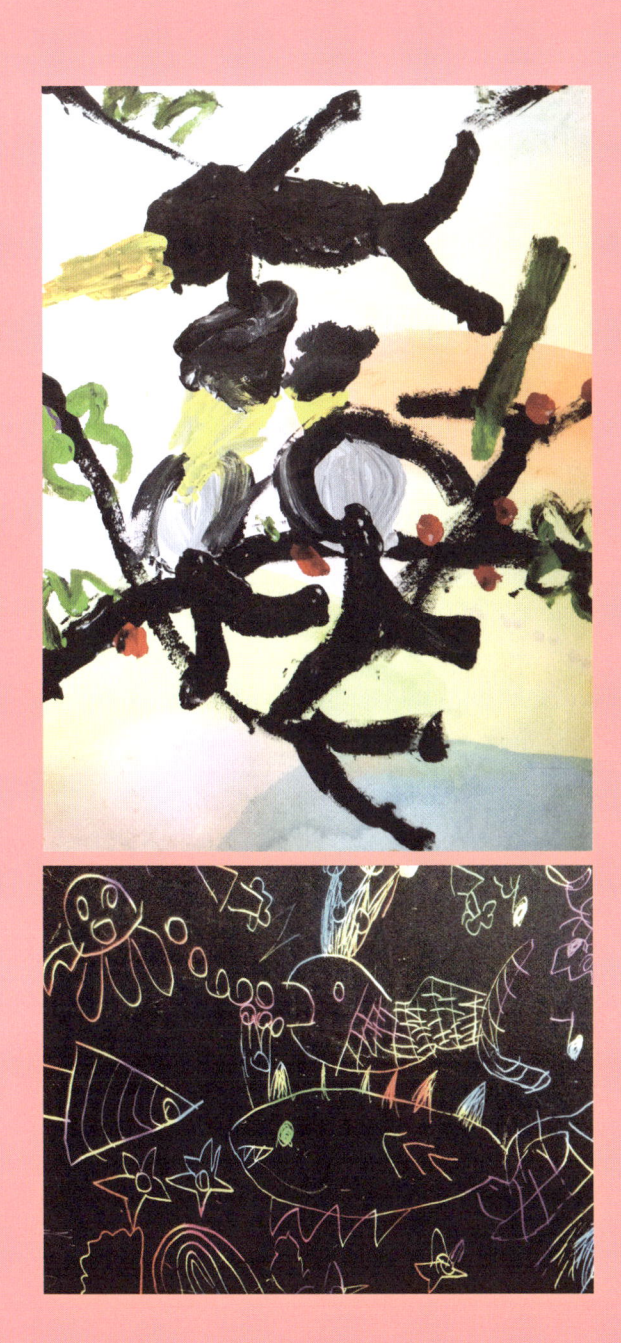

法学的童真
孩子的法律视界

法学的童真

孩子的法律视界

法学的童真

孩子的法律视界

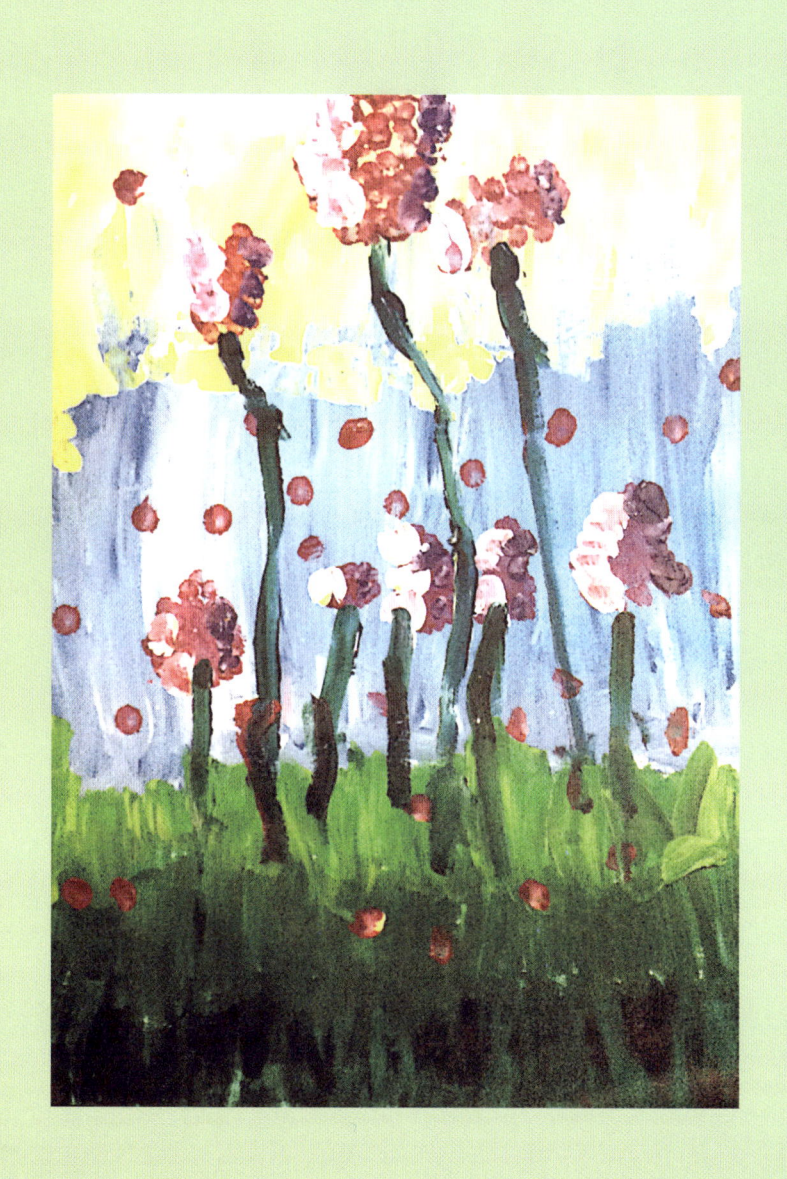

法学的童真

孩子的法律视界

献给吾子,小学生阳杨,愿你的童年安康、快乐,远离暴戾与不安。

——大肚子爸爸

目 录

自序

第一辑 社会之痛：有一种责任是否不再缺失

- 3 │ 未成年人保护应具顶层设计思维
- 6 │ 新时代环境下的未成年人保护
- 9 │ 儿童：社会转型不能没有的底线
- 11 │ 儿童保护，该向外国学什么
- 14 │ 把性侵儿童的罪犯往死里逼
- 17 │ 全面禁止儿童乞讨应当缓行
- 19 │ 微博打乞：不敢苟同
- 21 │ "网络时代"与成人社会的焦虑
- 24 │ 外部监管与自我净化：对净网 2014 专项行动的几点看法
- 27 │ 网络伤害防范要点
- 31 │ 共青团不能只做乖孩子
- 33 │ 社会转型期应改革刚性旧有机制
- 35 │ 青少年社会管理创新的理念与路径
- 37 │ 对流动青少年"教育帮扶"的几点思考

第二辑　家校之忧：有一种关爱是否成了伤害

- 43　父母法律责任越小，孩子越危险
- 45　家庭不是体罚虐待儿童的天堂
- 48　法律应给失职父母一点"颜色"
- 51　父母不可不知道的"标签理论"
- 54　父母与孩子之间的法律界限
- 58　未成年人监护：没有保障，就没有干预
- 61　青春期性教育教不教避孕方法？
- 63　谈谈女青年的性逆变心理
- 65　期待法制教育更具实效
- 67　法制教育的反思与转型
- 71　理性对待工读学校

第三辑　童年之惑：有一种纯真是否能够回归

- 77　未成年人犯罪的法律后果
- 80　暑期何以成为未成年人犯罪高发期
- 86　富二代犯罪不是伪命题
- 88　吸毒用的针管
- 90　毒树之花
- 93　涉罪未成年人身份信息不应违法披露
- 98　预防重点青少年群体犯罪工作的基本思路
- 99　你们会有一个美好的未来，这也是我们的期望和祝福
- 100　封存少年"前科"，是在传递司法温暖
- 102　反社会排斥视野下的未成年人前科消灭制度
- 105　前科消灭不只是一个法律问题
- 107　犯罪记录封存制度的"喜"与"惊"

第四辑　罪案之困：有一种暴戾是否可以远离

- 111　关于温岭虐童案的几点杂想
- 113　"家鑫案"与死刑裁判中儿童观的错位
- 115　不妨给星二代吸毒一点真颜色

117	少年L轮奸案,反思的不应只是媒体
120	高三优等生持刀抢劫引发的思考
122	江宁路自助银行劫杀案的警示
127	大学凶杀案应当反思什么
129	警惕帮派渗入校园:广州"黑龙会"案件的警示
133	反思成瑞龙案
137	少年法庭上的唠叨
139	少女盗窃案法庭教育词

第五辑 司法之度:有一种制度是否应当重塑

143	如何避免养大了再杀
146	法治时代的少年司法改革
148	少年司法的改革路径
150	刑事和解:少年司法的第三条道路
155	少年司法的胸怀
156	对未成年人权益的细微关怀
157	未成年人维权与检察机关的使命
160	理解未成年人检察制度
163	未成年人检察改革的进展与期待
165	一体化是未成年人检察改革的基本方向
168	救助未成年被害人的新机制
173	对少年司法社会调查报告的几点认识
177	未成年人刑事案件审查逮捕程序改革的价值
179	谈谈附条件不起诉制度
182	刑事普通程序简易审不应排斥未成年人犯罪案件
185	少年法庭的发展愿景
187	中国为什么需要少年法院
191	少年法院受案范围的设想
194	少年司法社会工作的前景与希望

第六辑 立法之期:有一种底线是否值得建构

| 199 | 对未成年人保护立法的一点期待 |

201	三鹿事件后的未成年人保护立法
203	从控制走向尊重:新《未成年人保护法》的进步
206	纪念《未成年人保护法》实施二十周年
208	纪念《预防未成年人犯罪法》颁布十周年
210	关于制定《校车安全条例》的几点建议
213	未成年人犯罪立法亟待加强
215	新刑事诉讼法设置未成年人专章的意义与遗憾
217	刑法增设未成年人特别刑法篇的建议

第七辑　法域之思:有一种思忖是否有些忧伤

221	所谓法律信仰
225	我所理解的法学家
227	维稳"海啸模式"的出路
231	司法生态与陈卓伦的悲剧
234	社会敌意的提法要慎重
236	与储槐植教授小榷
239	两害相权取其轻
242	撕开缓刑一条缝
244	庆祝我们的幸运
246	书生、农夫与狼
248	捐的随感
249	参加高检开放日活动杂思
251	中国青少年犯罪研究感想
254	《青少年犯罪问题》杂志的使命与担当

第八辑　青春之光:有一种朝气是否永远蓬勃

259	今天,我们如何做大学生
263	法律人应心存良善
267	拒绝成为路西法:刑司人的面孔与底线
270	期待与荣光
273	从这一刻开始,懂得责任与感恩
275	拯救有罪的灵魂,那是你们的使命

| 277 | 足球是圆的　人生是圆的
| 280 | 对你们的谢意与敬意,发自内心

第九辑　表达之心:有一种呐喊是否总会无助

| 285 | 政府当作"托举哥"
| 292 | 农二代,路在何方
| 303 | "关注"就一定"正义"吗:从李某轮奸案谈起
| 307 | 中学女生援交事件的省思
| 311 | 关键不是撕下标签,而是消除排斥
| 315 | 妇女儿童权益保护　从源头开始
| 317 | 就再发弑师案答《法制周报》记者问
| 319 | 法典离少年司法有多远
| 321 | 就新刑事诉讼法未成年人条款配套规定答《中国妇女报》记者问
| 325 | 山西挖眼男童案折射监护盲点　儿童福利法呼声高
| 330 | 与《东方早报》记者对话少年法院
| 333 | 少年司法改革新动向

附　录

| 337 | 追求"入世"与"出世"完美结合的学者:姚建龙教授
| 342 | 佘山老农杂记
| 344 | 这就叫差距

自　序

萌生辑录这本小册子的念头缘于2011年10月20日在《南方周末》上发表短评《父母法律责任越小，孩子越危险》后所获得的感悟。这篇点评小悦悦事件的千余字小章在国内引起的反响远远超出了我的预期，它让我意识到杂思的影响力和价值可能远过于数万字的长篇论文甚至大部头的著作，也因此对于自己以前并不注意留存在各类研讨会上的即兴演讲、发表于报刊上的零散性思考而感到可惜。收录于此的仅仅是十余年中此类杂思中的一小部分，估计散失的会更多，但此次整理竟能汇集二十余万字，已经着实令老农有些惊讶。

这些小文章有的是对热点案例或者事件的评论，有的是主编《青少年犯罪问题》杂志时所撰写的卷首语，有的是治学杂思，有的是媒体访谈与对话，还有的是在各类研讨会上的演讲记录。它们大多都曾发表于《人民日报》《南方周末》《法制日报》《人民法院报》《检察日报》《中国青年报》《中国妇女报》《解放日报》《文汇报》《社会科学报》《中国社会科学报》《中国社会报》《东方早报》《上海法治报》《法学家茶座》《莫愁》《当代学生》《检察风云》《青少年犯罪问题》《预防青少年犯罪研究》《人民检察》《国家检察官学院学报》《东方法学》等报刊上。

收录于此的文字绝大多数都是与孩子有关的，由于视角的综合性，也许并不能完全算是法律问题。在中国目前的科层式学科体系下，研究未成年人法学的确可谓边缘——尽管没有人会在口头上否认这一领域研究的重要性。如果完全专注于此，很可能无法在大学中生存下去——成不了学科带头人，上不了讲台，甚至找不到可以探讨问题的同道之人。很多年前与我敬重的一位老师聊天，老师算了半天，发现未成年人法学不知道属于第几级学科，于是他善意地提醒我不要在这个领域花太多的时间和精力，以免在学术圈过于标签化，让别人误以为你只懂未成年人法而忘了你的刑事法学科背景——如果那样就麻烦了。

能够十余年坚守于未成年人法学研究领域,而并没有放弃这一学科,虽不能称为奇迹,但也算是不容易了。正如我所敬重的那位老师所言,如果在这十余年中我把更多的精力和成果集中在主流刑法学上,学术地位与影响力肯定远非今日可比。幸好我并不是那种十分有理想的人,否则肯定会后悔没有听从老师的教诲。也许我也并不是那种所谓能够担当的人,只是在从事未成年人法学研究十余年中常常感受到我国未成年人法律制度、儿童权利保护的状况实在令人无法忍受。

很多时候我也想过不要在这个领域投入太多的精力,不要再对此类"热点问题"发表评论,有一次还在微博上稍微暴露了一点这种想法——结果遭到一批致力于未成年人权利保护同仁的"斥责"。有位老兄直言:"你不说谁说!"着实令我汗颜不已。我想这位老兄并不是说我对未成年人法学研究有多深、影响有多大,而是说明这个领域太需要有人关注了。也许,在一定程度上解释为什么这么多年来我坚持将未成年人法学作为研究重心之一。

在这本小册子中,我试着用浅显的文字来阐述未成年人法学的理论。和那些动辄谈高深法学哲理的教授或者嬉笑怒骂皆成文章的法律家们相比,这样的文字显得"孩子气"是难免的,这也是这本小册子取名《法学的童真:孩子的法律视界》的原因之一。以前和主流法律家对话,总难免有一种说不出的"自惭形秽",恨不得赶紧也"深沉"起来。还好,我现在已经过了那样的年龄和阶段,已经对学术的价值与意义有了自己的肤浅认识。

在征得作者同意后,附录收入了《预防青少年犯罪研究》杂志多年前对我的一篇专访,还有博士同学张海斌(江渚子)教授多年前曾经调侃我的一篇网文《佘山老农杂记》。看到海斌兄文章后,研究生同学李绍章兄(也即著名网友"土生阿耿")当即写了篇回应式的再调侃网文《这就是差距》。当时电话中征求绍章兄同意将其调侃我的文章收入这本小册子时的情景还历历在目,只是小书未及出版,绍章兄已然仙逝……所谓浮生若梦……

感谢编发本书拙文的各位报刊编辑,没有他们的催逼也就不会有这本小书。我还要特别感谢《民主与法制》杂志总编刘桂明先生,他在百忙之中审读了拙著并提出了独到的编辑建议,为小书增色不少。同时,我还要感谢上海市法学一流学科建设项目的出版经费支持,这本小书的出版也是为了给修学《青少年犯罪与司法》这门课程的学生提供一本拓展性读物。

这年头在法学界混,若没出本随笔、评论集之类的东西,似乎都会显得有些没有品位,看来老农也不能免俗。不过这本小书并没有收录平常写着玩的诗歌、散文,也许以后可以另行出个诗集和散文集之类的。小时候的梦想是当个作家或者医生,没有想到阴差阳错搞起了法学。去年为了讨好儿子阳杨写了本童话,得空时再写本小说,待诗集、散文集也出版了,也许就可以离小时候的梦想接近一些了。

姚建龙(佘山老农)

2014 年 8 月 10 日初稿

9 月 10 日二稿

11 月 3 日三稿

于上海苏州河畔·滴水阁

第一辑
社会之痛：有一种责任是否不再缺失

未成年人保护应具顶层设计思维

近些年来,几乎每年都会发生多起引起全国性关注的未成年人保护公共事件。这些公共事件大体包括两类:一是未成年人受侵害的事件,例如 2008 年的三鹿奶粉事件、2009 年的天津无肛女婴事件、2010 年的母亲溺死脑瘫双胞胎儿子案、2011 年的小悦悦遭碾 18 名路人无人援手案、2012 年的颜艳红虐童事件、贵州毕节五男童垃圾箱取暖身亡事件、2013 年的长春盗车杀婴案、南京饿死女童事件、海南校长带小学生开房事件、山西男童遭挖眼事件等;二是未成年人违法犯罪事件,例如 2012 年湖南省衡阳 12 岁男孩杀害姑姑一家案、2013 年的李某某轮奸案、重庆十岁女孩摔童案等。

未成年人保护是人类自然情感的体现,而这些未成年人公共事件常以其惨烈和骇人听闻挑战着正常人的容忍极限,也因其频发而似乎正在引发一种对我国未成年人保护状况的全民性焦虑。

有人说这种全民性焦虑是新媒体时代"孕妇效应"的结果——即偶然因素因为关注而令人觉得是个普遍现象,其实我国未成年人保护的状况已经有持续且重大的改善。这种观点当然有一定道理,但忽略了这样一个客观事实,那就是在新社会环境下我国未成年人保护的观念也已经有重大发展,对于侵犯未成年人权益现象的"零容忍"正在成为一种共识。

另一个不得不承认的事实是,处于社会转型加速期的我国正日益具有"风险社会"的特点,而未成年人则最容易在这样一个特殊时期成为受害者。这种现象其实具有一定的普遍性,例如美国在社会转型加速期的"进步时代",儿童受害也曾经被视为"严峻的、根本性的国家问题"。以至于美国总统罗斯福专门于 1909 年在白宫召开了被认为具有历史、划时代意义的首次白宫儿童福利会议来专门讨论儿童福利与保护问题,并促成了联邦儿童福利局于1912年的成立。

在社会转型加速期,未成年人保护具有特殊的意义。一方面,未成年人保护问题往往是社会问题的集中折射。例如,李某某事件之所以会引起如此大的社会反应,正是因为其聚焦了仇官、仇富、对司法公正的不信任等元素。因此加强未成年人保护,也有助于推动关联性社会问题的解决。另一方面,未成年人保护是关系到社会稳定的基础性工作,也因此被形象地称为社会"稳压器"。一个值得关注的现象是,在很多群体性事件中,未成年人往往容易成为事件发生的导火索,或者成为事件中的"主力军"。例如,在2008年发生的6·28瓮安事件中,导火索是一名初中女生的溺亡,而在这一震惊中外的群体性事件中冲在最前面的是一百多名未成年人。国外也不乏类似的例子。例如2005年法国巴黎骚乱的导火索也是两名少年因警察的追捕触电身亡,因而引发数百名青少年率先走上街头。类似的例子不胜枚举。某种程度上可以说,未成年人保护是最大的政治。

社会转型加速期对未成年人保护机制的完善提出了更高的要求,而一些恶性未成年人伤害事件的发生也在客观上暴露出我国未成年人保护机制存在着急需解决的硬伤。例如,2003年3岁幼女李思怡饿死事件、2013年南京两名女童饿死事件、2014年1月7日西安曲江东曲江十村7岁女童饿死事件,警示我国急需完善儿童福利制度,建立国家对父母监护的监督与干预制度。再如,重庆十岁女孩摔童事件中,警方对于危险女孩不能刑事处罚则只能一放了之,警示我国应当建立独立的少年司法制度,加强对罪错未成年人的预防性干预。

未成年人保护机制的完善需要有顶层设计的思维,而不能拘泥于对热点事件疲于回应式的零敲碎补。首先,应当树立国家监护的理念,按照政府是未成年人的最终监护人与未成年人最大利益原则去设计与完善我国的未成年人保护机制。例如,在南京饿死女童事件中,女童母亲被以故意杀人罪判处无期徒刑。她当然应当受到惩罚,但是,政府为何需要等到悲剧性事件发生后才以追诉者的形象出现呢?国家应当建立对监护人监护资质的评估与干预机制,及时将未成年人从不适格的父母"魔爪"下拯救出来,并建立完善儿童福利制度以确保这样未成年人可以获得更好的生存与成长环境。其次,立法是未成年人保护机制完善的基础,未成年人保护立法应当是一个体系,而不能将一两部法律视为未成年人立法的全部。借鉴国外未成年人保护立法经验,我国目前应抓紧制定《儿童福利法》、《少年司法法》,同时尽快启动对《预防未成年人犯罪法》和《未成年人保护法》的修订。再次,未成年人保护应当建立专门机构与形成专门机制。其中最重要的是,政府应当建立负责未成年人保护事务的专门部门,这也是各国的通常做法。

"一切为了孩子,为了一切孩子,为了孩子的一切",在今天我们有更好的条件去实现宋庆龄先生当年的这一心愿,也更有责任让"孩子们能成长得更好"!

(原载《上海法治报》2014年2月19日)

新时代环境下的未成年人保护

某市曾经多次发生中学女生援助交际案件,其中一起被媒体披露的案件涉及数十名女中学生。在这起案件中,女生以网络、电话的方式主动招揽嫖客,并且在同学中以互相介绍的方式蔓延,援交行为持续多年,在学生之间早已心照不宣并蔓延至近十所学校,但遗憾的是唯独父母和学校老师对此一无所知,以致案发时惊愕不已。

以前,父母只需要偷看孩子的日记本,老师只需要找学生谈谈心或者安插几个"耳目",大体就可以知道孩子的亲密交往对象、掌握孩子的行为规律乃至内心世界。但是,现在的父母、老师,突然发现自己对孩子的世界陌生了起来。因为网络时代,尤其是新媒体的兴起,成为横亘于成人与未成年人之间的障碍,微妙地改变了成年人与未成年人之间的关系。在QQ、博客、微博、微信、iPhone、iPad等新媒体工具面前,孩子们总能熟练自如,而成年人却常常不知所措。例如,一个三四岁的孩子就已经能够比他的爷爷、奶奶甚至爸爸、妈妈更加熟练的玩起 iPad。一些父母尚能"厚着脸皮"屈身求教,而另一些成年人则只能以茫然无知保持其"高傲"与"权威"。

在网络与新媒体时代,成人社会出现了一种前所未有的焦虑,而这种焦虑并非空穴来风。成年人与未成年人之间的一个主要传统区别是,成年人掌握了不为未成年人所知晓的知识与"秘密"。但是在网络与新媒体时代,未成年人可以轻易地打破这种传统界限,破解成年人并不希望孩子在尚未成年时就接触到的各种"秘密"。今天的孩子可以轻易地在网络上接触黄色、暴力、恐怖等各种不良信息,可以跳过父母、老师而与各种危险的人交往。以前,很多父母会说不回家的孩子容易变坏,但现在他们发现天天宅在家里上网的孩子更容易变坏,因为网络虚拟世界对未成年人心理和人格的影响已经超越了传统家庭教育与学校教育的影响。

以前,父母、老师会说,社会充满着各种诱惑和危险,因此总希望在社会与孩子之间建立起防火墙。如果将虚拟社会排除在外,实际上未成年人所真正接触到的社会是特定的区域与人群,这种特定的区域与人群主要表现为"社区"。社区在未成年人成长和人格养成、行为塑造方面起着非常重要的作用,未成年人的社会保护实际上更多地体现为社区保护。然而,今天的成年人已经发现,孩子们所生活的社区已经不是那种传统的适合于孩子成长的"友好型"社区,而是充满着各种诱惑和风险——在从家庭到学校的短短路途上、在孩子们游戏的小区与街道上、在左邻右舍的"陌生"邻居中……成人社会已经焦虑的发现,如果孩子在社区中没有陪伴和监护,就没有安全感。例如,近些年国内发生的大量未成年人犯罪案件都与酒吧非法接纳未成年人有关,结果某市的调研发现很多酒吧竟然存在将生活在周边小区的未成年人拉去"充场子"或者当"酒托"的现象。而更令人惊讶的发现是,尽管很多部门都有管理酒吧的职责,但是却找不到一个管理未成年人进入酒吧的直接执法主体!

实际上,这样的改变,只不过是近二十年左右的事情,而我们的未成年人保护机制还停留在二十年前。譬如,1991年制定的未成年人保护法按照当年对未成年人生存空间的判断,将未成年人保护体系划分为家庭保护、学校保护、社会保护和司法保护,编织了一张看上去严密的未成年人保护网。然而未成年人保护法实施二十多年来,社会环境已经发生了巨大变化,未成年人的生活和成长空间也已随之发生了重大变化,但是这张看上去很严密的未成年人保护网仍然没有进行相应的调整和完善。

针对新时代环境下的未成年人保护,专家们常常会建议成年人要与孩子共同成长,比如要比孩子们更加了解和熟悉网络、新媒体工具。这样的建议听上去很美,但在新时代环境下成年人的反应滞后于孩子们似乎是一种难以改变的客观规律。正因为如此,要给孩子一个健康和安全的成长环境,需要国家对未成年人保护机制进行顶层设计、及时的完善与细致地落实。

随着社会的发展,未成年人保护法所构建的未成年人保护体系早已经显得过于宏观,有必要根据未成年人生活和成长的新的社会环境,将社区和虚拟空间纳入未成年人保护体系的范畴,明确社区和虚拟空间应当遵循的行为规范以及应当为未成年人提供的服务和保障。而要将调整完善后的未成年人保护机制落实到位，则不仅仅需要根据特殊、优先保护原则的人财物投入，更是一个需要"用心"的过程。未成年人保护领域的共同责任原则与综合治理思维仍需要坚持，但在新时代环境下的未成年人保护工作也应当日益体现为一种专业与专门化的工作。

（删节版载《人民日报》2014年5月5日，原标题为《未成年人保护需要"空间扩容"》）

儿童:社会转型不能没有的底线

19世纪以前,无论是中国还是英格兰和欧洲,儿童的生命均微不足道,溺婴、弃婴等儿童非正常死亡现象十分普遍,死亡儿童的尸体像垃圾一样被扔掉,人们习以为常,无动于衷。但到19世纪,在美国社会的上层和中层家庭中,儿童的死亡在所有的死亡中已经"成为最令人痛苦和最不能宽恕的事情"(Viviana A. Zelizer)。而在19世纪末20世纪初的美国,儿童则被予以了高度神圣化,儿童权益的被侵犯,尤其是本可避免的儿童死亡被视为了国家的耻辱。值得注意的是,这一时期在美国历史上被称为"进步时代",美国社会正是在这个时期完成了其现代化转型。

许多人发现,正处转型时期的当代中国与进步时代的美国有着惊人的相似之处。一面是工业化、城市化进程快速进行,另一方面则是生产事故频发、犯罪状况恶化、贫富分化严重、环境污染加剧、腐败突出等棘手的社会问题。但一个惊人的不同是,当进步时代的美国将儿童神圣化,儿童受害被视为"严峻的、根本性的国家问题"(Viviana A. Zelizer)的时候,众多孩子的生命正在为中国社会的转型"埋单"。在麻木和冷漠中,我们看到频繁的公共安全悲剧性事件一次又一次地指向了幼弱的孩子——南平校园暴力、劣质疫苗、血铅儿童、三鹿毒奶粉、地震校舍危房、儿童虐亡……当二十一具婴儿尸体如同垃圾一样漂浮于济宁市郊区光复河桥下时,我们的心灵不能不为之震撼……

处在社会转型期的美国将儿童神圣化,把儿童保护作为国家事务且为高度优先事项,同时形成儿童保护的社会文化氛围,对于美国成功且平稳地完成社会转型具有特殊重要的作用。尽管进步时代的美国同样出现了诸多严重的社会问题,但是这些社会问题在儿童权益这一底线面前也会战栗。例如,犯罪状况恶化但是侵害儿童的犯罪将受到最严厉的惩罚和最强烈的谴责,伪劣产品充斥但是如果儿童用品出现产品瑕疵则将激起社会的义愤并受到最严厉的打击,各类事故频发但是儿童的死亡则被认为是国家的耻辱……

"儿童"这一底线的存在,让处在社会阵痛时期的人们心存希望,社会转型所带来的各种社会问题也因此变得可以忍受,也值得忍受。与此同时,儿童保护的高度优先以及儿童权益高压线的存在,也成为可以逐步"推而广之"解决各类社会问题的强有力推动力。的确,当儿童的死亡变得不能容忍和宽恕之后,就有可能让每个人的死亡变得不能容忍和宽恕。可以说,儿童的神圣化是社会转型的稳压器。

近些年来,我国频发的儿童公共安全危机事件并没有引起应有的重视。正处于社会转型期的中国,儿童神圣化的观念与社会文化氛围还远未确立,儿童权益不但没有成为一条"高压线",而且还成为唯利是图,甚至仅仅是宣泄社会不满情绪的渠道,这不能不说是一种悲哀。

失去底线的社会转型是令人恐惧和绝望的!当代中国也需要一场声势浩大的"拯救儿童运动"……

(原载《青少年犯罪问题》2010年第3期卷首语)

儿童保护,该向外国学什么

有媒体统计,自5月8日海南万宁发生小学校长带女生开房事件到5月27日,20天内至少有8起校园内猥亵性侵幼女案被曝光,再加上多起杀婴、虐童事件,直引得群情激愤、舆论谴责之声四起,今年的六一儿童节也因此被网友恨恨地称为"儿童劫"。

问题是,这类恶性的儿童受害事件发生后,除了引发广泛的"吐槽"与情绪性反应之外,似乎并没有改变什么。激愤散去之后,媒体、"有关部门"和公众又开始静静地等待下一件更加骇人听闻的儿童受害事件——主体仍然是儿童,主题仍然是杀婴、遗弃、虐待、家暴、性侵、忽视、恶性事故……只是名字不同、方式不同、地点不同,间隔时间越来越短罢了。

而与此形成鲜明对比的是,很多国家一旦发生儿童恶性受害事件、往往能促成国家对儿童保护机制的不足进行系统性反思,并进行政策、立法层面的改革与完善。例如,1994年美国女孩梅根遭受性侵致死,直接促使美国各州颁布梅根法案;1972年英国发生的肯费特冤案,促成英国制定了1984年《警察与刑事证据法》,建立了讯问未成年犯罪嫌疑人的合适成年人到场制度;1997年日本神户市发生两名儿童被害并分尸的酒鬼蔷薇事件,则推动了日本《少年法》的修改。

如果儿童受害事件的频发不能引起对儿童生存环境,尤其是儿童保护机制的系统性反思,并进行认真的改革,那么公众要么在重复性的儿童受害事件中变得麻木,要么容易将负面情绪与不满导向负有儿童保护职责的部门,这对政府公信力显然是严重的损害——三鹿奶粉事件即为明证。

吊诡的是,我国"有关部门"似乎习惯于对频发的儿童恶性受害事件保持沉默,对于完善儿童保护的建议也明显反应迟钝。这些部门显然忘记了"国家亲权"这样一个各国公认的儿童保护基本准则——国家是儿童的最终监护人、保护儿童首先是政府的职责。在万宁小学校长开房事件中,公众看到的是政府部门的推诿与冷漠,并因此产生了广泛地不满。而在国外,政府往往会在第一时间对儿童受害事件作出反应,勇于道歉并承担责任。例如,2012年韩国罗州发生7岁女童遭性侵案,引发了韩国社会的广泛关注,韩国总统李明博第一时间视察警察厅并在听取了厅长报告之后向韩国国民道歉。李明博的道歉是否真诚姑且不论,但这显然是对国家亲权准则的遵循。其实勇于直面问题,何尝不是一种政治智慧。

另一个常被"有关部门"忘掉的国际通行规则是——儿童最大利益原则。因此,你常常会发现"有关部门"对涉及儿童事项的反应令人诧异甚至是"独树一帜"的。以嫖宿幼女罪为例,这样一个在社会管理秩序与幼女身心健康之间选择侧重保护社会管理秩序的罪名、污名化幼女有悖公众情感的罪名、可让性侵幼女者逃脱死刑的罪名、违背儿童最大利益原则的罪名,在法理和公众情感上引起广泛质疑是理所当然的,但立法机关却以一种近似傲慢的态度充耳不闻。再比如,最高人民法院、最高人民检察院《关于执行〈中华人民共和国刑法〉确定罪名的补充规定》取消了奸淫幼女罪这一罪名,尽管理由看上去很充分,但显然并非是最有利于幼女保护的做法。相反,一个"疯女人案",倒是引得最高人民法院迅速做出了"行为人……确实不知是幼女的,双方自愿发生性关系,未造成严重后果,情节显著轻微的,不认为是犯罪"的耐人寻味且明显不利于幼女保护的司法解释。再举一个令人无法理喻的例子,最近武汉市法制网公布的人口与计生管理规定征求意见中竟然规定要对未婚妈妈按超生的2倍缴纳社会抚养费,直接颠覆了各国对未婚妈妈及其子女予以救助的惯例。

其实儿童最大利益原则也不是什么玄乎的道理,《儿童权利公约》第三条第一款写得很清楚:"关于儿童的一切行动,不论是由公私社会福利机构、法院、行政当局或立法机构执行,均应以儿童的最大利益为一种首要考虑。"说白了,儿童最大利益原则也就是一种儿童意识。

很多人会有一个深刻的感受,在涉及儿童问题的事项上有时候你很难与有关部门对话,或者与一些缺乏儿童意识的专家对话。因为这些部门与专家什么东西都考虑到了,就是忘掉了国家亲权准则和儿童最大利益原则。在遭受质疑的时候,这些部门与专家还常常会觉得很委屈,甚至觉得质疑者是不可理喻的。我们很不愿意去面对这样一个事实：有关部门与公众保护儿童的情感与要求之间是存在巨大鸿沟的，当然也是与国际惯例相悖的，也因此是突兀的。

一个必须正视的事实是，儿童保护是一种源于人类自然情感的行为。世界上签字国最多的国际公约是《儿童权利公约》，迄今为止只有两个莫名其妙的国家没签，公约中所确立的儿童保护的准则得到了世界上最广泛国家的认同。在儿童保护领域，以"国情"、"文化"、"人口"、"经济"等诸种客观理由为所谓儿童保护的"特色"辩解，注定是苍白的。中国已经成了世界上第二大经济体，财力、物力早已今非昔比，还有中国共产党的强有力领导，想在儿童保护上有明显的改善，并非难事。当然，关键缺的还是观念与意识。儿童保护的观念与意识，首先应当是政府及其相关部门的观念与意识，只有政府保持对儿童权利的敬畏，一切才有可能。

在儿童保护问题上，首先要向外国学习儿童保护的观念与意识，这话说起来好像有些空，但却是问题之核心所在。因为只有有了这样一个认识，我们才能去理解外国儿童保护中的诸多制度设计与做法，譬如儿童福利制度的精细设计、儿童保护的巨大投入、儿童保护的零容忍原则、儿童保护具体制度设计的特别性与优先性、侵犯儿童权益的法律责任高压线设计，等等。

（原载《法制日报》2013年6月11日）

把性侵儿童的罪犯往死里逼

一名在本国有两次性侵儿童犯罪记录的美国人,竟然在我国南京任教长达5年多。而另一名在英国涉嫌猥亵儿童而被本国警方通缉的英国人尼尔·罗宾森竟然也躲在北京等多地做起了外教,如果不是因为偶然原因被网友人肉出来,他还可能继续在中国教书育人。近期媒体所披露的多起在本国有性犯罪前科的罪犯竟然堂而皇之地在中国为人师表,的确令人震惊。在这些老外的所在国,这样的事情是不可能发生也是不可想象的,因为这些国家都颁布了一种足以令有性犯罪前科的人无所遁形的法律——"梅根法案"。

梅根法案的出台源于一个本可以避免的悲剧性事件。1994年,美国新泽西州汉密尔顿小镇7岁女孩梅根·坎卡在邻居杰瑟·蒂曼得科斯屋内被以残酷的方式奸杀。梅根的这个名叫杰瑟·蒂曼得科斯的邻居有两次性侵儿童的前科记录,但无论是警方还是社区都对这个"外来人员"的性侵记录一无所知,更不用说梅根及其父母了。

小梅根的遇害震惊了全美国,在对这一起案件的反思过程中,警方、社区对有性侵前科人员的犯罪记录一无所知被认为是导致梅根之死的关键原因。为了避免悲剧的重演,在梅根父母的推动下,新泽西州通过了被命名为"梅根法案"的法律,打破保护有犯罪前科之人隐私的惯例,强制要求有性侵记录的人公开个人信息,包括在搬入社区时要通知社区和居民,政府则建立严密的监管信息库,立法还特别加重对性侵累犯的处罚直至终身监禁。1996年,克林顿政府批准了联邦级的梅根法,之后梅根法案迅速在美国各州推广,并对世界上很多国家的立法产生了重大影响,英国、日本、韩国、我国台湾地区等都有类似的"梅根法案"。

不同版本的梅根法案有一些细微的差别,但是有几点是共同的:一是颠覆保护个人隐私的传统,将有性侵儿童记录罪犯的身份信息向社区与公众公开,任何人都可以在网上查到所居住的社区中登记了哪些有性侵前科记录者的详细信息。美国有的州甚至立法要求有性犯罪记录的人必须在所居住房屋的窗户上张贴明显标识。二是对有性侵前科之人的活动与居住地点进行了严格限制,比如美国大多数州的梅根法案均规定此类人不得居住在学校、幼儿园附近,更不用说在学校工作了。美国佐治亚州甚至曾试图禁止性侵案犯居住在校巴站 1000 英尺以内,据说如果这样的立法真的通过,该州很多地方有性犯罪记录的人不得不搬到湖底或森林中央去住了。三是对性侵者的处罚严厉,例如对与一定年龄下的儿童发生性关系一律认定为强奸。对于性侵累犯则推崇剥夺犯罪能力,例如终身监禁。有的国家,比如德国、韩国版的梅根法案甚至规定可以对性侵儿童的罪犯进行"化学阉割"。

梅根法案所体现的"极左"思维似乎有些令人难以理解。因为某种程度上可以说,梅根法案几乎体现的是把性侵儿童罪犯往死里逼的思路。一个常被提起的典型案例是:一个有前科的性罪犯再次犯罪,但因证据不足无法指控。于是检察官就利用梅根法案,采取了无论这个嫌疑人跑到什么地方,就将公开其身份信息与犯罪记录的宣传页贴在什么地方的对策。检察官还义正词严地告诉这个罪犯,你有三条出路:(1)杀了我,(2)认罪坐牢,(3)自杀。结果嫌疑人选择了自杀。梅根法案这样的立法竟然在这些国家通过了、执行了,虽然也一直存在争议,但总体来说反对的声音是无力的,或者即便反对也需要借助"保护孩子"的名义——比如,一些有性侵记录的孩子应当成为梅根法案的例外。

为什么在高度重视人权保障的发达国家,竟然会颁布将有性侵儿童前科者往死里逼的法律?这就是梅根法案所体现的一个乍看有些过分的儿童保护思路——儿童权益是法律的高压线,谁选择了将黑手伸向儿童,就别怪法律把你往死里逼。保护儿童的如此思路,正是儿童最大利益原则的具体体现。因为儿童是弱小的个体,法律每对将黑手伸向儿童的罪犯讲一分人情,就意味着儿童多了一分危险。对于性侵儿童的罪犯尤其如此,因为性犯罪的重犯率是极高的。例如美国的统计发现,性犯罪再犯率是其他类型犯罪的四倍,日本的调查发现性犯罪重犯率在 25% 以上,台湾的统计表明连续暴力性性侵犯罪的再犯率高达 95%。

在梅根法案所体现的儿童保护思维对比之下,我国的相关立法与司法是值得反思的。以奸淫幼女犯罪为例,我国刑法理论与司法实践坚持的是所谓"主客观相统一原则",而并非"儿童最大利益原则",因此要充分考虑到犯罪嫌疑人的主观方面:"如果不明知是幼女"可以不作为犯罪处理。嫖宿幼女不算强奸、嫖宿幼女罪侵犯的主要客体是社会管理秩序而非幼女身心健康,也当然的变得十分有理了。如此只见"刑法"不见"儿童"的立法,对侵犯儿童罪犯讲"人之常情"的立法,所带来的后果必然是性侵儿童现象的层出不穷。有性侵儿童前科的外国罪犯竟然敢而且能够跑到中国来"教书育人",也就不足为奇了。

(原载《法制日报》2013年6月18日,发表时标题为《美国:性侵儿童是法律高压线》)

全面禁止儿童乞讨应当缓行

乞讨本身不是罪恶,乞讨者也非一种罪恶。

——题记

近日于建嵘教授在倡导"微博打拐"的基础上,进一步提出"全面禁止儿童乞讨"的主张,并且拟在全国两会期间提交相关提案。于建嵘教授及其支持者的善良初衷是毫无疑问的,其所引发的公众对于儿童权利保护的再一次广泛关注,也必然会对我国儿童保护事业的进步产生深远的积极影响。

然而,全面禁止儿童乞讨的主张是值得商榷的:

这一主张理想有余,务实不足。没有人希望、愿意、忍心看到儿童乞讨现象,但是为什么在我国还那么普遍的存在呢?

儿童乞讨的原因很多,但大体可以归纳为三种方式:一是强迫型乞讨,主要表现为使用暴力、胁迫等手段迫使儿童乞讨。二是牟利型乞讨,主要表现为利用儿童乞讨作为"牟利"的工具。三是自救型乞讨,主要表现为因生活无着,或者其他"困境性"原因,而采取的不具有强迫、牟利性质的"自救"性乞讨行为。这可能是儿童自主行为,也可能是家庭行为。

我国还存在数量庞大的贫困人群,而且目前的社会保障制度、儿童福利制度还很不健全。对于强迫型和牟利型儿童乞讨现象,当然应当严厉禁止,包括对情节极为恶劣者适用死刑、剥夺监护权等方式,但是对于自救型乞讨,显然难以也不应当采取严禁的立场。

这种倡议容易被滥用,容易异化为"净化城市丐童"性质的"另类城管运动"。这样的倡议、政策或者立法只要一出来,你会发现还没有等到我国的社会保障制度、儿童福利制度足够健全,街头乞讨儿童就被"清理干净"了。事实上,目前的"微博打乞"运动,已经在很多城市带来了这样的显著效果。

这种观点缺乏对儿童权利的应有尊重。尽管打着"为了孩子"的旗号,但实际上是"在爱的名义下"对儿童权利的侵犯,违背了儿童最大(佳)利益原则的要求。

我国的社会福利制度和儿童福利制度还很不健全,还有一部分处于困境状态的儿童需要通过乞讨来求得生存和发展。不能因为你不需要乞讨生活,就禁止他们乞讨。

即便是学龄前儿童也并非是完全没有是非判断力和独立主张的个体,所谓"穷人的孩子早当家",而按照联合国《儿童权利公约》及我国《未成年人保护法》的规定,儿童的上限年龄为18周岁。对儿童的自主权应当给予与其年龄、身心发育程度相适应的应有尊重——即便他们选择了乞讨这样一种不体面的自救方式。

此外,"全面禁止儿童乞讨"的另一个显悖人伦的后果是——可能变相剥夺那些处于赤贫等困境状态底层民众抚养孩子的权利。

"恶"才应当被禁止。但,乞讨本身不是罪恶,也不必然导致罪恶。历史上自幼乞讨,但最后大有成就、受人尊重的人物不胜枚举。例如中国近代群众办学的先驱者,享誉中外的贫民教育家、慈善家武训,自7岁丧父后即以乞讨为生,并通过乞讨的方式兴学,赢得世人尊重。朱元璋也是在未成年时期即开始乞讨,但终成明朝开国皇帝。

乞讨也不是乞讨者的罪恶,更不是儿童乞讨者的罪恶。从某种程度上说,儿童乞讨现象的存在是社会问题的折射。将严禁的矛头指向这样一个"有口难辩"的特殊弱势群体,包括其身后并非都"恶毒"的父母,显然是值得商榷的。

全面禁止儿童乞讨所带来的"乞讨是恶"的标签效应,也将贻害无穷……

总之,全面禁止儿童乞讨的观点"太伤人",应当缓行!

(原载《青少年犯罪问题》2011年第2期卷首语)

微博打乞:不敢苟同

微博打拐的倡导者、参与者对儿童权益关注的热情与激情值得肯定,这场微博打拐运动引起了公众、政府对被拐卖儿童、街头乞讨儿童的广泛关注与讨论,有助于促进儿童权益保护,这是值得肯定和尊重的。

但是,微博打拐的倡导者、参与者忽略了一个事实:被拐儿童绝大多数是用于贩卖,而非强迫乞讨。街头、公共场所的乞讨儿童更多的是被亲生父母携带、教唆、"租借"。可以说,微博打拐"剑锋所指"的对象,错了!

微博打拐,正在"异化"为一场"清理街头乞讨儿童运动"——一场"网络城管运动",偏离了"儿童最大利益原则"。原本应当受益的儿童,反而正在受到伤害。

微博打拐如此大范围的曝光这些乞讨儿童,不只是涉及一个侵犯乞讨儿童及其监护人隐私权的问题。在贫困与尊严面前,街头乞讨儿童及其父母们放弃了尊严,谁才应当真正反思和受到谴责?

你也可能是"长大后"的被拐儿童,想一想,如果有人采取把你的"工作照"(而且这种工作看上去不那么有尊严)传到微博上的方式来"解救"你,你会做何感想?

应当注意到,城市街头乞讨儿童大多数是在异地乞讨,微博打拐大范围曝光其"工作照",一方面把他们仅剩的尊严击毁了,另一方面也将对这些孩子今后入学、成长、融入社会产生难以消除的负面影响。

在我看来,微博打拐,更准确地说是"微博清理街头乞讨儿童运动"实际上反映的是"中产阶级观念与最底层民众生存方式的冲突"。

在这场微博打拐运动中,宣扬应当"严格执法"、"严惩"那些带领、"租借"孩子乞讨的父母的观点值得商榷。因为,严惩父母无助于解决这一问题，也可能更加恶化街头乞讨儿童的生存境遇。在这场运动中，应当注重的是"援助"而非"清理"街头儿童，更非单纯的"谴责"甚至是严惩其父母。

我们还应当看到存在街头乞讨儿童、拐卖儿童的社会环境与制度原因。我国的经济发展不平衡，还有很多底层民众的生存状况需要去改善；我国的社会保障制度不健全，还无法给底层民众及其未成年人子女以基本的生活保障；我国的儿童福利与儿童保护的法律制度不健全，面对街头乞讨儿童，还无法给予符合其需求的援助与支持。

乞讨是否是一种权利我们姑且不论，但需要认识到，在我国现阶段，还无法也不应当强制消除城市乞讨现象——在一定时期内还包括儿童乞讨。但是有一点我们应当去努力做到，那就是让每一个儿童"不需要"在街头乞讨。如果做到了这一点，我才会赞同严惩"父母"。如果还做不到这一点，对于那些"狠心"的父母，还是应当以教育为主。公众，也不要去吝啬你们的爱心。

当然，对于那些使用暴力、威胁，甚至是摧残手段，强迫、指使儿童乞讨的行为，应当给予最严厉的惩罚，因为这触犯的不只是道德与法律的底线，而是"人"的底线！

2011 年 2 月 11 日

"网络时代"与成人社会的焦虑
——资讯"喂食模式"的终结

无论成人社会是否准备好了,"网络时代"已经真切地降临。然而,随着"网络时代"的到来,成人社会的焦虑也与日俱增,这种焦虑集中体现在担心网络上的不良资讯,尤其是黄色、暴力、反动信息会对青少年的健康成长造成严重的负面影响,甚至诱发青少年犯罪。

事实上,成人社会的这种焦虑已经随着信息技术的发展,持续一百多年了。19世纪末,当电话发明并逐步开始普及的时候,成人社会就已经开始焦虑了,担心在"电话时代"青少年会沉迷打电话、煲电话粥到上瘾,更担心电话这样一种新型的通讯方式会传播不良资讯,影响青少年的健康成长。20世纪,当电视发明出来并逐步普及后,成人社会则更加强烈地焦虑起来,这种对"电视时代"的焦虑持续了近百年且仍然在持续。不过随着"网络时代"的降临,这种焦虑似乎已经被对网络更加强烈的焦虑所取代。作为"没有边界的信息延展空间,没有领袖的意见表达平台"(于丹语),当互联网在20世纪70年代迅速发展起来后,成人社会的焦虑可谓达到了空前的状态。

为什么成人社会如此容易焦虑,如此强烈的焦虑?在我看来,这实际上源自成人社会的一种根深蒂固的冲动:总喜欢按照自己的设想,分阶段、有选择的让不同年龄阶段的青少年知晓其"应当知道的信息",例如什么时候可以知道性知识这类成人社会的秘密是有年龄要求的,否则就认为会对青少年有害,甚至诱发越轨和犯罪行为。成人社会的这种偏好很类似于大鸟喂养雏鸟,因此我把这种现象称为资讯"喂食模式"。有趣的是,这样一种偏好和冲动也体现在国家治理中,统治者也喜欢把民众当成孩子,有选择、分阶段、分层次地让他们知晓其应当知道的信息。如果一旦这种"喂食模式"受到挑战,则同样认为是有害的。

不过,值得反思的是,未经过滤的信息真的对青少年有害吗?大量的个案、调查似乎表明,网络所传播的未经筛选的资讯的确是有害的,会对青少年的健康成长造成严重影响。当然,也有少部分人提出了质疑。但可以肯定的是,如果青少年群体知道了所有成人社会的秘密,掌握了成人社会所知道的一切信息,那么孩子还能称为孩子,成人还能称为成人吗?成人社会的安全、权威还能够维持吗?比如在乡土社会中,长者之所谓为长者,之所以具有权威、受人尊重甚至具有神秘感,很大程度上是因为他懂得最多,掌握了很多孩子不可能知道的"秘密"。但是,当一个十来岁的孩子通过互联网就能够知道得比长者更多,包括被认为孩子不应当知道的秘密时,那些连互联网都可能没听说过的长者,对电脑的小毛病感到不知所措因而求助孩子们时,成年人的地位、权威的确会受到严重挑战。

这可能是成人社会对"网络时代"感到空前焦虑的,潜意识的、真正的原因。

"悲壮"的是,由于互联网本身所具有的"不可控"特性,成人社会试图在网络时代仍然维持资讯"喂食模式"的努力,可能永远不会成功,如果有幸成功了,代价也会是惨痛的。在网络时代,成人社会应当试着去努力接受资讯"喂食模式"将逐步被终结的命运。

事实上,成人社会对未经过滤网络资讯的焦虑明显过度了。不良资讯当然会对青少年产生不良影响,但是需要注意的是,青少年并非加入不良资讯,就会产生不良行为的机械个体。一个客观的事实是,在那些早就终结了资讯"喂食模式"的国家,甚至包括那些色情产业合法化的国家,如日本、丹麦、荷兰,青少年犯罪率、青少年受性侵害率反而是非常低的。

应对网络时代来临的重心不应是维持或者试图恢复资讯"喂食模式",不应是强化网络过滤和监管,而应重在教育、引导青少年如何与多元信息共处而不迷失。在网络时代,家长、学校、社区更具有保护青少年不受伤害的责任,也能发挥更大的作用。政府只是防止网络伤害青少年的责任主体之一,政府的"铁钩"用于治理网络这块"豆腐"时应当慎之又慎。而一个基本的前提是,成人社会应当避免过度焦虑和非理性反应,与青少年共同面对网络时代的到来。

［本文系在"网络与预防青少年犯罪论坛"（中国青少年犯罪研究会主办，2010年10月11日下午）上的点评基本观点。点评对象是公安部网络安监局副局长赵世强、北京师范大学教授于丹、中国少年儿童新闻出版总社总编卢勤、国家互联网应急中心主任黄澄清的演讲，载《青少年犯罪问题》2010年第6期卷首语。］

外部监管与自我净化：对净网 2014 专项行动的几点看法

注：为严厉打击利用互联网制作传播淫秽色情信息行为，全国"扫黄打非"工作小组办公室、国家互联网信息办公室、工业与信息化部、公安部日前决定，自 2014 年年中至 11 月，在全国范围内统一开展打击网上淫秽色情信息"扫黄打非·净网 2014"专项行动。鉴于媒体关于此次行动的采访较多和较集中，故将本人相关观点集中简述如下——

由于网民已经成为一个庞大的群体，网络几乎与每个人的生活息息相关，因此尽管是专项行动，但仍然会直接或者间接地对每个网民产生影响，也必然会引起网民的关注甚至是热烈讨论。

尽管在理论上关于色情信息与诱发违法犯罪行为之间的因果关系还存在争议。但是，淫秽色情信息对社会公序良俗的损害以及对未成年人身心健康成长的危害却早已成为一种共识。儿童色情信息则更是一种对未成年人身心健康的直接与严重侵害。即便在那些色情消费合法化的国家，未成年人也被严格排除在消费主体之外。各国对儿童色情信息更是普遍性的设定为法律高压线，并给予重刑处罚。与传统色情物品不同，网络色情更具有表现的直观性、获取的便利性、传播的隐秘性等特征，因此网络色情对未成年人的危害也相对更大。打击网络色情的必要性与重要性是不言而喻的，这既是维护社会公序良俗在虚拟空间的必要延伸，更是对未成年人保护的需要。

总体来看，我国对互联网的管理还是较为严格的，对网络色情信息的整治也进行过多次，但网络淫秽色情屡打不绝，其原因值得深思。在我看来,主要原因有三:一是与网络作为虚拟空间本身的特性有关。网络具有天然的"容错性",它不可能纯洁无瑕。想把互联网整治得像玻璃一样纯净,是不可能的。二是尽管互联网引入中国已经20年,但网络自我净化系统尚未发育成熟。网络如同一个生态系统,对于所存在或产生的"污染物"具有自我净化的功能,但是这一功能尚未发育成熟。三是与此同时,网络的外部监管也还有需要改进的地方,例如监管主体多头、职责交叉、责任不清;尤其是虚拟社会的规则系统还没有建设好,网络立法还很不完善。

互联网企业是网络淫秽色情信息产生和传播的"利益相关者",色情营销仍然是互联网企业获取商业利益的"利器"。某种程度上可以说,互联网企业的立场是打击网上淫秽色情信息行动能否成功的决定性因素之一。作为互联网企业,应当履行社会责任,不能成为网上淫秽色情信息的实际推手。另外一方面,由于利益相关者的原因,完全寄希望于互联网企业的自律只能是一种美好的心愿。监管部门,尤其是立法应当为互联网企业清晰划定"红线",执法部门对于越线的互联网企业要"舍得"和"敢于""亮剑"。

通过打击的网络治理如同双刃剑,在达到维护网络空间公序良俗目的的同时,也可能会产生一些负面效应。例如,造成误伤、引起误解等。相对打击而言,教育显然是更好的网络治理手段,也是促进网络自我净化系统形成的途径。由于网络空间的虚拟性与匿名性,网民更容易在这样的空间中失去自我约束。普法教育可以让网民对虚拟社会的规则形成更加清晰的认识,保持对法律的必要敬畏,这是维护网络秩序的基础性工作。需要指出的是,网络时代的教育是一项有技术性和专业性要求的工作,传统的教育手段(尤其是说教)往往难以在网络社会产生预期的效果,因此应当重视和研究适合于虚拟空间的教育方法。

尽管"运动式"治理在短期内可以取得显著的效应,但具有难以持续的局限性。从长远来看,虚拟社会公序良俗的维护有赖于规则系统的确立和完善,而立法显然是建立网络规则系统最重要的途径。尽管近些年来,我国网络立法取得了显著的进步,但是总体来看还很不完善。例如,网络已经成为未成年人成长的第五空间(其他四空间是:家庭、学校、社区、社会),但是有关未成年人网络保护的立法还很不完善,有必要依据《未成年人保护法》制定专门的《未成年人网络保护条例》。

我国对虚拟空间的治理经验还不足，还容易受到传统治理思路的影响，尤其是对网络这一"生态系统"的自我净化机制认识还有待深化。有一点需要注意的是，监管部门不宜把自己放在道德制高点，更不宜把自己放在与每个网民对立的角色——而这需要的不仅仅是监管方式的改进，更需要观念的转变。

（本文主要观点为《人民日报》、《光明日报》、新华社等媒体在相关报道中采用）

网络伤害防范要点

网络犹如一把双刃剑，既可以给使用它的人带来益处，也可能带来伤害。由于暑假的闲散时间较多，而且来自父母、老师的管束也较松散，因此暑假期间是学生上网的高峰期，但同时也是遭受来自网络伤害的高峰期。这一规律正日益被许多统计调查所证实，也引起了广泛的关注。我收集了一些发生在暑假期间学生遭受来自网络侵害的典型案例，期望这些案例可以为同学们防范来自网络的伤害提供一些启发。

小芳的照片怎么成了艳照

小芳是个清纯可爱的女生，她很喜欢和网友在网上聊天，可是平常学习紧张总是不能尽兴，难得暑假有时间痛痛快快的上网聊天。有一天，小芳在网上和一个名为"帅哥"的网友聊得很投机。"帅哥"很真诚地说期望能看看小芳的样子，由于小芳电脑没有装视频于是就把自己的几张照片发给了"帅哥"。

过了几天，小芳接到朋友的电话，说在一个网站上看到了小芳的艳照，照片上的小芳穿着暴露。小芳听后马上上网查找，果然看到了那张所谓的照片，原来脸是小芳的，可是身体却不是小芳的。这时候小芳才意识到自己的照片被人利用进行了"嫁接"，而被盗用的照片正是她发给"帅哥"的照片。

轰动一时的艳照门事件在香港娱乐圈掀起了轩然大波，这一事件引起了人们对如何在网络时代保护个人权利，尤其是肖像权、隐私权和名誉权的深刻反思。有人说网络时代是没有隐私的时代，这句话有一定道理，也提醒我们应当特别注意防范网络对个人权利的侵害。

许多涉世未深的未成年学生,在上网时往往不注意保护自己的个人隐私资料,常常会将自己的个人信息如姓名、性别、学校、家庭、肖像、"小秘密"等个人资料和隐私透露给素不相识的网友。由于网络传播的广泛性和便捷性,当这些个人资料和隐私被他人知晓和滥用后,要想消除这种不良影响往往十分困难,待到遭受伤害时再去补救已悔之晚矣。

网络安全的第一要义是不要在网络上透露个人身份资料和隐私,尤其是照片、电话号码、家庭地址、父母背景、个人"小秘密"等,也不应和你不熟悉的人进行视频聊天。总之要把握一个原则:网络是虚拟世界,决不能向现实生活中的陌生人透露你的个人信息,以避免把网络世界中虚拟的"你"和现实生活中的真实的"你"联系起来。

钱给了,"红粉知己"也走了

小虎心地善良但性格内向,在现实世界基本没有知心朋友,很多心里话也不愿意和父母说,所以他就迷上了网络聊天,网友成为他最主要的朋友,只要有机会他就上网和网友聊天,到假期更是整天挂在网上。有一天,在网上认识了3个月并且聊得十分投缘的网友"红粉知己"哭诉说她其实是个孤儿,父母早已经去世,从小由奶奶抚养。昨天奶奶生病住院,急需动手术,但还差2000元的手术费,正在发愁。小虎在视频里看到"红粉知己"急得哭泣的样子,心中顿生怜悯之情。于是主动表示愿意把自己攒的压岁钱借给"红粉知己"。但是"红粉知己"坚决不要小虎的钱,小虎生气了,坚持要借钱给"红粉知己"。"红粉知己"见小虎很真诚,于是就把银行账号告诉了小虎。第二天一早,小虎就到银行把钱汇入了"红粉知己"的账户。但没想到"红粉知己"在收到钱后就从此在网络上消失了,而小虎的钱也石沉大海。

这是一起典型的网络诈骗案件,这类案件的共同特点是犯罪人先通过网络聊天的方式获取被害人的信任,然后编造虚假的"悲剧性"事件引起被害人的同情,再适时地将急需钱款的信息透露给被害人,并采取极具迷惑性的方法诱导被害人将钱款汇入其指定的账户。在这一起案件中,"红粉知己"就采用了这样的诈骗方法。从目前发案情况来看,这类案件的犯罪人往往选择未成年学生作为诈骗的对象,利用未成年学生涉世未深、辨别力差、富有同情心等特点实施诈骗。

帮助他人是一种美德,是值得肯定的。但是,对于来自网络上的求助信息,特别是那些素不相识网友的求助信息应当保持警惕。遇到类似于小虎这样的情况,应当事先告诉父母或者老师,请他们帮助你做出判断。如果发现是违法犯罪分子在实施诈骗,应当及时向公安机关报案。如果已经受骗上当,也应及时向公安机关报案,并积极提供相关证据材料,以帮助公安机关抓捕违法犯罪嫌疑人,同时也可避免更多的人受害。

花样年华的伤痛

16岁的小可是个漂亮的女孩,她对未来有着很多美好的憧憬和幻想,一直期望能够像在童话里那样遇见自己的白马王子。在现实生活中,小可总是没有遇到白马王子,但小可并没有放弃。终于功夫不负有心人,小可在网上遇见了和自己心目中的形象完全吻合的白马王子,他们很快就坠入爱河。在网恋一周年之际,白马王子提出了想和小可见面的请求。怀着忐忑不安的心情,小可见到了一直思念中的白马王子,她很快被对方的帅气、风度翩翩和甜言蜜语所俘虏。在晕眩中,小可和白马王子进入了一家宾馆,在喝完白马王子关切递过来的橙汁后,小可昏睡过去。等她醒来的时候,才发现自己已经被白马王子所玷污,而白马王子早已经不知去向,并且从此销声匿迹。

这是一起常见的利用网络实施性侵害的案件,它给广大女生的警示是十分深刻的。尽管犯罪人更应受到谴责和惩罚,但小可迷恋网络世界,模糊了虚拟世界和现实世界的界限,缺乏基本的防范意识,也是导致其受害不可忽视的原因。

暑假期间是网友见面的高峰期,甚至有的学生不远千里到其他城市去与网友见面。每年暑假后的秋季都是学生堕胎的一个高峰阶段,其中一个很重要的原因是一些女生在假期见网友后被迫甚至主动发生性行为所致。这一起案件提醒广大同学,特别是未成年女生,应当注意网络安全,尽量避免和网友见面;如果一定要见面,应当选择白天,在公共场所,并且约同伴前往;应当绝对避免在宿舍、宾馆、郊区、异地、夜晚等犯罪侵害高发场所和时间与陌生网友,特别是异性陌生网友见面。如果不幸被害,要注意保留证据并及时告知父母、老师,并向公安机关报案。

(原载《当代学生》2008年第3期,刊载时标题为《暑期,别让自己迷失在网络世界里》)

共青团不能只做乖孩子

作为一个曾经被团组织拒绝的前非先进青年,看到"共青团应参与青少年权益保护政策制定"这一题目甚感纳闷。在一般人的观念中,共青团就像妇联一样,是青少年的组织,当然应当参加有关青少年权益保护政策的制定,而且不但应当参与,甚至理所当然地应当在有关青少年保护政策的制定中发挥"主导"而非"参与"的作用。做一个或许不恰当的类比,这样的命题就像"人应当吃饭"一样,如果竟然成了一个需要讨论研究的命题,那么只能有一种解释:人没饭吃,或不给饭吃,或者吃得不好,或者此"人"不是应当吃饭的"人"。

课题调查发现的一组数据十分耐人寻味:仅 13.2%的中小学生、5.2%的在校高校学生、1.1%的在职青少年、3.9%的社区(闲散)青少年认为团组织是最能代表自身利益和反映诉求的组织,创业青年中则没有人认为团组织是最能代表自身利益和反映诉求的组织,也就是说,青少年对共青团这样一个青少年组织的认可度是低得惊人的,并且认可度与青少年的年龄成反比——越成熟越对共青团不认同。这一调查表明,至少就青少年群体本身而言,共青团并非其利益代言人,也不应当成为其利益代言人。如此看来,"共青团应参与青少年权益保护政策制定"的确可以成为一个命题。

团界流行一种说法"党有号召,团有行动",这种对共青团组织的定位高度强调的是其政治属性,简单地说就是做"乖孩子"。团界的另一说法是,共青团组织有四项基本职能:组织青年、引导青年、服务青年、维护青少年合法权益。这四项职能定位是准确的,只是如果面对青少年如此之低的认同度,此四项职能如何实现?"党和政府联系青年的桥梁和纽带"

又从何谈起？

这些年共青团组织的发展似乎有些令人费解，既高度保持了党的助手、后备军的政治属性，又逐渐被赋予了代行越来越多政府管理青少年事务职能的行政属性，还在日益强调应当成为青少年利益代言人的社会属性。这种集政治属性、行政属性、社会属性于一身的定位，似乎有些不伦不类，也实在是为难这"孩子"了。这样定位的结果是，共青团能做好的只有"乖孩子"。

社会在发展，共青团也应当发展，但是定位必须要清晰、准确。愚见以为，共青团目前的三个属性宜分不宜合。在我国目前政府序列中尚缺乏专门管理青少年事务的机构，这与国际社会通行的做法大相径庭。共青团代行的行政管理职能宜分离出来，并且与分散其他政府机构中的青少年事务管理职能整合，组成"青少年事务署（部、局、办等）"。社会属性也宜分离出来，让青少年组成其自我认同的"利益代言人"。政治属性则宜保留于传统的共青团组织中。三性分离后，三种类型的组织仍可放在共青团体系的大框架中。

做一个也许不恰当的比方，目前共青团采取的是政治属性、行政属性、社会属性合一的"联邦"体制，改革后的共青团则是政治属性、行政属性、社会属性相对独立的"邦联"体制。

一点浅见，仅供参考。

（本文系在"共青团应参与青少年权益保护政策制定"课题评审会暨"青少年保护与社会化运作"专题研讨会上点评发言的部分内容概要，2011年1月25日晚根据记忆整理。）

社会转型期应改革刚性旧有机制

中央最近提出政法机关要深入推进社会矛盾化解、社会管理创新、公正廉洁执法"三项重点工作"。"三项重点工作"的提出,具有明显的结合政法机关特点,针对当前社会矛盾突出、群体性事件高发导致维稳压力剧增,寻求针对性应对之策的特点。

分析中外群体性事件可以发现一个共性——青少年往往是群体性事件的诱导者、推动者,甚至是主导者。例如引发瓮安"6·28"事件的导火索是一名14岁女中学生的溺水身亡,而最初走上街头为其"伸冤"的队伍成员主要也是学生,在300名直接参与打砸抢烧的涉案人员中,中小学生达110名。[①] 再如2005年发生在法国的巴黎骚乱,最初的起因是两青少年因躲避警察追捕触电身亡,引发该市数百名青少年走上街头抗议,焚烧汽车和垃圾桶,打砸店铺和政府机关,并与警方发生冲突,骚乱事件由此蔓延。从这个角度看,预防未成年人犯罪是化解社会矛盾、防范群体性事件的基础工作,而少年司法制度是未成年人犯罪预防体系中的重要组成部分。

少年司法改革是社会管理创新的先驱和引领者,代表了社会管理创新理念转变的方向。对于政法机关而言,社会管理是狭义的,实际主要是指"社会控制",特别是对特殊群体、特殊空间的社会控制,防止人们发生不利于社会的行为。社会控制的基本观念有两种,一种是以古典犯罪学派为代表的社会控制理论,推崇"刚性"(例如通过惩罚、暴力、报应等)的社会控制。另一种是实证犯罪学派的社会控制理论,主张"柔性"(例如通过关怀、协商、矫正等)的社会控制。在西方现代化转型之前,占主导地位

---

① 刘子富著:《新群体事件观——贵州瓮安"6·28"事件的启示》,新华出版社2009年版,第41页。

的是古典犯罪学派的社会控制理论。但到了19世纪,随着社会转型的加速,古典犯罪学派"肤浅而直白"的"刚性"社会控制理论不能适应社会转型的变化,无法实现对社会的有效控制。在这样的背景下,实证犯罪学派"隐蔽而迂回"的"柔性"的社会控制理论开始兴起。

理念的变革与应用首先开始于少年司法。1825年美国纽约建立了专门的少年庇护所,1899年芝加哥市建立了世界上第一个少年法院,随后兴起的"少年法院运动"全面推行了实证犯罪学派"柔性"的社会控制理论,并进而开始影响刑事司法体制的改革。在我国,政法机关仍然较为推崇"刚性"社会控制理论,这样一种观念已经同样出现了不能适应社会转型需要的弊端,迫切需要改革。事实上,1984年第一个少年法庭的建立和1986年第一个未检专门机构的建立,就已经开始引领并将继续引领着这样一场变革。

(原载《检察风云》2010年第10期,有删节)

青少年社会管理创新的理念与路径

最近社会管理创新是一个热点议题。讨论青少年的社会管理创新应当考虑两个背景,一个是国际背景,另一个是国内背景。从国际背景的角度看,中东变局等国际形势给了我们很强的警示——强权政治其实是极其脆弱的。从国内背景的角度看,当前国内矛盾已经到了令人堪忧的程度,这些国内矛盾可以概括为官民矛盾、贫富矛盾、劳资矛盾、民族矛盾以及青少年和成人社会的矛盾。

探讨青少年社会管理创新需要注意两个内涵性问题,一是"社会管理"——社会管理不能简单地等同于传统意识观念中的社会控制。二是"创新"——创新就是要改变以往传统的"肤浅而直白"的做法,转化为隐蔽而迂回的管理手法,变管理、控制为关爱、关怀、关心……

青少年社会管理领域创新有着特殊的意义,它是整个社会管理创新的重点和支点。从比较视角来看,发达国家在社会转型期间都十分重视和维护青少年的合法权益,并将维护青少年权益作为了社会转型的稳压器。这是因为真正成为问题的青少年背后的群体其实主要就是社会底层群体,因此管理好了问题青少年,其实也就稳定了社会的基础。从社会管理技巧的角度看,青少年往往可以称为社会控制的合理化根基,因为以保护青少年的名义介入社会管理更为隐晦也更具合理性。此外,青少年社会管理还是整个社会管理创新的试验田,因为风险较小、社会容易接受,青少年往往可以成为社会管理创新的窗口和前沿。

目前的青少年社会管理创新存在着困境。一是青少年群体的生存困境突出。青少年非但没有成为社会的稳定剂和高压线,反而成为肆意侵害的群体,成为社会不良情绪宣泄的工具。这样的例子非常多,例如儿童拐卖、幼女性侵害、儿童虐待等。二是青少年受到强烈的社会排斥,例如大城市高生活成本和排他性政策,再如社会阶层的板结化导致青少年的自我实现的路径越来越窄。

与此同时,青少年工作的方式方法已经出现了失灵和不适应的现象。例如共青团组织的资源逐步弱化,力量和影响边缘化。再如传统的工作方式越来越不适应当代青少年群体的要求。在实践中,对青少年的社会管理还出现了两个危险倾向,一是政府过度依赖传统的"肤浅而直白"的工作方式;二是片面强调管理,加强管制,实际上更加强有力地挤压了青少年群体的自我空间。

对于青少年社会管理提五个建议:一是要注意强化青少年与社会的联系,例如提高青少年越轨的社会成本,培养青少年与传统社会的情感等。二是要注意弱化标签效应,避免对青少年的过度干预,尤其是应当避免将一些弱势青少年污名化。三是要尊重青少年越轨的自愈规律,青少年的"越轨"在某种程度上说是正常的。四是要注意开发依靠力量,最近一些年部分省市共青团组织培养青少年社工力量的做法值得肯定。以上海为例,专职团干目前已经减少到2000人,但上海培养了500余人规模的专职青少年社工队伍。五是要注重提升青少年社会管理专业能力。例如青少年社会管理尤其是犯罪预防与权益维护工作具有很强的专业性,并非什么人都可以胜任的。

(2011年2月28日上午,应中央综治委预防青少年违法犯罪领导小组办公室、团中央邀请在"青少年社会管理创新专家座谈会"上提供的专家咨询意见纲要。)

对流动青少年"教育帮扶"的几点思考

流动青少年是一个庞大的群体,也是一个具有中国特色的群体。由于城乡二元结构,特别是户籍制度的客观障碍,一方面这一群体无法融入流入地"享受同城待遇",另一方面也因为其对流入地社会治安、管理等方面的影响而容易被视为"问题"群体。"教育帮扶"这样一个具有强烈标签效应的术语在这一群体中的经常性使用,可谓对这一群体特点的生动诠释。

流动青少年是犯罪主体吗?

对流动人口的焦虑与不满是一个自古以来就存在的根深蒂固的观念。例如,战国时期的《管子》就主张"禁迁徙,止流民"。王夫之指出"不务农桑,无有定业",就是"流民",顾炎武也认为"人聚于乡而治,聚于城而乱"。实际上,流民一直是历朝历代警惕和打击的对象。

这种历史焦虑实际上一直延续至今,很多城市管理者对于流动青少年群体仍然视为主要是"问题"群体。一个经常被提出的观点是,流动青少年是青少年犯罪的主要群体,甚至是影响城市社会治安的主要群体。例如某市的一份官方调查报告显示:2010年25岁以下的青少年犯罪占整个刑事犯罪的80%,而青少年犯罪中外来青少年的比例占到93%。这样的调查结果并非个例,而是具有一定的普遍性。外来流动青少年是城市青少年犯罪主体的观点,似乎已经成为一种共识。

然而,一个值得思考的问题是,这种现象是否是客观的?从人民法院判决的罪犯比例构成来看,这似乎是一个事实。但需要思考的是,这种所谓事实所具有的人为"建构"色彩。

首先是选择性执法效应。对流动人口包括流动青少年的特殊管理，是各城市的通行做法。因此，相对本地青少年而言，流动青少年更可能成为警察以及其他社会治安力量"重点关注"的对象，流动青少年的违法犯罪行为也相对而言更容易被公安司法机关发现和追究。

其次是司法漏斗效应的影响。有证据表明，在刑事司法程序的初期阶段，本地青少年犯罪与流动青少年犯罪的差距并没有如此悬殊，但是随着刑事司法程序的推进，这一比例差距越来越大。造成这种结果的原因是公安机关、人民检察院、人民法院都有职权将一部分案子筛选分流出去，通常是那些被认为罪行轻微、当事人和解、再犯危险性小的嫌疑人。而本地青少年通常都要比流动青少年具有更好的监管条件、更大的和解可能性等优势，因此也更容易被从刑事司法程序中分流出去。

正确认识流动青少年

中国人历来安土重迁，流动意味着颠沛流离、离乡背井，这与中国人传统的民族性是完全相悖的。然而，为什么还有那么多青少年要离乡背井呢？

自古以来，人口流动主要有两大原因，一是避难，二是求生。在今天，为躲避灾祸而流动的已经很罕见，更多的是为了求生即为了生活得更好。按照习近平总书记的说法就是期盼有更好的教育、更稳定的工作、更满意的收入、更可靠的社会保障、更高水平的医疗卫生服务、更舒适的居住条件、更优美的环境，期盼着孩子们能成长得更好、工作得更好、生活得更好。说得直接一点，这些青少年流动起来，无非是为了实现中国梦。

这样的动机无可非议，也是中国梦的重要组成部分。但对于很多城市管理者而言，却并不认同这样的"中国梦"，并对流动青少年实现这些梦想设置了种种障碍。一个常见的观点是认为如果对流动青少年太好，他们都跑过来将不堪重负。

作为一种客观的事实，流动青少年在所流入的城市往往面临着非常强的社会排斥，比如就业排斥、就学排斥、社区（居住）排斥、心理排斥。例如，在 S 市开展的一项调研结果中，针对流动青少年关于"你在 S 市和你较好的朋友当中有多少是 S 市人"这一问题的回答中，只有 1% 的人选择我的较好的朋友是 S 市人。这种情况不仅仅在 S 市，而是在很多城市都很普遍。

当流动青少年颠沛流离进入一个新的城市来追求中国梦的时候,他发现自己掉到了一个玻璃瓶里面,玻璃瓶上有一个玻璃顶,尽管他看得到顶但是却永远跳不出去,比如说没有办法平等享受医疗、教育、社会保障等待遇,也很难融入所流入的城市。这正是流动青少年之所以比本地青少年犯罪率更高的关键原因。

既来之,则安之

与我国不同的是,一些国家对于外来人群不但没有采取排斥性政策,反而给予了更加优惠的待遇。例如,瑞典对于新移民规定了优先给予住房保障、优先给予教育保障、鼓励学习母语等特殊政策,以让新移民尽快融入和安稳生活。这种政策看似"不聪明",但却是一种更为明智的做法,而这也是移民犯罪在瑞典并未成为社会问题的重要原因。

社会转型期的中国,人口的大规模流动仍将会是一个长期的现象。以"排斥"为中心的管理模式既不现实,也是一种人为制造社会问题的不明智做法。"既来之,则安之",让流动青少年有序融入流入地应当成为对待流动青少年的基本立场,而这也将成为我国未来经济发展的动力之源。

可喜的是,十八届三中全会专门对户籍制度进行了重大的改革,要求加快户籍制度改革,全面放开建制镇和小城市落户限制,有序放开中等城市落户限制,合理确定大城市落户条件,严格控制特大城市人口规模。这一户籍制度改革的方向是逐步消除对流动青少年的社会排斥,促进其有序融入流入地,消除人群隔阂。

针对流动青少年,"教育帮扶"等具有较为明显标签效应的用语应当谨慎使用。对于流动青少年不应当以预防犯罪为重心,而应当以福利关怀为重心。需要特别指出的是,尽管宪法中没有规定迁移权,但流动青少年的福利与融入绝不应当是"施恩",而是他们应当享有的基本权利。

基于儿童最大利益原则的考量,让流动青少年中的未成年人群体首先享受同等待遇,应当成为一种基本的政策选择。

(本文系在2013年11月22日在"为了明天——预防青少年违法犯罪论坛"上的演讲。)

第二辑
家校之忧：有一种关爱是否成了伤害

父母法律责任越小,孩子越危险

2011年10月13日傍晚,佛山一五金城里,年仅2岁零4个月的小悦悦先后两次遭车碾压,全国媒体声讨"见死不救"的18名路人,小悦悦的父母俨然只是悲剧事件中广获同情的受害人。

但一个简单不过的道理:路人再冷漠、再混蛋,也只是路人。能真正照看好小悦悦的,首先是父母甚至只能是父母,而不是路人。

中国的父母总会有无数"理所当然"甚至"不得已"的理由,将未成年子女独自放任在危险的地方。事发时,小悦悦父亲忙着店铺生意,母亲上楼晾衣服,监控视频显示,小女孩已离家百米外,事发路段车水马龙,从第一次遭碾压到被拾荒阿婆救起,已6分钟,半分钟后,母亲终于出现。

不少人会想起以美国为代表的不近人情的法律与判例。美国法律规定,不得让不满12岁的儿童脱离监护独处,否则"后果很严重"。这些天我在瑞典考察儿童福利与少年司法制度,瑞典同行讲了这样一个案例:一对瑞典夫妇带着孩子去美国旅行,可能觉得咖啡馆里的空气不好,于是将婴儿车留在橱窗外,结果被逮捕并面临剥夺监护权诉讼,还闹出外交风波来。其实瑞典法律已够严格,一个意大利父亲在瑞典当街将孩子按倒在地上,结果被判监禁六个月。美国更有很多动不动就要把孩子从亲生父母身边带走的案例,让移民美国的中国人胆战心惊、不敢懈怠。

发达国家这些严苛的儿童法,贯彻的是所谓"儿童最大利益原则",并以"国家亲权"理论为基础。"儿童最大利益原则"不简单,它是世界上签字国最多的国际公约——《儿童权利公约》规定的,要求关于儿童的一切行动都以儿童最大利益为"首要考虑"。而"国家亲权"理论的基本主张是,国家才是儿童的最终监护人,如果父母不能监护好孩子,国家有责任也有权力接管父母的监护权。

中国也是《儿童权利公约》的签字国,有些法律看上去也很美。比如预防未成年人犯罪法规定:"未成年人的父母或者其他监护人,不得让不满16周岁的未成年人脱离监护单独居住",好像比美国12岁的标准还高。未成年人保护法也有剥夺父母监护权的规定。但这些法律从来就没动过真格的,仔细琢磨这类条文还会发现,它们基本没法用。比如,究竟在什么条件下可以启动剥夺监护权程序,谁来启动,如何举证,法律没说明白,司法实践更搞不清楚。更要命的是,由于缺乏完善的儿童福利体系做支撑,一旦剥夺了父母监护权,往往无法保证孩子获得更好的监护条件。

在中国,养狗须依法领证,但养孩子不需要。怎么养"自己的"孩子是家事,也基本没什么风险。父母都把小悦悦养成那个样子了,法律不可能拿他们怎么样。还有更吓人的,不久前湖南有个1岁8个月大的小女孩(又是女孩)被人发现时,已伴随去世的奶奶尸体7天,身上爬满蛆虫。同样,她的父母除了收获世人同情,没见法律能把他们怎么样。

做父母太安全了,孩子们就难免遭殃。如果我们的法律和司法没办法将小悦悦父母这样的监护人送上法庭,就不可能避免悲剧的重演,而我们也只能去谴责路人。这需要的不仅仅是理念的变革,法律的完善,更需要儿童福利体系的健全。

按照中国人的传统观念,这时还去责难小悦悦父母,甚至极力主张把他们送上法庭,无疑是一种在伤口上撒盐的"不道德"行为。但撒盐是必要的消毒措施,否则伤口容易发炎、扩散——烂得更厉害。

(原载《南方周末》2011年10月20日)

家庭不是体罚虐待儿童的天堂

又是一起儿童被亲生父母毒打致死的惨案:

在苦苦挣扎了61个小时之后,2010年1月31日12时许,2岁男童小金良带着满身伤痕终于离开了这个对他而言充满了苦难的世界,凶手是孩子的父亲、27岁的河南省郑州市新郑农民李海龙。

近些年来,类似的悲剧频频被媒体爆出,仅在2009年就发生了震惊全国的案件多起:

1月24日,安徽来安县雷官镇埝塘村发现一名4岁女童尸体。犯罪嫌疑人何妹妹经常打骂年幼的女儿,甚至在盛怒之下用滚烫的水给年仅4岁的女儿洗澡,活活地将自己的亲生女儿虐待致死后又抛尸。

7月25日,仅为证实女儿是否偷拿了二伯的100多元钱,巫山县一父亲竟把12岁女儿用塑料绳将其捆绑在铁梯子上,并用橡胶管长时间抽打其背臀部、胸腹部等部位,导致女儿于当日因皮下、肌层广泛出血、失血性休克死亡。

9月16日,只因孩子站着撒尿,深圳市宝安区一名5岁的女孩被父亲暴打致死。医生在孩子的尸体上发现其背部有许多细长的抽痕,均是新伤。全身其他多处地方有旧伤,大腿上尤为明显,脚踝上还有勒痕。

10月10日下午,只因不好好吃饭等琐事,上海市宝山区一名四岁男童在至少遭受父亲张少斌3小时的不间断殴打后致死。据事后调查,几个月来这名男童几乎天天受到毒打。张少斌打他的方式残忍至极。男童惨死后,邻居和老乡描述了至少6种"成人也无法忍受"的殴打方式,殴打的"工具"除了用手掐脖子外,还有扫帚、刀具等,每次持续最少一小时。
　　……

　　家庭原本是儿童最安全的庇护所,父母原本是儿童最放心的保护人,但是如此频发的未成年子女被亲生父母殴打、虐待致死案件,不能不引起我们的警醒和深刻的反思。

　　在我国,有着子女私有化的浓厚文化传统,"清官难断家务事"、"法不入家门"的观念也根深蒂固,家庭基本上是一个自在的封闭式空间,这是此类悲剧事件频发的根源。在某种程度上可以说,家庭已经成为体罚虐待孩子的天堂。父母可以在教育的名义下、在爱的名义下,采取几乎不受限制的方式"管教"孩子,甚至仅仅是把孩子作为情绪宣泄的工具。即便出现了伤害甚至致死儿童的严重后果,也大都会被轻缓处理,这样的状况急需改变。近些年来,我国在反家庭暴力领域取得了显著的进步,但是缺乏利益代言人的儿童并没有能够获得应有的关注。对于儿童而言,家庭实际上仍然是披着温情外衣的不设防的危险空间。

　　要防止类似悲剧事件的频发,必须从细微之处着手,改变"法不入家门"的传统观念,在家庭这一空间设立保护儿童的防线,其中最为重要的是设置法律防线。在立法上,应当将家庭内儿童虐待问题作为独立议题,开展专项立法。在执法上,应当对执法人员进行专门培训,将儿童虐待的制止与干预作为高度优先执法事项,改变"清官难断家务事"的偏见。

　　其次,应当开展有针对性的家庭教育知识培训,提高父母管教子女的技能。要求在教育子女问题上父母也应"持证上岗"或许过于理想化,但是对父母——不仅仅是年轻的父母进行必要的培训是十分必要的。一些国家的法律规定父母应当强制接受若干课时的家庭教育知识培训,这值得我国借鉴。

　　再次,应当重视家庭问题的及时解决来预防家庭内儿童虐待。家庭内虐待儿童事件,往往是家庭问题的折射。要防止家庭内儿童虐待事件的频发,必须对有未成年子女的特殊家庭给予特殊关注,通过及时解决家庭问题来预防儿童虐待事件。这类特殊家庭包括贫困家庭、留守儿童家庭、携未成年子女进城务工家庭、夫妻关系紧张家庭、有暴力倾向父亲或者母亲家庭等。

此外,还应当采取推动儿童保护社会工作事务的发展,推动儿童保护民间组织的建立,建立受虐待儿童庇护机构等综合性措施来防治家庭内的儿童虐待。

(原载《青少年犯罪问题》2010年第2期卷首语)

法律应给失职父母一点"颜色"
——对海淀法院亲职教育探索工作的几点感受

当李某某因犯轮奸重罪最终被判处十年有期徒刑,而对他的斑斑劣迹早就知道的母亲仍然声称自己的儿子内心纯洁的时候,估计大多数人都已经对李某某犯罪的主要原因一目了然。而在此之前的刑事诉讼过程中,李某某的父母拒绝了社工介入开展社会调查与帮教——尽管在我看来这种拒绝是无效的。

如果这起案件发生在爱尔兰,法官可能会同时作出这样的判决:由李某某决定选择父母中的一个进监狱,另一个缓刑。如果这起案件发生在我国台湾地区,少年法院也将毫无悬念强制这样的父母接受8到50小时不等的亲职教育辅导;如果拒不接受亲职教育辅导或时数不足的,少年法院还可以裁定处新台币三千元以上一万元以下罚款;经再通知仍不接受者,还可以按次连续处罚,至其接受为止;经连续处罚三次以上的,少年法院还可以裁定公告父母的姓名。

这样的法律在许多国家都很常见,所表达的共同观念是:父母应当履行监护教养职责,如果未成年人子女走上违法犯罪道路与父母疏于或不当履行监护教养责任有关,那么法律将会以"严肃"的方式教他们怎么样做父母。这样一种看上去似乎具有"株连"色彩的规定,是未成年人法中具有一定普遍性的做法,也被认为是未成年人法的特色和"罪责自负原则"的例外。

但是李某某案件发生在中国大陆,我们并没有类似明确而有威慑力的法律。于是"可怜天下父母心"与"郁闷"的法官遭遇了,也就有了海淀法院谨慎而又颇具特色的亲职教育探索。

海淀法院亲职教育的探索有三个特点：(1)采取的是父母"自愿"接受家庭教育指导的方式，这是一种谨慎的探索，尽管海淀法院在探索中毫不掩饰最终的目标是希望推动预防未成年人犯罪法的修订增加强制亲职教育的规定。(2)亲职教育的对象主要是罪错未成年人父母——特殊亲职教育，但也将普通未成年人父母——一般亲职教育纳入其中，展现了海淀法院的社会担当。(3)这一探索采取的是司法一条龙的方式，将公检法办案环节遭遇的罪错未成年人父母均纳入了亲职教育的对象，还形成了规范的制度。

在中国，养狗要有证，开车要考照，但是养孩子这样一个据说关系着国家民族未来的大事，却没有任何资质的要求，即便有充分的证据证明这一父母是不称职的、教养能力是有缺陷的，例如把孩子养成了罪犯，法律也不能把他们怎么样，大家还会说："可怜天下父母心"。我曾经在《南方周末》发了一篇小文章——《父母法律责任越小，孩子越危险》，这种危险当然包括违法犯罪的危险。如果法律不能让父母动真格，不能"强行按下"那些特殊父母高傲的头颅，让他们认真地反思和学习怎么做父母，那么"李某某"将会层出不穷。

在我看来，海淀法院的亲职教育探索，以及全国其他省市的类似探索，例如上海徐汇区的"亲情驿站"、海口法制教育中心的父母培训班，正在以实际行动改变传统的观念与法律——而这样的实际行动背后，是一件又一件本不该发生的悲剧性事件。这也正是海淀法院探索的特殊意义。

唯一的遗憾是，在我看来海淀法院的这一探索可以依法走得更前沿一些，比如赋予亲职教育强制性色彩。因为预防未成年人犯罪法第四十九条已经有明确规定："未成年人的父母或者其他监护人不履行监护职责，放任未成年人有本法规定的不良行为或者严重不良行为的，由公安机关对未成年人的父母或者其他监护人予以训诫，责令其严加管教。"按照举轻以明重的法律逻辑，对于放任未成年人犯罪行为的父母或者其他监护人，公安机关同样可以对其予以训诫。强制亲职教育完全可以根据这一法条，以训诫的方式实施。不过，遗憾的是预防未成年人犯罪法的这一条款似乎从来没有适用过。

期待海淀法院可以首先探索激活预防未成年人犯罪法第四十九条，以司法建议的形式建议由公安机关对于那些放任未成年子女违法犯罪的父母予以训诫,并将亲职教育作为训诫的主要内容。强制亲职教育有没有效果,怎么样强制,需要实践先行的探索与经验——这是立法完善的基础性工作,而这也是我对海淀法院亲职教育探索的期待。

(本文系 2014 年 1 月 20 日在中央综治办、共青团中央、中国法学会主办的"未成年人健康成长法治保障"研讨会上对获得"最佳事例"的海淀区人民法院亲职教育工作制度的点评。)

父母不可不知道的"标签理论"

在美国,有一所全美知名的"垃圾中学",这一所中学的学生以调皮捣蛋、违法乱纪著称,到这所中学就读的学生都被认为是最没有出息的孩子。事实证明,数十年来这所中学毕业的学生中的确没有一个有成就的人物。可怜的校长为这所中学伤透了脑筋。有一天,校长听说一位全国最著名的教育家将到学校所在州访问,于是打算想尽一切办法邀请这位伟大的教育家到学校来看看,希望他能为这所中学的改善开个药方。没有想到,校长只是打了个电话,这位伟大的教育家就欣然同意了。伟大的教育家来到这所全国著名的"垃圾中学",校长颤颤巍巍地等候聆听可以使他伤透脑筋的中学改善的"药方"。意外的是,伟大的教育家什么也没有说,只是要求校长召集所有的学生列队在操场上站好,然后在操场上转了三圈,看上去非常认真地审视着每一位学生,并且要求校长记下他点过头的学生的名字。然后,和校长回到校长室,非常神秘地对校长说"我以上帝的名义发誓,根据我的观察,你记下名字的那三十位学生,都是具有天才潜质的学生,日后必大有成就。不过我尊敬的校长,你要答应我要保守贵校有三十位天才学生的秘密。"话一说完,教育家就离开了。欣喜若狂的校长,怎么可能保守在全国著名的"垃圾学校"里竟然隐藏着被伟大教育家认定的天才学生的秘密呢?很快这个消息就秘密传开了。几乎是在一夜之间,那三十位学生突然发现周围所有的人——从校长、教师到同学、父母、邻居,竟然都认为自己是日后必然大有成就的天才……

三十年后,即将退休的校长非常荣幸地请到了已经老态龙钟,但更加著名的那位伟大教育家重返学校。"尊敬的教育家,您真是太伟大了!您当年看中的那三十位天才,现在都已经成为我们州乃至全美国都非常有成就的银行家、律师、医生、议员……因为他们的影响,我们这所曾经闻名全美的垃圾中学,现在已经成为一所全州著名的优秀中学了。"老态龙钟的教育家听完校长充满敬意和感激的话后,微笑着说:"尊敬的校长先生,我必须向您坦白,当年我只是随意选了三十位学生。"话说完,教育家再次离开了,留下了那位目瞪口呆的校长……

这个故事给我们的启示是,所谓好孩子、天才,不过是我们将这样的美好"标签"贴在他们身上,并且把他们当作好孩子、天才来对待所逐步造就的。如果说这是一个难以考证真伪的故事的话,那么下面要给大家介绍的则是经过科学研究而提出的理论,这一理论被称为"标签理论"(labeling theory)。

标签理论最开始是用于解释为什么青少年会变成违法犯罪的坏孩子,它大约形成于20世纪60年代,许多社会学家、犯罪学家、心理学家、教育学家都对这一理论的形成做出了重大贡献。对这一理论的阐释也有不同的版本,不过,从教育孩子的角度去看,标签理论的核心观点可以归纳为以下几点:

> 孩子都是一样的,天然无所谓好与坏;
>
> 之所以会出现好孩子和坏孩子的区别,是因为那些有权势和有影响力者(对于孩子来说,主要是指家长、老师、邻居、警察、学校、法庭等成年人和社会机构)将好孩子或者坏孩子的标签,贴在孩子身上的结果;
>
> 孩子会对其他人(特别是那些有权势和有影响力者)对自己所下的定义(definitions)做出反应。如果一个孩子被称为坏(好)孩子,而且被当作坏(好)孩子对待,那么他就会逐渐对此形成自我形象(self-image),而且按照在他人促成的这种自我形象的模式去行为和发展。

标签理论形成后,许多学者都试图对这一理论进行质疑,不过,这一理论的科学性却并未被否定,相反产生了日益广泛的影响。虽然标签理论主要是作为一种犯罪学理论所提出和论证的,但是它对于我们如何教育孩子却有着深刻的启迪。经常有一些家长会在自己的孩子成年后非常"骄傲"自己的预知力很高明。例如有的家长在自己的孩子很小的时候,就通过一些证据认定孩子长大后必然会成为痞子、阿飞,结果孩子长大成人后果然成了痞子、阿飞;有的家长在孩子很小的时候,就认定他(她)是"笨孩子",结果在以后的求学过程中,这些家长总会发现自己的判断是对的,因为自己的孩子确实表现得比别的孩子笨……殊不知,正是因为父母将坏孩子、笨孩子的标签贴在了自己的孩子身上,并且总是采用对待坏孩子、笨孩子的方式去对待他们,以至于孩子也逐渐认同了自己是坏孩子、笨孩子的形象——当然,在大多数情况下孩子会去反抗这种不良标签的,但遗憾的是,他们总会发现这种反抗是无用的。一旦这种内外互动式的"标签效应"形成,孩子的未来就很难不按照所贴的标签模式去发展了。同样的,如果父母给孩子贴上一个好的标签,那么也能够形成良性的标签效应,促进孩子健康成长。

作为父母,一定要慎重地将一些坏标签贴在孩子身上,同时不要吝啬你手中的好标签。不过,需要提醒父母的是,当你把一个好的标签——例如"聪明",贴在孩子身上的时候,那么你在和你的孩子相处时,一定要从内心深处坚信自己的孩子是"聪明"的,并且每时每刻像对待你所敬仰的聪明孩子一样和他相处,切记不能言不由衷、言行不一,因为只有这样才能形成良性的标签效应——而不是相反。

(2007年8月22日首发于上海教育新闻网)

父母与孩子之间的法律界限

相对父母而言,未成年子女处于绝对的弱者地位,其感受、意愿、思想甚至最基本的人身权利常常容易被父母在"爱的名义下"忽视甚至侵害。针对这样的现象,各国立法都规定了父母与子女之间所应保持的基本界限。我国的法律,尤其是《未成年人保护法》也做出了这样的规定。由于在亲子关系中父母处于强者的地位,因此这些规定体现了约束父母行为的特点,要求父母在处理与孩子之间的关系时保持必要的限度。我国于2006年12月修订颁布的《未成年人保护法》在规范亲子关系方面有很多规定,其中最重要的主要体现在三个方面:

管教孩子的方式有限度,不能对子女有虐待和实施家庭暴力的行为

某地曾经发生过这样一件真实的案例:2000年4月12日夜11时,母亲骆某,因对8岁的儿子小闯多次未完成老师布置的作业及说谎之事十分恼怒,于是决定用木把笤帚教育儿子,对小闯进行了长时间殴打,造成小闯双臂及下肢大面积创伤,并引发肾功能衰竭,法医鉴定为重伤。检察院依法对骆某提起了公诉,法院最终以故意伤害罪判处骆某有期徒刑三年,缓刑四年。这起案件发生后,引起了社会各界的强烈反响。在骆某被判刑后,更引起了热烈的讨论,有的人认为不应当判刑,有的人则认为处刑太轻了。

无论争议双方的观点如何,可以肯定的是,虐待子女和实施家庭暴力,是我国法律所明确禁止的,也是联合国《儿童权利公约》等国际法所禁止的行为。父母虽然拥有管教子女的权利,但是所采用的方式必须在法律所规定的限度之内,不能超出"教育"的目的,也不能对子女的身心健康造成严重的伤害,否则要承担相应的法律责任,甚至承担刑事责任。

由于我国有棍棒教育的传统,"不打不成器"的观念在许多父母脑海中根深蒂固,因此常常造成许多悲剧事件的发生,或者对未成年子女的成长留下不良的阴影。作为新时代的父母,必须清楚,无论是以什么名义所实施的虐待和家庭暴力行为都是法律所明确禁止的。

需要指出的是,我国的法律还没有像欧洲一些国家那样采取对管教子女暴力行为的"零容忍"原则,还没有禁止一切具有"暴力性质"的管教行为,但是,逐步地将"暴力"驱逐出家庭,已经成为我国立法发展的一个基本趋势。

父母在做出涉及孩子利益的决定时,必须尊重子女的意见

如果你碰到下面这样的事情,会怎么处理?

> 随着年龄的增长,你的9岁女儿有许多淘汰的旧玩具,比如说一个布娃娃。这天有一个朋友带着她的5岁小女儿到你家来做客,小女孩喜欢上了那只旧娃娃。你有心把它送给她,这时候你会怎么做?

我的一位同事在面对类似的情形时,不假思索地决定把旧娃娃送给了朋友的女儿。而我的另一位英国朋友,则是把他的9岁女儿叫过来,对她说:"玩具是我买给你的,现在小妹妹喜欢它,你来决定怎么做。"结果,小姐姐在考虑半天后,最终决定以10元的价格卖给了小妹妹。

请注意,我在这里并不是和大家讨论家庭教育技巧的问题,而是把这个问题看成一个法律问题,看看法律是如何规定的。

2006年12月修订颁布的《未成年人保护法》第三条规定:未成年人享有参与权。第十四条进一步明确规定"父母或者其他监护人应当根据未成年人的年龄和智力发展状况,在做出与未成年人权益有关的决定时告知其本人,并听取他们的意见"。这是修订《未成年人保护法》时所新增加的,也是父母在处理与子女关系时所必须遵守的新的法律规定。保障有主见能力的未成年人有权对影响到其本人的一切事项自由发表自己的意见,对未成年人的意见应按照其年龄和成熟程度给予适当地看待,这也是联合国《儿童权利公约》第12、13、14、15、23条等规定的要求。显然,按照这些法条的规定,我的同事的做法并非单纯的是一个缺乏家庭教育技巧的行为,而且还是违法行为。

孩子也有隐私权,父母必须给以相应的尊重

某地曾经发生一个真实的事件:一位少女在日记中写下了自己的性幻想,不料被她的母亲发现。母亲不但不认为自己偷看女儿的日记的行为是错误的,反而激烈地批评女儿。后来这位少女跳楼自尽,母亲后悔已晚。类似这样的案例还很多。

在我国,许多父母从为了更好地了解子女内心世界、人际交往以便更好地进行教育等良好目的出发,常常会偷看子女日记、信件等"小秘密",他们并不认为这样做有什么不对。殊不知,这样的行为不但教育效果会适得其反,而且还是侵犯子女隐私权的违法行为。

"隐私权",也叫个人生活秘密权,简单地说就是公民不愿公开或让他人知悉个人生活秘密的权利。我国《未成年人保护法》、《民法通则》等法律都规定未成年人也享有隐私权,父母应当给予相应的尊重。例如,《未成年人保护法》第三十九条明确规定:"任何组织或者个人不得披露未成年人的个人隐私。对未成年人的信件、日记、电子邮件,任何组织或者个人不得隐匿、毁弃;除因追查犯罪的需要,由公安机关或者人民检察院依法进行检查,或者对无行为能力的未成年人的信件、日记、电子邮件由其父母或者其他监护人代为开拆、查阅外,任何组织或者个人不得开拆、查阅。"第六十九条规定:"侵犯未成年人隐私,构成违反治安管理行为的,由公安机关依法给予行政处罚。"

未成年人的隐私权保护有两个例外:一是因追查犯罪的需要,司法机关有权对未成年人的信件、日记、电子邮件进行检查;二是对于无行为能力的未成年人,即不满 10 周岁的未成年人,或者虽然已满 10 周岁但不能辨认自己行为的未成年精神病人,父母有权代为开拆、查阅其信件、日记、电子邮件。当然,必须指出的是,虽然法律允许父母查阅 10 周岁以下未成年子女的信件、日记、电子邮件,父母也应当对于 10 周岁以下子女的隐私给以必要的尊重,而不能滥用法律所赋予的权利。

文章的结尾,我们不妨来重温一下那个著名的刺猬取暖的故事:

> 在寒冷的冬天,森林中有一群刺猬被冻得瑟瑟发抖。它们试图靠近在一起用体温来相互取暖,但每次都被扎得疼痛不已,而不得

分开。在经过多次紧靠在一起取暖的努力失败后,它们终于想出了一个好办法:保持一定的距离,这样既不会相互刺痛对方,又可以互相温暖了。

(原载《莫愁·家教与成才》2007年第7期,刊载时标题为《九岁女孩也有参与权》)

未成年人监护：没有保障，就没有干预

近些年来，我国儿童受害事件频发，其中尤其以儿童饿死家中或者遭受来自父母的虐待等侵害为甚，一些案例的惨烈程度超出了常人可以容忍的极限。例如，2013年6月南京两名女童饿死家中，被发现时尸体已经腐烂；今年1月17日陕西西安曲江东曲江十村又发生7岁女童被发现饿死于家中事件，3月27日，湖南娄底市再发生一对夫妻赌气出走导致两个多月大男婴独留家中29小时后死亡的悲剧。再如，2013年5月，贵州爆出骇人听闻的虐童案，金沙县石场乡构皮村的11岁女孩小丽，被亲生父亲在长达五年多时间里用开水烫头、鱼线缝嘴、跪碎玻璃、针扎手指……长期虐待导致小丽全身伤痕累累、精神恍惚。

儿童受害事件的频发，引起了社会的广泛关注。在对这些事件反思的过程中，一个常被提出的疑问是：既然有些父母不适宜充当孩子的监护人，国家为什么没有相应的干预机制及时将孩子从危险的父母身边带离，直至变更这些孩子的监护人，就像电影《刮痧》里的情节那样？实际上，各国的儿童福利制度中大都设计有这样的机制。这一制度设计的理论根基即所谓"国家亲权"哲学，其主要观点是认为国家是儿童的最终监护人，在父母不能、不宜作为孩子监护人的时候，国家有权力也有责任基于儿童最大利益原则的考虑接管父母的监护权，包括临时将孩子从危险父母身边带走，直至剥夺父母的监护权另行指定监护人。

事实上，我国也有撤销监护人资格另行指定监护人的法律规定。例如，《未成年人保护法》第五十三条规定："父母或者其他监护人不履行监护职责或者侵害被监护的未成年人的合法权益，经教育不改的，人民法院可以根据有关人员或者有关单位的申请，撤销其监护人的资格，依法另行

指定监护人。被撤销监护资格的父母应当依法继续负担抚养费用"。但遗憾的是,这是一条沉睡的法律,在司法实践中罕见撤销监护权另行指定监护人的判例。

《未成年人保护法》第五十三条之所以没有能够发挥应有的作用,主要原因之一是这一规定采取了"不告不理"的消极主义立场,即法院并不会主动撤销不适宜担任监护人的监护人资格,而是以有关人员或者有关单位的申请为前提。但与此同时,法律又并未明确"有关人员或者有关单位"是谁,因此司法实践中几乎未见"有关人员或者有关单位"提出撤销监护权的案例——即便"有关人员或者有关单位"早已知晓监护人不履行监护职责或者严重侵害被监护的未成年人合法权益的情形。

但这还只是一个立法粗糙,尚容易解决的技术问题。为了解决这一"技术"难题,最高人民法院已经会同公安部、民政部正在共同起草《关于开展家庭监护失当未成年人监护权转移工作的指导意见》(以下简称《意见》),这一《意见》将明确剥夺监护权提起主体的范围、操作的具体程序等细节问题。一旦出台,也意味着《未成年人保护法》第五十三条将被"激活",撤销父母监护权另行指定监护人的司法通道将被打通,这将是我国未成年人保护法治的重大进步。

然而,一个不得不面对的问题是,我国是否已经形成了确保被从父母身边带走的孩子生活得更好的儿童福利制度?如果没有这样的保障机制,所谓干预,都将是一句空话,或者可能造成更加悲剧性的后果。

孩子应当与父母生活在一起,这是一个基本常识。将孩子从父母身边带走,是一种不得已而为之的终极选择——只有在这样做是符合儿童最大利益原则要求的前提下,才具有合理性与合法性。否则,善良的动机很有可能造成灾难性的后果。例如,澳大利亚政策曾经于 1910 年至 1970 年期间,基于"使土著儿童得到良好的教育、脱离贫困"的目的,推行从父母身边强制带走土著儿童并由政府或白人家庭收养的政策,这些土著儿童也因此被称为"被偷走的一代"。但是,这一所谓"为了土著儿童"的强制收养政策,造成的却是悲剧性的结果。例如,一份名为《带他们回家》的调查报告揭露,那些被强制带离父母身边的土著儿童在成年后更容易陷入贫穷、犯罪、缺乏自信和患上精神疾病。"被偷走一代"的青少年犯罪率比澳大利亚青少年平均犯罪率高 30 多倍,自杀率也居于各族群的首位。正因为如此,澳大利亚政府已于 2008 年和 2013 年两次正式对此道歉,并将这一错误的政策称为"耻辱"。

转移监护权不仅仅是一个司法问题,更是一个复杂的工程,也是一个系统的工程。在转移监护权制度设计中,至少应当要考虑以下机制:一是监督机制,即要有专门的人员与机构监督父母监护权的行使,对于不履行、怠于履行或者不当履行监护权的父母,要能够及时发现和进行干预;二是评估机制,即要有对父母监护资质的科学评估方法,确保撤销监护权的准确性,尤其应当防止转移监护权的滥用。例如,对"有心无力"父母的监护权,不能剥夺,而应提供支持性儿童福利服务;三是回转机制,即允许在父母恢复监护能力与资质时,基于儿童最大利益原则让孩子回到父母身边;四是托底机制,即通过家庭寄养、收养等方法确保被从父母身边带走的孩子能够重新生活在家庭环境之中,并对此进行跟踪服务与监督,以确保被从原父母身边带走的孩子能够生活得更健康、更美好。

激活《未成年人保护法》第五十三条,建立具有可操作性的转移监护权机制是十分必要的。但是,也应当对此保持必要的理性。毕竟,将孩子从父母身边带走是一种两害相权取其轻的不得已选择。没有保障,就难以启动干预,即便干预也可能造成更加悲剧性的后果,而这也正是我国滞后的儿童福利制度所面临的"两难"抉择与挑战。但从另一个角度看,激活《未成年人保护法》第五十三条也许将成为推动我国儿童福利制度实现飞跃式发展的契机。

(原载《中国社会报》2014年6月16日)

青春期性教育教不教避孕方法？

回顾历史，也许有助于我们理解"青春期性教育教不教避孕方法"之类的话题。

在西方，童年是一个直到近代才产生的社会现象，中世纪并无所谓成人与未成年人的观念。普拉姆在《童年的伟大变革》一书中写道："那时没有分离的童年世界。儿童跟成年人一样做同样的游戏，玩同样的玩具，听同样的童话故事。他们在一起过同样的生活，从不分开。布鲁赫尔所描绘的粗俗的乡村节日，展示男人和女人沉迷于饮酒，在放纵的情欲驱使下公然互相触摸，孩子们在一旁和成人一道吃吃喝喝。"这是我们今天所无法理解的现象，因为按照今天的社会观念，儿童世界与成人世界应当有着本质的区别，尤其是在"性"问题上。对于中世纪这种儿童与成人不分现象的原因，美国学者波兹曼精辟地指出：这是因为中世纪的孩子身处在一个以口语沟通的世界里，生活在一个跟成人一样的社会范围，没有分离机构加以限制，"他们有机会接触该文化中几乎一切的行为方式"。的确，当成人社会没有意识到或者无法在孩子面前保持某种为成人社会所独有的秘密时，成人与孩子的差别是极为有限的。正因为如此，普拉姆说：无论从哪一个方面来看，一个7岁的男性都是一个男人，除了他不会做爱、不会发动战争。

近代之后，借助于科学的发展及学校教育的普及，成人与儿童的差别性被大大提高。在一般情况下，如果儿童不经过学校教育，不为进入现代成人社会做必要的准备，那么这个孩子今后将无法真正融入社会。这个为进入成人社会做准备的阶段，被命名为"童年"（childhood）。在"爱的名义下"，成人社会日益认为，童年期与成人期应当有着本质的区别。因此,成人社会越来越注重在孩子面前保留成人社会的秘密,为处于童年期的孩子营造一个所谓童年所应当有的成长环境。遗憾的是,随着现代社会信息化程度的日益提高,在孩子面前保住成人秘密的努力在曾一度取得成功之后,正日益走向破灭。随着网络、手机等现代传播媒介的普及,当代社会正在逐渐向儿童与成人一样"有机会接触该文化中几乎一切的行为方式"的社会回归。

也许,当我们正在为"青春期性教育教不教避孕方法"之类的话题争论不休的时候,您正处在青春期的儿子正在和女友共同研究网络上做爱的姿势。父母在训斥完孩子后躲到房间里使用老式VCD欣赏黄碟时,他们的孩子可能正在网上欣赏更为精彩的"画面"。正像当年电视出现并逐渐普及曾经给成人社会所带来的恐慌一样,网络与手机的普及正在给成人社会带来新一轮的恐慌。电视、电话的发展历史已经证明,与信息社会发展的对抗也许可能取得短暂的效应,但是永远不可能取得成功。儿童社会与成人社会之间差距日益缩小的浪潮是无法抵挡的。

青春期性教育教不教避孕方法?如果成人需要教的话,那么孩子更应当教。不是教不教的问题,而是如何教。因为,处于青春期的孩子可能并不知道避孕的重要性,或者更关心的不是避孕,而是……

(2004年9月10日于沪)

谈谈女青年的性逆变心理

女青年性逆变心理，也可以认为是异常性爱心理的一种特殊情况。概括而言，它是指女青年在遭受性打击或性诱惑后所产生的一种反常心理状态，这种反常心理状态的直接后果是导致她们性爱观的逆变，往往促使她们向性罪错女性的转变。20世纪80年代初期，曾有学者提出过女青年受害后的恶逆变问题，但是这一问题尚未受到应有的关注。

女青年性心理逆变并非随意发生的，它需要一定的诱因，遭受性打击就是女青年性心理逆变的主要诱因。性打击的基本特征是性行为（并非仅指性交）违背女青年意志，或者虽然当时并不违背女青年意志甚至女青年还以主动的角色出现，但是事后都会产生程度较深的懊悔心理，这种懊悔心理的产生时间长短并不影响性打击的认定。促使女青年产生性心理逆变的性打击主要有以下两种：一是遭受性侵害。性侵害一般而言都是根本违背女青年意愿的，它是一种程度最深、性质最恶劣的性打击，因此也是最容易促使女青年性心理逆变的性打击。性侵害的情形主要有强奸、猥亵（一般都是那些情节较严重的猥亵行为）、当众遭受较严重的性侮辱、严重的性骚扰（其严重性主要体现在时间、次数、手段等方面）等等。二是恋爱中的失身。我们在此处所言的恋爱取得是广义的概念，即不仅仅是指未婚青年的初恋、热恋，还包括离异女青年的恋爱，甚至也包括女青年的婚外恋。发生了使这些女青年产生较强烈懊悔心理的性行为（不仅仅限于性交，更非单指女性贞操的丧失），是恋爱中失身的基本特征。受到性诱惑也是女青年性逆变心理产生的重要因素。一定的突发性是性逆变的特征之一，因此我们不赞同将因为遭受长期不良环境的腐蚀、诱惑而逐渐形成的不良性心理，包括在性心理逆变的范畴之内。所以导致女青年性心理逆变的性诱惑一般都要求具有一定的强度,且在短期内促使了女青年性心理的逆变。如少数几次性行为,腐蚀性较强的色情表演等等。这种因为性诱惑而发生性心理逆变的情形主要发生在那些性欲长期受到禁锢的女青年或者没有受到良好性教育的女青年当中。大都遭受过性打击,经历了从性受害到性犯罪这样一个转变过程,是性罪错女青年的典型特征之一,因此,可以说性逆变心理在性罪错中较为普遍。据安徽省某市妇联的调查,在37名女流氓犯中,第一次处在强迫、胁迫、被迫的情况下发生性行为的有14人,被骗奸的一人,恋爱对象提出性要求后坚持不住发生性行为的有6人,这三项合计21人,占总数的56.8%。

遭受性打击是女青年性心理逆变的主要原因,但是为什么有些女青年在遭受性侵害之后没有发生性心理逆变,而有些却逆变了呢?这可以从女青年性逆变心理产生的规律中得到解释。一般而言,性逆变心理的发生具有如下几个规律:其一,越看重女性贞操的国家、地区和社区,女青年性逆变心理越容易发生;其二,心理承受能力越弱的女青年,性逆变心理更容易产生;其三,在遭受性打击之后,越没有得到理解、同情和及时援助(主要是指经济上援助、必要的补偿、避免再次受害的保护等)的女青年越容易产生性逆变心理;其四,在遭受性打击后,加害人受到应有责难、处罚的时间拖得越长,甚至逍遥于法律或道德之外,受害女青年更容易产生性逆变心理。同一般女性性犯罪相比较,女青年性逆变后所从事的性犯罪行为具有更加严重的社会危害性。这主要是因为这些女青年所实施的性犯罪行为带有很强烈的性报复色彩,进行性犯罪活动一般更主动、更疯狂,腐蚀性、传染性更强。此外,性心理逆变后的性犯罪女性的矫治也更困难。

关注女青年性逆变心理对预防女青年性罪错和矫治性罪错女青年,提供了新的思路。预防女青年性犯罪应该注意防止女青年性逆变心理的产生,特别是要防止那些遭受性侵害、恋爱挫折的女青年产生性逆变心理。为此,应该注意为这些女青年创造一个能够得到理解、同情的环境,而不是误解甚至冷嘲热讽;为她们及时提供必要的援助;让她们得到及时的必要补偿;防止她们再次受害;也应加强对加害人的道德谴责和给予及时的法律制裁。

期待法制教育更具实效

虽然我国青少年犯罪总体状况有所好转，但是其中的未成年人犯罪却在近些年来出现了恶化的发展趋势，未成年人犯罪仍被普遍地视为一个严重的社会问题。从绝对数来看，1990年人民法院所判决的不满18周岁的未成年犯人数为42033人，到2006年已经增长到83697人。从比率数来看，1990年不满18周岁未成年犯占青少年罪犯的比率为12.64%，到2006年这一比率已增长到27.57%。需要特别指出的是，当前未成年人犯罪中尤其值得关注的并不是数量、比例的问题，而是犯罪性质的恶化、组织程度的提高以及新趋势与动向等问题。

目前，我国未成年人犯罪呈现出以下总体特征和趋势：一是在犯罪的主体特征与趋势上呈现出低龄化、少女犯罪日益突出的特点。二是在犯罪的心理特征与趋势上表现为游戏性和突发性的特点。三是在犯罪行为的特征与趋势上表现为暴力化、成人化、智能化的特点。四是在犯罪形态特征与趋势上表现为团伙化程度日益提高的特点。五是在犯罪类型特征与趋势上表现为以财产犯罪、暴力犯罪、性犯罪问题为主体，犯罪具体类型趋于多样化、新型犯罪不断呈现的特点。

未成年人是祖国的未来，未成年人犯罪也关系到整个社会治安的好坏，我们应当高度重视未成年人犯罪的预防与控制。犯罪学研究发现，法治意识的淡薄，法律观念的缺失，甚至对法律的无知，是未成年人犯罪的重要原因。有鉴于此，自1985年以来我国即开始进行全民普法教育，并且将未成年人列为法制教育的重点人群。二十余年来，未成年人法制教育受到了日益普遍的重视，未成年人法制教育的内容、形式都有很大的发展，也创造了很多好的经验。但是，未成年人法制教育仍存在较多的问题，尚不能满足未成年人犯罪控制的需要。一个较为普遍存在的问题是，以学校为载体的法制教育仍然较为普遍地存在教育目的异化、形式主义严重、教育方式僵化等弊端，法制教育的实效差强人意。目前，我们还缺乏一套完善的未成年人法制教育体系，包括以未成年人自我法制教育、家庭法制教育、学校法制教育、社区法制教育、社会法制教育为一体的多元体系，便于未成年人自我学习及法制教育工作者操作的示范体系，能够反映法制教育的实施情况及效果的评价体系。

在未成年人犯罪与未成年人权益受害日益严重的背景下，加强和完善未成年人法制教育刻不容缓，其中的核心举措应当是尽快构建完善的未成年人法制教育体系。我们所要构建的未成年人法制教育体系应该以未成年人为主体而不是将其作为单纯的教育对象，以未成年人、家庭、学校、社区、社会为载体而不是单纯地局限于学校法制教育，以引导未成年人确立适应法治社会建设需要的法治意识为目标而非狭隘的"良民教育"、"乖孩子教育"。作为一种对传统法制教育模式的突破，在这样的法制教育体系中，未成年人应从被动的受教育者转化为主动的学习者。针对这样的转变，成人社会有责任为各个年龄段的未成年人提供适合于其感受法治精神、法治魅力的载体。惟其如此，才能发挥法制教育在未成年人犯罪防控中的应有作用。

(原载《青少年犯罪问题》2010年第1期卷首语)

法制教育的反思与转型

> 法律就是一种规则,法治就是遵守规则的生活方式。
>
> ——题记

法制教育乱象

关于法制教育的讨论常常集中在如何发挥法制教育的积极作用与有效性之上,但显然法制教育的乱象并未得到应有的重视。以我曾经担任警察、检察官的经历和多年对青少年犯罪的研究所获得的感性认识,青少年犯罪和懂不懂法律、知不知道法律、知不知道刑法,在某种程度上可以说似乎并没有多大关系。如果法制教育的内容定位是在教这些孩子法律知识,我想肯定是有问题的。

最近出现了两个案件,一个是"求爱门"案件,某少年求爱不成即对心仪对象泼硫酸泄愤。另一个是在郑州发生的"弑母"案件,有个学生感到学习压力太大,于是把自己的母亲杀死了。令人担忧的是,"求爱门"案件中的犯罪嫌疑人还没有被起诉、判决,所有的信息都被媒体披露了,这显然是违反《未成年人保护法》《预防未成年人犯罪法》的。而郑州"弑母"案件,媒体对作案细节全部淋漓尽致地报道了出来:犯罪嫌疑人怎么用哑铃砸,怎么再用裁纸刀割喉,再用鞋带缠绕脖子勒,用被子盖住,然后心安理得地去上学,都有非常详细的描述,看了令人触目惊心。媒体一方面在做这样"非常规"的违法报道,另一方面又在大谈所谓法制教育,令人啼笑皆非。

各地开展法制教育的形式也存在不少问题,比如陕西咸阳曾经发生把在押的、还处于诉讼程序中的未成年犯罪嫌疑人押到陕科大附中，面对3000多中学生现身说法的事件。这种所谓法制教育本身就是对法治的践踏，连"可杀不可辱"的基本规则都没有遵守。

关于法制教育，有两点需要我们去深入思考：一是法制教育的效果跟青少年违法犯罪之间到底有什么关系，对此我们现在还没有一个客观的结论，很多从事法制教育的人也并未对此进行认真的思考。二是在探讨法制教育针对性、有效性的时候，还应当去充分注意法制教育的负面性。有一个医生曾经跟我讲过这样一句话，他说病人死的原因有三种：1/3 是病死，1/3 是吓死，还有 1/3 是医生治死——医生治疗不当致死。如果把法制教育也看成一个治病的过程，我们要避免这 1/3 的负面效果。

法制教育的比较

从国际视野来看法制教育，有几点值得我们借鉴和思考：

一是不仅仅中国在讲法制教育，国外也讲法制教育。比如 20 世纪 60 年代时，在英美国家兴起了法律学习运动，后来这一运动转化、更名为法制教育。我们国家则是从 80 年代开始了全民性的法制教育。

二是关于法制教育的对象，中外有一个很大的差别。国外的法制教育是针对非法律专业人士，而我们的法制教育把法律执业者也列入法制教育的范畴。第二个差别是我们把政府官员和青少年作为教育的主要对象，在国外没有把官员列进去，而是把青少年作为最核心的对象。这个道理很简单：如果官员就任之后还要进行法制教育，那么这个官员的选任肯定是有问题的。

三是中外法制教育都有非常鲜明的政治性。国外法制教育也强调政治性，但要隐晦些，更加强调把法制教育作为一种公民教育的方式，让公民（受教育者）认同、维护和忠于民主共和制，而我们法制教育的政治性则更体现于思想教育的说教，要直白得多。

四是中外法制教育的内容存在差异。我们国家的法制教育主要内容是法律条文教育和法律理论教育，或者说我们注重的是法律知识的传授，而在国外则更注重的是法治精神的教育，对具体法律内容、条文并不太在意。比如澳大利亚强调法制教育的内容是"3R"：权利（Right）、责任（Responsibility）、讲道理的品质（Reasoning）。在美国，把宪政、民主与法治的核心概念提炼为五点作为法制教育的精髓：权力（Power）、正义

(Justice)、平等(Equality)、自由(Liberty)、法律(Law)。而我们国家不同,我们强调青少年法制教育主要讲《刑法》,而不是主要讲宪法、民主法治。实际上,要求青少年了解这么多法律知识是很荒唐的,即便是法律专业人士也只对自己专业领域的法律知识知道一点点。

五是在法制教育的方式方法上,国外强调的是对话,也就是说教育者和被教育者之间是平等主体关系;强调的是去神圣法,认为法律不只是专业人员的事情,法律就是一种生活方式。此外,国外法制教育还强调NGO的参与、社区的参与。而在我国,法制教育具有"独语"的特点,还具有"说教"甚至"恐吓"的色彩。另外,近些年的法制教育方式还出现了"装嫩"的倾向和"想当然"的倾向,比如画画卡通,弄些贴图,我甚至还看到教少女遇到性侵害不要喊叫这种荒唐的"法制教育"。

关于法制教育的五点建议

我国目前的法制教育应当反思和转型,具体而言有以下几点建议:

一是法制教育应当从条文、知识教育转化为法治精神的教育。法制教育不应是教法律知识,不应只是教法律条文,更不应是教法学理论。我认为有五个关键词应是我国法制教育应该具备的精神:(1)责任,(2)权利,(3)自由,(4)程序,(5)平等。中国的法制教育应该要提炼一些关键词,现在对法律精神还缺乏提炼。

二是法制教育方式应当从"主客体模式"转变为"主主体模式",简单地说就是要改变自说自话的独语状态。

三是法制教育应当从"说教"转型为"渗透"。什么叫渗透?法制教育不是开课、开讲座,进行课时要求,编一个教材,甚至进行考核、考试、竞赛。在某种程度上,这种法制教育是很荒唐的。举一个简单的例子,比如瑞士的同行所分享的教儿童权益观念的方式:2岁的孩子早餐奶包装盒上就印着一句话和图画:"你的父母不能打你",这种法制教育方式注重的是把法律的精神和观念贯穿于孩子的生活环境之中。环境、文化是有渗透力的,是有潜移默化作用的。强拉硬扯的,用搭积木的方式把所谓"法制教育"搭到课程教育体系里,搭到媒体的节目中去,是很难有真正效果的。

四是法制教育对象应当从"青少年"转型到"青少年工作者"。我觉得青少年法制教育的重心应当是教育青少年工作者。前段时间去看我在劳教戒毒所工作时的退休老领导,我问他现在干什么,他说现在在做法制教育。我做警察的第一天,他教我的是作为一个警察如何打人不留伤痕,我当时作为刚毕业的大学生说打人不对,他说你打的是坏人,不是好人。具有这种法制实践的人现在在做法制教育,而且是非常受欢迎的法制教育专业老师,我认为很荒唐。我接触到很多青少年工作者,包括个别在做预防犯罪的一些同志,连违法和犯罪两个概念的区别都没搞清楚,但是并不妨碍他们做法制教育和青少年犯罪预防工作。

五是法制教育应当从"良民教育"转型到"公民教育"。我国目前的法制教育在总体上有"维稳方式"的色彩,是一种良民教育,教大家听话,做乖孩子。其实国外法制教育也具有很强的政治性,也强调对体制的认同,用咱们的话说也有维稳的色彩,但是更加隐晦——作为公民教育的一部分。法制教育对国家长治久安很重要,不管采取什么方式,我们的法制应当成为公民教育的一个部分,重在教育青少年成为负责任的公民。

此外,建议对法制教育读物进行审核、法制教育资质提高要求,改变现在法制教育乱象的状态。

(本文为2012年3月1日应中央综治委预防青少年违法犯罪专项组、团中央邀请,参加青少年法制宣传教育工作研讨会时所作发言记录,部分观点以《法制教育方式要强调对话》发表于《法制日报》2012年3月19日。)

理性对待工读学校

不久前赴某地级市调研,某市相关领导重点介绍了该市建立工读学校的经验。介绍称该市在 2006 年建立工读学校后成效显著,"市城区街面犯罪率明显下降,与建校前未成年人犯罪率比下降 70%,有效控制了全市未成年人犯罪案件的高发势头"——这样的"成效"表述方式显然是模糊和经不起推敲的。而反观该市两级法院 2007—2011 年 6 月受理的未成年人犯罪案件统计数据,未成年人犯罪案件竟占受理刑事案件总数的 19.4%,未成年犯罪人数占总犯罪人数的比例竟高达 17%,而全国近十余年来未成年犯罪人的比例从未超过 10%。令人费解的是,据说这一通过建立工读学校强制收容尚未构成刑事犯罪未成年人的经验还受到省及中央相关领导的高度肯定和大力推广。

事实上,最近一些年来主张强化和扩建工读学校收容有严重不良行为未成年人的呼声时有耳闻。这种呼声的基本主张是认为,对于那些年龄或者犯罪严重程度尚未达到刑事犯罪程度的"麻烦"少年,我国目前缺乏有效的手段,而通过把这些"准犯罪"少年送入工读学校,是一种有效的办法。因此应当扭转目前工读学校日益萎缩的局面,推广建立工读学校,同时应改革目前的工读学校招生规定,主张工读学校可以强制招收有严重不良行为的未成年人。持这种观点的人还会大量列举工读学校矫治失足少年的成功案例和数据。这样的主张似乎已经产生了积极的影响力,最近一些年来不少城市都复建或者新建了工读学校,或者加大了对已有工读学校的经费投入,甚至有的地方公然违反《预防未成年人犯罪法》关于工读学校招生范围和招生程序的规定,以保证工读学校的招生规模。

需要肯定的是，自1955年北京香山诞生新中国第一所工读学校以来，工读学校的确对于防治未成年人犯罪发挥了积极的作用，也的确教育矫治好了一大批有可能走向犯罪深渊的有严重不良行为的未成年人。但是我国的工读教育制度始终没有解决三大硬伤：

一是行政"招生"程序的合法性。早期工读学校的招生具有强制性，但1999年《预防未成年人犯罪法》明确规定工读学校招生应当由"监护人，或者原所在学校提出申请，经教育行政部门批准"。这种需要经过申请的招生程序被认为是造成工读学校招生不足，日益萎缩的重要原因。遗憾的是，实践中很多省市工读学校的招生并未完全遵守《预防未成年人犯罪法》的规定，而是或多或少地异化为行政强制程序，甚至采取了实际由公安机关强制送往工读学校的方式。这种"招生"方式显然违反《预防未成年人犯罪法》的规定，也与"正当法律程序"的基本要求相悖。令人不安的是，近些年来，认为工读学校应采取公安机关或者教育行政部门强制招生方式的观点正在成为一种强有力的主张。

二是"集中教育"方式的过度侧重社会利益保护。尽管许多人声称工读教育有利于矫治有严重不良行为的未成年人，但显然这样一种将刑法管不了的"麻烦少年"集中起来的方式，更侧重的是社会利益的保护，而并非"儿童最大利益原则"的体现。收容，尤其是强制收容，从来就不是防治未成年人犯罪的好办法，但却是一种维护社会秩序的"短平快"方式。早期工读学校具有剥夺人身自由的性质，近些年来，工读学校的管理出现了社会化的趋向，有的省市工读学校已经改革为类似于寄宿制的学校。尽管如此，工读学校仍至少具有限制人身自由的性质。这种基于社会利益的考虑，而将仅有轻微罪错未成年人强制收容的做法，在法理上是值得商榷的。

三是工读学校的强烈标签效应。近些年来工读学校纷纷更换了与普通学校无异的校名，在相关法律法规中也将工读学校逐步改用了"专门学校"的名称。但是，作为一种专门教育"坏孩子"的特殊学校，其所具有的强烈"标签效应"是一种无法回避的事实。这也是绝大多数家长或其他监护人并不愿意将自己的孩子"申请"送入工读学校的重要原因。尽管工读学校利益相关者（stakeholder）声称工读学校是一种教育有严重不良行为未成年人的好方式，但是实际的结果可能却是事与愿违——制造真正的坏孩子。

基于以上三点担忧,我们对于工读学校的功能与作用应当始终保持理性的期待,而不宜片面甚至刻意夸大。

(原载《青少年犯罪问题》2011年第6期卷首语,刊载时标题为《保持对工读学校的理性期待》)

第三辑
童年之惑：有一种纯真是否能够回归

未成年人犯罪的法律后果

李思(17岁)、王凯(16岁)、赵宾(15岁)是某职校学生,平时经常纠合在一起。有一天,他们到网吧玩时发现钱都花完了。正当大家都在犯愁时,李思想起来曾经有人对他说过,不满18岁的未成年人犯罪不用坐牢,于是对王凯、赵宾说,"干脆,我们去搞些钱花花。"王凯、赵宾觉得这个主意不错,王凯还提议:"咱们要做就做个大的,反正咱们都是小孩,没到18岁,法律不会处罚的。"三个人商量后决定找一名有钱的学生绑架后,再向他的父母勒索钱财。随后,他们先是寻找到一处偏僻的地方,然后开始寻找作案目标。某实验学校16岁学生晓雨是李思的同学,她家境富裕,因此很快成为三个人看中的作案对象。

2005年4月20日晚上8点多,李思、王凯、赵宾分别携带尖刀、电线等作案工具,由李思将晓雨骗出来,带到某住宅小区北侧的一块拆迁地。王凯拿起木棍一下将晓雨打倒在地,李思、赵宾随后用电线、腰带猛勒晓雨的颈部,导致晓雨机械性窒息死亡。三人将尸体掩埋了起来。第二天一早,李思等人多次给晓雨家人拨打电话,勒索150万元赎金。晓雨的家属马上报警。4月22日晚8时许,警方很快将李思、王凯、赵宾三人抓获。据几人交代,因李思和人质相识,他们怕放了人质后,警察会抓到他们。所以在索要赎金之前,就将人质杀了。

交代完后,三人对警察说,"叔叔,我们讲完了,可以回家了吧。"

(根据真实案例改编)

他们可以回家吗?

李思、王凯、赵宾对法律的无知和误解是十分严重的。由于未成年人年幼无知,身心发育尚未成熟,因此对于未成年人进行特别的保护的确是各国立法的共同特点。我国于1991年专门制定了《未成年人保护法》(2006年12月修订)等法律、法规规定了对于未成年人进行特别保护的原则与制度。1997年修订的《中华人民共和国刑法》也规定,对于未成年人犯罪应当从轻或者减轻处罚。

但是,法律对未成年人进行特别保护并不意味着未成年人可以为所欲为。把法律的宽容当作纵容,认为未成年人犯罪不会受到法律的惩罚,是缺乏基本法律常识的表现。刑法规定,只要是年满16周岁的人,就应当对一切犯罪行为负刑事责任,如果犯罪都将受到法律的惩罚。已满14周岁不满16周岁的未成年人如果犯了故意杀人、故意伤害致人重伤或者死亡、强奸、抢劫、贩卖毒品、放火、爆炸、投放危险物质罪的,也要负刑事责任。对于因为未成年而不予刑事处罚的,还可以由政府收容教养。总之,法律编织了一张严密的法网,不会让危害社会的犯罪分子逃脱法律的控制和制裁。

本案中,李思、王凯都年满了16周岁,按照我国刑法规定,对他们的犯罪行为应当承担刑事责任。赵宾的年龄也达到了15周岁,也要对故意杀人等严重犯罪行为负刑事责任。因此,三个人想在交代完问题后回家的请求,肯定是要被警察叔叔拒绝的。法律不会因为他们对法律的无知和误解而对其犯罪行为不予惩罚。

他们会受到什么样的惩罚?

对于触犯刑法应当负刑事责任的人,刑法规定了管制、拘役、有期徒刑、无期徒刑、死刑五种主刑,还规定了罚金、没收财产、剥夺政治权利等附加刑。刑法还规定,由于犯罪行为而使被害人遭受经济损失的,对犯罪分子除依法给予刑事处罚外,还应根据情况判处赔偿经济损失。

11月11日上午11时,三名一脸稚气的少年被全副武装的法警带进北京市一中院第23法庭,法官宣读了对他们绑架并杀害一名16岁中学生所做的刑事判决。法院以绑架罪判处李思、王凯无期徒刑,判处赵宾有期徒刑15年,三人附带民事赔偿29万余元。三名无知少年在毁掉了一个年轻生命的同时,也把自己送进了监狱,断送了自己美好的前程。

不判处死刑,划算吗?

在这个案件中,由于三名犯罪人都没有成年,北京市中级人民法院依法没有对三名被告判处死刑。俗话说"杀人偿命，欠债还钱"，李思、王凯、赵宾是不是就划算了呢？其实这样的想法是幼稚而错误的。

对未成年人犯罪不判处死刑，是各国刑法所规定的一个共同原则，这既是对未成年人的特别保护，也是刑法人道主义的体现。我国刑法也规定，不满18周岁的人犯罪，不判处死刑。但这是不是就划得来呢？对于一名还没有真正踏上社会就走进监狱的未成年人来说，无期徒刑和有期徒刑足以葬送其美好的前程。目前大部分家庭都是独生子女，一个少年一旦犯罪，在把灾难带给被害人及其家庭的时候，也同时毁掉了自己的家庭，把无尽的痛苦留给了父母和亲友。这样划算吗？当案件发生后，四个家庭的父母终日以泪洗面，李思、王凯、赵宾三名少年在高墙内也流下了悔恨的眼泪，对自己的无知和冲动懊悔不已。

本案的几点启示

李思、王凯、赵宾走上犯罪道路的原因是多方面的，但其中最重要的一点是对法律的无知和片面的理解，误解了法律对未成年人特别保护的原则，将法律的宽容当作了纵容，最后既毁掉了他们自己的前程，也毁掉了一个美好的生命，毁掉了四个家庭。这一案件告诉我们，未成年人应当学习法律知识，掌握法律常识，这样才能规范自己的行为，避免误入歧途。

晓雨自我保护和防范意识不强，也是导致这一悲剧事件发生的重要原因。李思一个简单的谎言，就将晓雨骗到了偏僻的拆迁地这样的危险地方。未成年人应该主动从父母、老师等处获取自我保护和防范犯罪侵害的一些基本技巧和技能，不要轻信他人，不轻易进入容易遭受犯罪侵害的高风险地方。一旦发现自己处在危险状态下，应该适当采取自我保护的策略，避免受到犯罪侵害，或者减轻犯罪侵害的程度。

当然，无论是晓雨还是李思、王凯、赵宾的父母、老师等成年人都没有很好的教育和保护他们，也都负有不可推卸的监护、教育失职的责任。作为与未成年人最亲密接触的人，父母、老师应当切实履行好对未成年人的教育、保护职责，既要防止他们走上违法犯罪的道路，也要教给他们防范犯罪侵害的基本技能。

（载《当代学生》2007年第9期，原标题为《未成年人犯罪可以不受惩罚吗》）

暑期何以成为未成年人犯罪高发期

暑期是很多同学所期待的快乐时光,但却也是父母、老师,甚至是警察、检察官和法官最头痛的时候。据许多专家对未成年学生违法犯罪时间的调查,结果都惊人一致地发现每年的七八月份,也就是暑假期间,常常成为未成年学生违法犯罪的高发时间。每年都有很多学生在暑假结束后,本应回到学校,但却因为违法犯罪而进了拘留所、看守所、少管所,这是十分令人痛心的。让我们一起来看看这些在暑假结束后再也无法回到学校读书的学生为什么会在暑期违法犯罪,希望这些案例能够带给大家一些警示。

暑期违法犯罪原因之一:无事生非

16岁的张山是家里的独生子,暑假一开始,父母就为他犯了愁。一方面父母要上班没有时间陪张山,让他出去玩吧,又怕学坏而且担心不安全。于是,张山的父母就像暑假中许多父母一样,采取了把儿子锁在家里的办法。独自被锁在家的日子真难过,张山熬了近一个月,实在是感到无聊。有一天他突然想到了一个好玩的方法——从自家七楼的阳台上用自制弹弓射击楼下的行人,特别是女性。每次看到她们被击中后痛得哇哇叫但又找不到是谁打的时,躲起来的张山都特别地高兴。这一天张山打得特别准,正中一名中年妇女的眼睛,中年妇女惨叫一声,捂着眼睛痛得倒地打滚。110警察闻讯赶来,很快就找到了张山。经法医鉴定,中年妇女左眼水晶体被击破导致失明,属于重伤。张山因犯故意伤害罪被判处有期徒刑3年,附带民事赔偿10万余元,同时他也被学校开除学籍。

这是一起典型的因为无聊而犯罪的案例,这类犯罪又被称为"游戏型"犯罪。此类犯罪大都是在无聊、寻开心的心理支配下实施的,是未成年人犯罪类型中比较常见的一种。由于放暑假不用去上学了,以前有规律而且紧凑的生活节奏突然松散了下来,很多学生都会感到无聊。在这一案件中,父母把张山锁在家中,更加重了张山的无聊心态。不少学生为了度过百无聊赖的暑假,在缺乏法律意识的情况下,常常会采取一些违法犯罪的方式来寻找开心,在不知不觉中葬送了自己美好的前程,本案就是一个典型的例子。

美国著名犯罪学家赫希曾经说过一句名言:"游手好闲是一切罪恶的根源",这句话深刻揭示了一个人在闲散、无聊状态下容易违法犯罪的道理。从这一个犯罪学常识性原理中我们不难发现,警惕闲散时间,安排好充实的假期生活对于预防犯罪是十分重要的。当然,我们不主张把暑假变成"第三个学期",但是,合理安排暑期生活,过一个快乐而又充实的暑假是十分必要的。因为只有有事可做,才不会无事生非。未成年人要学会设计一个充实的暑假,而作为家长也应该抽出时间来陪伴子女,和子女共同安排暑期生活,共同度过一个有意义而不是无聊的假期。

暑期违法犯罪原因之二:交友不慎

15岁的李司似乎要比张山幸福得多了。因为李司平常的学习很用功、成绩优异,父母管得也特别紧,所以作为补偿,每到暑假父母都让他几乎不受限制的自由玩耍。每年的暑假都是李司最快乐的时候,他有一个心愿,那就是把平常学习耽误的玩的时间、玩的"节目",全给补回来。李司特别喜欢蹦迪,每次约上几个朋友一起去那感觉可真是太好了。这一天,李司又约了几个在舞厅认识的好朋友去蹦迪,正玩到兴头时,那几个朋友神秘地拿出几颗小药丸说:"你要不要来一颗"。李司意识到,那可能就是"摇头丸",怪不得他们每次蹦的时候都那么投入和疯狂。李司想到了拒绝,因为他好像听人说起过毒品吃了会上瘾。朋友半嘲讽式地劝说"这不是毒品,吃了不会上瘾,而且特别兴奋,摇起来不累。"经不住朋友的诱惑,特别是吃了不上瘾的劝说,李司吃了半颗……在此后的日子里,李司又和这些朋友一起多次尝试了摇头丸、K粉等毒品——当然,他再也不能"白吃",而要花钱买了。在一天晚上的警方突击检查中,李司尿检呈阳性,公安机关依法将已经吸毒成瘾的李司送进了强制戒毒所。

李司从一个成绩优异的好学生堕落成瘾君子,是令人痛心的。造成李司这一转变的关键原因是他交友不慎,最终被所谓的"朋友"诱惑下水。未成年人的是非辨别能力差,具有易感性的特征。在大量的案例中都可以发现,在不良朋友的诱惑与劝说下,在不知不觉中走上违法犯罪道路是导致未成年人违法犯罪的重要原因。正因为如此,很多国家都在专门制定的少年法中规定,与具有违法犯罪或者其他不良习性的人交往属于应当特别预防的未成年人不良行为之一,以此来防止未成年人因为交友不慎而误入歧途。在暑假,由于未成年人处在父母、学校监护的真空时期,他们更容易被不良朋友带坏。李司从优秀学生堕落为瘾君子的案例,就是一个典型的例子。

为了防止结交不良朋友,未成年人应当避免进入一些不适宜进入的场所,例如营业性歌舞厅、酒吧、夜总会;带有赌博性的娱乐室、游乐场、台球房;不能向中小学生开放的营业性电子游戏场所;正在播放"少年儿童不宜"影片、录像、录音等的场所等等。我国《预防未成年人犯罪法》明确将进入这类不适宜未成年人进入的场所的行为规定为未成年人的九大类不良行为之一。在本案中,如果李司不进入舞厅这一不适宜未成年人进入的场所,他也就不会结交不良朋友,如果不结交不良朋友,他也就不会吸毒成瘾……遗憾的是,所有的"如果"都只是一种假设,它已经无法改变李司吸毒成瘾的既成事实了。

另外,需要指出的是,那些不良朋友诱惑李司的话是虚假的也是危险的。摇头丸的主要成分是甲基苯丙胺(俗称"冰毒")的一种衍生物,服用后也会成瘾,而且会对人的身体造成重大伤害。如果身体发育还不成熟的未成年人服用,还会造成更大的伤害。许多毒贩子为了引诱青少年吸毒,往往会编织一些美丽的谎言,还会用免费试用的方法,待你"喜欢"上后再高价卖给他们。还有的青少年在自己吸毒后,基于"烂苹果"心理,也会拉更多的青少年下水。对此,青少年应当保持高度的警惕,切勿上当受骗。

暑期违法犯罪原因之三:堕入"黄流"

15岁的王武是一个很听话的孩子,在暑假里他基本上都待在家里做暑假作业或者自己玩。有一天,父母都去上班了。王武来到父母房间,无意间在衣柜未上锁的抽屉里发现了几张黄碟。看着不堪入目的包装,王武明白了其中的内容。但是,经不住诱惑与好奇心的驱使,王武偷偷地在自己房间的电脑上欣赏了起来。以后每天父母去上班,王武就在自己的房间里看黄色碟片,不能自拔。在黄色碟片的刺激下,王武不能自制,产生了想尝试的冲动。终于在有一天,王武把邻居7岁的小女儿小钰骗到家中,学着黄色碟片的情景强奸了她。因为奸淫幼女,王武被判处有期徒刑8年。

性犯罪是未成年人犯罪的主要犯罪类型之一,而由于受到淫秽物品毒害而犯罪的占了很大的比重。虽然并不是每一个接触淫秽物品的未成年人都会违法犯罪,但是受到淫秽物品毒害的未成年人容易走上性犯罪道路却是不争的事实。许多专家的调查发现,这些未成年犯接触淫秽物品的共同特点都是利用了父母对他们监护失控的机会,而暑假正是一个监护失控的危险时期。

处在青春期的未成年人,生理和心理正在急速变化,性发育也正趋于成熟,有了性的需求和冲动是正常的。但是,此时的未成年人往往还没有形成正确的性道德观念,对于性冲动的自制力也还没有成熟,如果接触淫秽物品,甚至沉迷其中不能自拔,则往往容易受到不良刺激导致不能自制,在一时冲动下犯下不可饶恕的罪行。在暑假期间,由于处在学校和家长监护的真空期,未成年人有较多的机会和可能接触淫秽物品。未成年人应当努力学习性知识,逐步培养健康的性观念,充分认识到淫秽物品的毒害性,在暑假期间要注意自觉抵制淫秽物品的侵蚀,过一个健康的暑假。

暑期违法犯罪原因之四:沉迷网吧

在经历紧张的中考后,赵兵考上了本市的一所职业高中。暑假没有了学习的压力,突然之间轻松下来的赵兵觉得应该好好地玩一玩了。几名辍学的同学经常来找他,还把赵兵吹捧得飘飘然。他们经常一起去网吧上网,赵兵很快迷上了网络。但问题逐步出现了,他们发现父母给的零花钱不够用。为了弄到钱上网,他们想到了向低年级同学"索要"的"好方法"。一旦上网的钱花完了,他们就携带尖刀、棍子搜寻和抢劫低年级同学,每次抢来得钱都平分后用去上网。赵兵共参与了9次抢劫,不过他运气不大好,总共才分得50元。但法律是无情的,赵兵因为犯抢劫罪被判处有期徒刑4年,他也因此永远地与职业高中擦肩而过。

由于沉迷网吧而导致违法犯罪,是近些年来未成年人犯罪所出现的一个新动向。每到暑假,未成年人因为沉迷网吧而导致的犯罪都会增加。网络是一把双刃剑,把网络妖魔化是不对的,如果利用得当,网络可以使我们的生活和学习变得便捷和丰富多彩。但是如果沉迷网络,特别是沉迷于网吧上网,就很可能给未成年人的健康成长带来负面影响,甚至成为导致违法犯罪的重要诱因。

具体来说,沉迷网吧给未成年人带来的负面影响主要体现在以下几个方面:一是网络资讯缺乏筛选,未成年人沉迷其中,容易接触各种不良信息;二是许多网吧为了吸引顾客,往往推出许多带有暴力性质的网络游戏,未成年人沉迷其中容易产生暴力倾向;三是沉迷网吧会导致精力涣散,影响学业;四是网吧里的人员鱼龙混杂,未成年人经常出入容易结交不良朋友,也容易和不良人员发生冲突,发生打架斗殴、故意伤害、寻衅滋事等违法犯罪事件;五是沉迷网吧耗费钱财,而未成年人缺乏经济来源,在缺乏去网吧的费用但又抵挡不住游戏诱惑的情况下,容易滋生违法犯罪的动机,诱发抢劫、抢夺、盗窃等犯罪行为。

每到暑假都是网吧老板最开心的时刻,因为这时候大量闲散的学生是他们挣钱的对象,他们总会想方设法规避法律,诱惑学生进入网吧。对此,未成年人应当特别保持警惕,上网时间应适度,不应沉迷网络,而且应尽量避免去网吧上网、玩游戏。

暑期违法犯罪原因之五:玩出祸事

16岁的钱江和李海、严生、钟明三个同住一个小区的同学非常热衷看武侠小说和相关的影视剧,他们对侠士的武功非常的羡慕。暑假期间没有了繁重的学习任务,他们更是整天沉迷在武侠世界里,还经常在小区里比画一些招式。有一天,他们在街头地摊上看到有人卖藏刀,于是每人买了一把。回到小区后,钱江、李海、严生、钟明四人,拿着心爱的刀对练起了武功。尽管一开始他们都很小心,但后来越玩越兴起,钱江手持的锋利藏刀不小心划到了钟明的颈部,钟明惨叫倒地,后经抢救无效死亡。钱江因犯过失致人死亡罪,被判处有期徒刑2年缓刑2年,附带民事赔偿22万余元。

在暑假经常会发生一些未成年人在玩耍的过程中导致过失伤害他人的事件,有些还造成严重的危害后果而构成过失犯罪。在这个案例中,钱江等人购买和玩弄管制刀具的行为是非法的也是十分危险的,最终造成过失致人死亡的悲剧并不令人感到意外。这一案例提醒我们,未成年人在暑假期间应当特别注意游戏安全,不要玩危险物品或危险的游戏,以免害人害己。要知道,犯罪不但可以因为故意而构成,也可以因为过失而构成。刑法对于过失犯罪,也规定要承担相应的刑事责任。

很多专家在分析暑假之所以成为未成年人违法犯罪高发期的关键原因时,常常会指出这是因为暑假里的未成年人几乎处于失控状态:家里管不了、学校没有义务和责任管理、社会没有专门的机构来管理,这是十分有道理的。不过,未成年人犯罪预防理论和实践都证明,监控并不是预防未成年人违法犯罪的最好的方法。要想预防未成年人在暑假违法犯罪,关键还是要靠未成年人自己。暑期将至,学校和家长除了要做好监护工作的衔接之外,还应当共同教育未成年人学会如何渡过一个快乐、健康和安全的暑假。上述案例给我们的警示是:未成年人应当学会把自己的暑假生活安排得充实,要谨慎交友、不沉迷网吧、不接触淫秽物品、注意游戏的安全。

(本文案例根据真实案例改编,文中人名均为化名,请勿对号入座。原载《当代学生》2007年第3期,原标题为《过一个安全的暑假,你准备好了吗》)

富二代犯罪不是伪命题

杭州胡斌飙车案引起了社会各界的广泛关注,也使得"富二代"犯罪近乎有些突然的成了一个公共议题。

学术界对于富二代犯罪的反应是滞后的,公众对"富二代"犯罪的热切关注甚至令有的学者感到意外。在许多学者眼中,"富二代"犯罪还远远没有演变成为一个严重的社会问题,因为从司法统计数据来看,青少年犯罪中"富二代"所占的比重的确很小,而"穷二代"、"农民工二代"等才是当前日趋严重的青少年犯罪的主要人群。但是,几个典型个案就已经引发了民众对于"富二代"犯罪的广泛热议。尽管其中不乏媒体又一次成功炒作的成分,但民众对"富二代"犯罪的关注,亦不乏深层次的社会原因。

"富二代"犯罪这一公共议题所承载的是民众对于富人尤其是"富一代"的基本观念。中国自古即有"为富不仁"之说,所蕴含的价值观念是对富人之"仁"的期待。其中既有对"君子爱财,取之有道"的致富手段之要求,亦有致富之后应当承担与其财富相适应的社会责任之角色要求。然而,从对"富二代"犯罪的广泛热议来看,民众对"先富起来"的富人之失望情绪是显然的。

郎咸平先生曾经提出"少数先富起来的人不是人"的命题,引起热烈反响。马克思也曾经经典地论述到"资本来到世间,从头到脚,每个毛孔都滴着血和肮脏的东西"。如果说资本与生俱来之原罪尚可以被理解的话,那么在完成财富积累后富人之"为富不仁"则是不能饶恕的。令人遗憾的是,中国第一代富人向"富仁"嬗变中的表现已经令民众感到日益失望,甚至是愤慨。据中国慈善事业部门组织的一项调查显示,资产总额超过千万美元的中国企业中,仅有不到10万家曾经有过捐赠行为,比例竟不到1%。而在近期所曝光的数起"富二代"犯罪案例中,新贵恃财狂妄与对公民生命漠视融合在一起的嘴脸,的确容易激起民众的愤恨。从这个层面来看,并不难理解"富二代"犯罪何以能够在如此短的时间内演变为一个公共议题,也正因为如此,"富二代"犯罪更应引起学界的关注与反思。

仅仅因为"富二代"犯罪在司法统计中所占的比重还很小就将其视为一个伪命题是草率的。1949年,美国犯罪学家萨瑟兰出版了《白领犯罪》一书。这部犯罪学经典著作首次提出了白领犯罪的命题,将犯罪学的视角投向了拥有较高的社会和经济地位的人群,扭转了传统犯罪学认为犯罪是贫穷者专利的偏见,被誉为犯罪学上的伟大进步,也促进了刑事司法制度的进步。在中国,尽管犯罪主要是贫穷者所为的观点鲜见明确主张者,但是这一观点却深深地存在于研究者与司法者的观念之中。对于"富二代"犯罪的关注有助于纠正犯罪学的偏见,纠正司法制度的偏见。

不过,另一种极端也是值得反思的。曾有学者提出对于"富二代"犯罪也应教育、保护的观点。客观上说,这一观点符合我国青少年犯罪刑事政策之要求。然而,这一论断却引起了网民广泛的漫骂。姑且不论当代中国的富人是否值得尊重,但民众尤其是网民对于"富二代"犯罪的非理性敌视亦应予以警惕。理性与宽容是法治社会之根基,和谐社会之根基。将先富起来的人不当"人"的观念是危险的——尤其是当这种观念连青少年也不放过时。

中国正在逐步迈向富裕社会,但是与富裕社会相适应的民众社会观念与社会控制机制均呈现出了明显的滞后。通过对"富二代"犯罪的关注,国家应当思考如何消除贫富分化及其对社会秩序所造成的冲击,实现从贫穷社会的犯罪控制机制向富裕社会的犯罪控制机制转型;"富一代"应当思考如何洗净资本可能的原罪,培养受人尊重的富二代"贵族",承担与其财富相适应的社会责任;普通民众亦应学会理性,学会与富人和谐共处。这才是"富二代"犯罪议题所应引起的思考。

(原载《青少年犯罪问题》2009年第5期卷首语)

吸毒用的针管

截至 1999 年底,我国累计报告的 17316 例艾滋病病毒感染者中,因静脉注射毒品感染的占了 72.4%。截止到 2000 年年底,我国累计报告艾滋病病毒感染者 22517 例,比 1999 年增长了 30%。2000 年度报告经静脉注射毒品感染的人数 3460 例,占全年报告感染者总数的 66.5%。吸毒已经成为我国艾滋病蔓延的首要原因。有关专家测算我国艾滋病病毒实际感染者已超过 60 万人,并警告说:如果不采取得力措施,到 2010 年,我国艾滋病感染人数将超过千万。国家计划生育委员会副主任潘贵玉在一次新闻发布会上语重心长的警惕国人:如果艾滋病以现在这样的速度传播,将严重威胁人民群众的身体健康,给整个中华民族带来灾难性的后果!

艾滋病与吸毒可谓一对孪生兄弟,在世界上任何一个国家,吸毒人数的增加都必然会带来艾滋病的泛滥,这主要是因为吸毒者共用不洁针管所造成的结果。在我国,法律上对吸毒者采取的是严厉打击的态度,被抓获的吸毒人员轻则罚款拘留,重则进强制戒毒所甚至可以失去自由达四年之久的劳教戒毒所;社会公众投向吸毒人员的目光也充满着鄙夷和敌视,吸毒人员有如过街老鼠惶惶不可终日。他们不得不偷偷摸摸地吸毒,获取注射毒品用针管的途径很困难,其结果是造成共用不洁净针管的现象非常普遍。笔者在戒毒所工作期间,一位吸毒人员曾经对我说:在一段"非常"时期,他们那帮"粉仔"共 7 人,用一套针管打了一个多月的海洛因!

要想遏制艾滋病泛滥的趋势,必须切断艾滋病的传播途径,这是一个常识。既然艾滋病传播的主要途径在于吸毒人员共用不洁针管,笔者以为最好的防范策略是向吸毒人员免费发放针管,确保每一位吸毒人员人人使用洁净的针管。这项建议遭到反对和质疑是必然的。我们中华民族自古以来都是一个疾恶如仇的民族,习惯于用"残酷迫害"、"无穷打击"的思维对待那些违背道德、违反法律的所谓"坏人",任何一项稍许体现对"坏人"怜悯或者有益的措施,都很容易激起公众的义愤,更会首先遭到来自司法机关的反对。笔者曾经在某市劳教戒毒所干警会议上提出此观点,结果被讥为幼稚,有位老干警还好心的提醒笔者"不要丧失阶级立场"。向吸毒人员发放针管并不意味着对吸毒合法性的承认,正如国家必须保障罪犯的合法权益并不能因此说国家肯定其犯罪行为的合法性一样,这是两个问题。就算向吸毒人员免费发放针管会带来一定的不良影响,也不至于"给中华民族带来灾难性的后果"吧,"两利相权取其重,两害相权取其轻",这是每一个理性人的抉择。有比人的生命、比人民群众的身体健康、比中华民族的生死存亡更重要的吗?

自动出售避孕套机走向居民小区、闹市区甚至大学园的实践总体而言是成功的,这可为向吸毒人员免费发放针管提供借鉴。建议国家在吸毒人员比较集中的区域安放自动免费针管发放机,并且确保吸毒人员可以安全的获取针管,而不应在针管发放机附近安置监视器或允许警察有针对性的活动。如果由国家向吸毒人员发放针管尚难以为公众特别是司法机关所接纳的话,作为过渡性的措施,国家也应该鼓励和允许社会福利性机构、志愿人员先行一步,并为其提供保障。

(原载《性教育与生殖健康》2002年第2期,原标题为《建议给吸毒人员免费发针管》)

毒树之花

在某医院儿科新生儿重症监护中心里,一名刚出生的小男婴躺在病床上,表情痛苦,打着哈欠,四肢不停地抽搐。医生诊断这名新生儿患上了"海洛因依赖症",尽管全力救护,但这名可怜的男婴仍在两天后死亡。这种一出生即带有"毒瘾"的婴儿有一个沉重的统称——"海洛因婴儿"或者"快克婴儿"。由于母亲吸毒,他们在母体内就已经受到毒品的伤害,大脑发育往往会受到严重影响。海洛因婴儿的死亡率远高于普通婴儿,而且大多数海洛因婴儿即使解除毒瘾长大后也多会出现智力低下、行为异常等问题。根据美国全国毒品管制策略机构曾经公布的材料,美国每年约有近四十万名婴儿生下来就已经被毒品伤害,占新生儿总数的11%。为救治海洛因婴儿,美国政府花费巨大,已经成为沉重的负担。海洛因婴儿现象是女性吸毒所带来的特殊危害后果,在很多国家已经成为严重的社会问题。在我国,目前尚缺乏对海洛因婴儿的权威性研究,但媒体已经开始频频爆出海洛因婴儿事件。

在传统观念中,吸毒者多为男性。但是最近一些年来,女性吸毒的比例呈现日益提高的趋势。以上海为例,女性吸毒的比例已经超过1/4,在未成年吸毒人群中,女性的比例甚至超过了男性。吸毒现象中的男女日益"平等"趋向,是我国吸毒问题严重化的一个警示。由于女性所具有的特殊生理、心理特点,女性吸毒的危害性相对而言更为严重。这种危害性一方面表现为吸毒女性本身所受毒品的伤害会更重,另一方面也表现为其所带来的社会危害后果也具有特殊性。

相对男性而言,女性在尝试毒品时更容易成瘾。我所接触的一些女性吸毒成瘾者,不乏仅仅尝试一次毒品即成瘾者。吸毒会严重损害吸毒者的生理机能,对人体组织、器官有明显的毒性作用,由于女性的特殊生理特征,吸毒还会造成相对男性而言更为严重的伤害后果,例如闭经、痛经、经期紊乱、经量减少、经期缩短、妊娠机能降低等,严重者会破坏生育功能。即便戒除毒瘾,吸毒所带来的后遗症也往往贻害终生。

我曾作为公诉人以涉嫌贩卖毒品罪将两名刚满30岁的女性被告人送上法庭,最终两名被告人均被判以重刑。在法庭宣判后,两人为大好青春将在深牢大狱中度过而痛哭流涕。她们的犯罪行为看上去很简单,也很典型:因男友吸毒,两人也逐渐染上毒瘾,在购买毒品过程中也逐渐熟悉了毒品市场。为了"帮朋友忙",也顺便赚点吸毒的钱,两人常帮吸毒的朋友代购一些毒品,每次收一定的"好处费"。在被警方抓获后,两人"才认识"到自己的行为也属于贩卖毒品的严重犯罪行为——当然这是她们自己的辩解。

这只是一个典型的案例。其实在我所接触的女性吸毒人员中,几乎都有关联性违法犯罪行为。除了"以贩养吸"外,另一种常见的关联性违法行为是"以淫养吸"。由于吸毒的费用很高,每日少则数百元,多则数千元。在吸毒成瘾到一定阶段后,卖淫也就成了女性吸毒者最为常见的获取毒资的方式。据有的学者调查,吸毒女性的关联性违法犯罪行为发生率超过80%。在有的省市公安机关所查获的女性吸毒者中,甚至发现几乎全部兼具卖淫违法行为。最近一些年,在卖淫群体中还出现了专门的陪吸毒兼卖淫的"陪嗨妹"。

有的毒品,特别是新型毒品,例如冰毒、K粉等还具有性兴奋作用。女性吸毒往往与迷奸、强奸等犯罪事件或者性乱联系在一起,也容易由此导致艾滋病等性病的传播与蔓延。实践中经常发现在毒品刺激下性乱的案例,而且往往采取的是无保护、高危险的性行为方式。截至2011年底,我国存活艾滋病感染者和病人已达78万人,高危性行为已经成为艾滋病传播的主要途径。实际上,毒品的性兴奋作用不仅仅容易带来性犯罪的发生,其所谓性兴奋作用实际类似于饮鸩止渴。一些新型毒品在滥用初期确可以产生不同程度的性刺激与性功能增强作用,但在成瘾后则会严重损害吸毒者的性机能和性心理,带来性欲降低乃至丧失等恶果。

近些年来,新型毒品日益蔓延。许多人对新型毒品的危害性认识不足,女性更容易相信"溜冰"、"打K"不会上瘾等所谓吸食新型毒品危害不大的流言,更容易在从众心理中沾染毒品。有的别有用心的男性,也往往会用新型毒品欺骗、引诱年轻貌美女性,以达到其不可告人的目的。这在一定程度上可以解释何以在有的省市已经出现未成年吸毒人员中女性比例超过男性。

对于女性而言,尝试毒品意味着将自己置于高危险的境地,人生轨迹亦将很可能因此改变。毒品并非人生必需品,认清毒品的危害,绝不要有"第一次",这是防止误入"毒潭"的最有效方式。

(原载《中国社会报·禁毒周刊》2012年7月10日,刊载时标题为《谈女性吸毒的特殊危害》)

涉罪未成年人身份信息不应违法披露

未成年犯罪人身份信息保密制度扩展了犯罪人隐私权保护的范围。这是《儿童权利公约》所确立的"儿童最大利益原则"和我国《未成年人保护法》所规定的未成年人特别、优先保护原则的体现,也是一种基于未成年人犯罪刑事政策角度的考虑。

保护未成年犯罪人身份信息立法

禁止披露未成年犯罪人身份信息是未成年人保护与少年司法的一项重要国际准则。联合国第96次全体会议于1985年11月通过的《联合国少年司法最低限度标准规则》(即《北京规则》)第8条规定:"应在各个阶段尊重未成年犯享有隐私的权利,以避免由于不适当的宣传或加以点名而对其造成伤害","原则上不应公布可能会导致使人认出某一未成年犯的资料。"尽管《北京规则》没有明确将传媒列为限制公开未成年犯资料的主体,但由于媒体是信息传播的最主要载体,这一限制性规定实际上将媒体作为主要的规制对象。

1991年9月全国人大常委会通过的《未成年人保护法》首次将《北京规则》关于不应公布可能会导致使人认出某一未成年犯资料的要求转化为了我国国内法的规定,并且明确将媒体作为主要的规制对象。该法第42条第2款规定:"对未成年人犯罪案件,在判决前,新闻报道、影视节目、公开出版物不得披露该未成年人的姓名、住所、照片及可能推断出该未成年人的资料。"其中引起争议最激烈的是立法将禁止披露未成年人身份信息的时间节点设置在"判决前"。这种披露未成年人身份信息时间节点的设置违反了《北京规则》关于应在各个阶段尊重未成年犯享有隐私权的规定，也使得这一制度设计的初衷大打折扣。因为即便在判决后才披露未成年人犯罪人的身份信息，仍然可能会给该未成年人贴上"犯罪人"的社会标签，仍会对其矫正和复归社会造成十分不利的影响。

针对上述不足，许多省市地方未成年人保护立法均放松或者取消了时间节点的限制。1999年6月全国人大常委会通过的《预防未成年人犯罪法》在吸收实践经验和地方立法经验的基础上，完善了限制媒体披露未成年人罪案信息的规定。该法第45条第3款规定："对未成年人犯罪案件，新闻报道、影视节目、公开出版物不得披露该未成年人的姓名、住所、照片及可能推断出该未成年人的资料。"这一规定取消了披露时间节点的限制。

与《未成年人保护法》、《预防未成年人犯罪法》的规定相衔接，公安部、最高人民检察院、最高人民法院也在随后颁布的关于办理未成年人案件的规定中，明确不得披露未成年犯罪人身份信息。例如，1995年《公安机关办理未成年人违法犯罪案件的规定》第5条规定："办理未成年人违法犯罪案件，应当保护未成年人的名誉，不得公开披露涉案未成年人的姓名、住所和影像。"最高人民检察院2002年颁布、2006年修订的《人民检察院办理未成年人刑事案件的规定》、最高人民法院2001年颁布的《关于审理未成年人刑事案件的若干规定》也均禁止披露未成年犯罪嫌疑人、被告人的身份信息。由于公检法机关是媒体获得未成年人犯罪案件信息的重要来源，这些对于司法机关披露未成年犯罪人身份信息的禁止性规定，对于落实《未成年人保护法》、《预防未成年人犯罪法》的要求起到了重要的作用。

2006年12月全国人大通过了修订后的《未成年人保护法》。新《未成年人保护法》对我国限制媒体披露未成年犯罪人信息的制度做了进一步地完善。该法以一个独立法条（第58条）的形式规定："对未成年人犯罪案件，新闻报道、影视节目、公开出版物、网络等不得披露该未成年人的姓名、住所、照片、图像以及可能推断出该未成年人的资料。"新的《未成年人保护法》肯定了《预防未成年人犯罪法》取消仅在判决前禁止披露未成年犯罪人身份信息的规定，并且将限制披露的主体进一步扩大到了网络这一新兴媒体。

禁止披露未成年犯罪人身份信息制度的基本内涵

根据《未成年人保护法》、《预防未成年人犯罪法》、《刑事诉讼法》等的规定，可以将我国现行禁止媒体披露未成年犯罪人身份信息制度概括为如下基本内容：

1. 对于未成年人触法案件的信息披露限制是指未成年人刑事犯罪案件，但按照"举重以明轻"的规则，对于有违法及不良行为的未成年人身份信息也不应随意披露。

2. 受约束的对象主要包括"新闻报道、影视节目、公开出版物、网络等"。值得注意的是新修订的《未成年人保护法》在增加了"网络"这一新兴媒体后，还使用了"等"的表达方式，即还可将其他未列举的媒体包括在内。如果随着传媒技术的发展，出现了其他媒体形式，也要受到未成年人罪案信息披露限制制度的约束。由于司法机关也是未成年犯罪人身份信息的主要掌握者和媒体获取未成年犯罪人信息的主要渠道，因此司法机关也被禁止向外界，特别是媒体披露未成年犯罪人的身份信息。在自媒体时代，普通公民在具有公共传播功能的微博、博客等网络空间，也应受到不得披露未成年犯罪人身份信息法律规定的约束。

3. 禁止披露的内容不仅仅包括犯罪未成年人的姓名、住所、照片、图像，还包括其他任何可能推断出该未成年人的资料。

4. 未成年人犯罪案件的信息披露限制制度仅仅是禁止披露未成年人罪案中犯罪未成年人的身份信息，而不是未成年人犯罪案件本身。只要媒体对未成年犯罪人的身份信息予以了保密，对于罪案本身报道、评述、分析、研究均是允许的，也是合法的。

5. 禁止披露未成年犯罪人身份信息没有时间节点的限制，即便涉罪未成年人在刑事诉讼过程中或者刑罚执行过程中、刑罚执行完毕后已经成年，也不应在"新闻报道、影视节目、公开出版物、网络等"中披露其身份信息。

对李某轮奸案的几点反思

近日，某歌唱家之子李某在因寻衅滋事解除收容教养后不到半年就涉嫌轮奸案引起轩然大波，也引起舆论的强烈关注。但令人遗憾的是，全国媒体在对此案的报道中几乎集体沦陷，一方面正义凛然地声讨、反思，另一方面又公然践踏《未成年人保护法》不得披露未成年人犯罪案件身份信息的规定,弃新闻职业伦理于不顾,不但热衷于挖掘轮奸案细节,也将李某的照片、家庭情况、成长经历等所有个人身份信息全部曝光。李某首先是"未成年人",应遵守"对未成年人犯罪案件,新闻报道、影视节目、公开出版物、网络等不得披露该未成年人的姓名、住所、照片、图像以及可能推断出该未成年人的资料"的法律规定(《未成年人保护法》第58条)。当然,只要不披露身份信息,对于罪案本身的报道、评述、研究是允许的。

在未成年人保护法律制度健全的国家,未成年犯罪人身份信息属于严厉禁止披露的范畴,并且这样的禁止性法律规定能够得到较好的执行。例如,1997年日本神户发生两名儿童被害并分尸的恶性案件,疑犯为一名仅有14岁的少年,此案震惊全国。由于日本法律禁止披露少年犯身份信息,疑犯真实姓名未被传媒公开,在法律文件上他被称作"少年A"。"少年A"经家庭法院裁定送入少年院,2004年出院并更换身份后在另一城市正常生活。迄今为止,其真实身份信息仍被保密。在对该案的研究中,大多数学者认为,严格的身份信息保密制度对于少年A可以改恶从善、正常回归社会、融入社会发挥了至关重要的作用。

除了未成年犯罪人身份信息被违法披露外,本案还有诸多值得反思之处:

1. 李某是不良教育、家庭环境、社会环境的畸形产物,但在某种程度上也是不完善的少年司法制度,尤其是收容教养制度的牺牲品。剥夺人身自由的羁押性惩罚措施,特别是非经正当法律程序的收容教养、劳动教养措施,其最大效果是变小恶为大恶,很不幸,李某成了牺牲品。

2. 少年司法制度奉行保护主义理念,但其基本立场是宽容而不纵容:一方面强调以教代罚,在惩罚与放任之间建立中间性保护处分措施;另一方面则建立剔除机制,将极少数极度恶性的未成年犯罪人通过弃权等机制当作成年犯罪人来对待。我国少年司法改革,还任重道远。

3.《未成年人保护法》明确规定:禁止向未成年人出售烟酒,不适宜未成年人活动的场所不得允许未成年人进入(36、37条),涉事酒吧违法接纳李某等未成年人饮酒难辞其咎,主管部门应首先责令改正并给予行政处罚(67条)。涉酒吧犯罪是未成年人犯罪的新动向,酒吧管理应予重视。

4. 未成年人轮奸案的常见特点是利用被害人的醉酒状态。此案中被害人与嫌疑人聚饮而醉,并同往宾馆,给嫌疑人以可乘之机。避免进入高危险情境是被害预防的一条黄金法则,在犯罪学看来每个男性都是潜在的犯罪人,女性与男性饮酒应适可而止避免醉酒,酒后更应避免前往宾馆等高危险场所。

(原载《检察风云》2013 年第 6 期)

预防重点青少年群体犯罪工作的基本思路

社会管理创新背景下闲散青少年、有不良行为或严重不良行为的青少年、流浪乞讨青少年、服刑在教人员未成年子女、农村留守儿童等重点青少年群体的预防犯罪工作，应当以福利关怀为切入点，并通过服务管理来达到预防犯罪的效果。

预防重点青少年群体犯罪工作的着力点是情感、成本、精力、道德四个要素。具体来说，就是通过培育重点青少年对家庭、社会、组织、青少年工作者等的情感，让他们不忍心犯罪；通过消除社会排斥提供发展的平等机会，推荐就业、就学等方式，增强其社会资本，以提高重点青少年犯罪的实际与潜在成本，让他们不舍得犯罪；组织各种活动充实重点青少年的闲暇时间，使他们没有时间和精力去犯罪；通过思想政治教育培养重点青少年对主流价值观、社会规则、法律的认同与遵守，让他们不愿意犯罪。

这样通过福利保护实现有效管理的方式，正是社会管理创新的体现，其意义并不仅仅在于预防青少年犯罪，更是一种完善社会管理系统的重要而有效的途径。

（原载《社会科学报》2011年11月20日，刊载时标题为《预防重点青少年群体犯罪工作》）

你们会有一个美好的未来，这也是我们的期望和祝福

上午到青浦监狱交流工作，狱方安排新声艺术团表演了三个节目，其中一个是春天三部曲。新声艺术团共四十人，来自十四个国家，基本上都是重刑犯。在戒备森严的监狱礼堂中欣赏如此凝重、奔腾的旋律，我承认，被感动了。应宋监狱长之邀走上舞台给艺术团成员即兴讲了几句，指挥（罪名：非法经营罪）即兴翻译。根据回忆整理如下：

请允许我站在指挥台上讲，因为我发现你们都比我高大。

你们来自不同的国家，来自不同的家庭，每个人都不一样，但有一点是共同的，那就是你们都失去了自由，都在为自己曾经犯下的罪孽赎罪。

但在你们的演唱与演奏中，我听出了生命的厚重，生命的萌动，还有生命的激情。十三年前，我和宋监狱长一样，也是一名管教干警，我还曾经做过几年检察长。按道理，像我这样的人，是不容易被感动的。但是，今天我不得不承认，我已经被深深地感动了。在你们的演奏与演唱中，我听到了春天的脚步，感受到了生命的希望，也感悟到了乐曲中所孕育的生命的美好。

正像你们的演奏与演唱中所呈现的，我相信你们每个人都会有一个美好的未来，这也是我们在这里的每一个人，对你们的期望和祝福。

感谢你们的精彩表演，谢谢大家。

（2012年5月18日）

封存少年"前科",是在传递司法温暖

未成年人犯罪记录封存制度的建立,不仅将温暖传递给了失足的孩子,也是对未成年人成长规律的尊重。

不久前,《浙江省未成年人犯罪记录封存实施办法(试行)》印发实施。按照文件规定,被判处五年有期徒刑以下等情形的未成年人犯罪记录将被封存。

事实上,在山东、上海、河北等地先行探索的基础上,2011年颁布的刑法修正案(八)就免除了被判处五年以下刑罚未成年人的犯罪前科报告义务,2012年新修订的刑事诉讼法正式确定了我国未成年人犯罪记录封存制度,对传统刑事司法观念进行了革新。

现实生活中,对涉罪未成年人身份信息与当事人案件隐私进行保护的观念尚未普及。例如,在李某某等五人轮奸案中,媒体及律师对于案件信息,包括李某某的身份信息均予以详细披露,该案的二审代理律师还在网上曝光了案件判决书。而某市甚至出台规定,勒令有犯罪前科的外来人员搬离。有过犯罪记录的人仿佛玻璃瓶里的跳蚤,四处都是无形的障碍。

犯罪记录封存制度的最大效果,是消除未成年人犯罪的前科效应,让一时失足的未成年人免受社会排斥,顺利回归社会。这一制度的建立,一改司法冰冷的面庞,不仅将温暖传递给了失足孩子,同时也是对未成年人成长规律的尊重,是司法智慧的体现。有少年在犯罪记录封存仪式上失声痛哭,坦言"轻松了",诠释了这一制度对于祛除失足少年历史包袱、让其"告别过去"重新融入社会的积极意义。在贵州"瓮安事件"中,直接参与打砸抢烧、依法需要处理的104名未成年人,有符合条件的94名未成

年人的犯罪记录被封存,使他们得以"无痕迹"地顺利回归社会,其中考上大中专院校的就有43人,达到了政治效果、社会效果、法律效果的统一。

虽然"封存制度"还仅仅适用于被判处五年有期徒刑以下刑罚的未成年人,但这并不意味其他未成年人的犯罪信息就可以随意散布。相关法律还规定了未成年人犯罪案件不公开审理制度和涉罪未成年人身份信息禁止披露制度,这两项制度适用于所有涉嫌犯罪的未成年人,也是为了最大限度地保护涉罪未成年人的合法权益,最大限度地铺好失足未成年人重新回归社会之路。

(原载《人民日报》2014年2月25日)

反社会排斥视野下的
未成年人前科消灭制度

人类社会自古以来就有标示犯罪人的冲动，最早的时候都是用烙刻身体的方式直接在罪犯身体上刻一个印记。今天我们烙刻犯罪人的方式已经隐退了，但是它演化为一种"现代的"犯罪记录制度，或者叫前科制度。

犯罪记录制度是有其积极意义的。首先具有非正式惩罚的作用。在某种程度上，这种惩罚比正式的刑罚惩罚更为严厉，也更具有威慑力。其次是社会防卫的作用。由于有前科的人被认为是一种高危人群，所以把他标示出来或者记录出来，可以提醒司法机关和公众监督他们、警惕他们。再次是预防犯罪的作用。通过前科所带来的非正式惩罚与标识犯罪人的后果，可以发挥一般预防和特殊预防的效果。

但是，我国目前实际存在的犯罪前科制度，被明显的滥用。据有的学者统计，大概有超过160部的法律对于受过刑事处罚的公民权利有限制，主要表现为一种资格的禁止。所以说如果一个人一旦被贴上犯罪人的标签，从此他将成为被排斥于我们体制之外的一种异类，而且最为可怕和残忍的是，刑法第100条不但没有建立前科消灭制度，反而把失足者或者说归正人员通过隐瞒犯罪记录自救的这样一种唯一的途径也给堵塞掉了。"一日是贼，终身是贼"就这样在中国的法律体系中被非常深刻地体现了出来。

事实上，犯罪记录导致的致命后果并不是带来前科，或者说贴了个标签，而是社会的过度排斥，就好像是玻璃瓶里面的一个小跳虫，看到上面没有顶旁边也没有明确的栅栏，但是却永远也跳不出去，因为它已经被全方位地排斥出了主流社会。所以对归正人员过度社会排斥的一个最为严重的后果便在于人为地制造了一个不断膨胀、恶化而且难以削减的社会敌对阶层,其最终后果是构成对社会安全的严重威胁。我们曾经试图通过前科制度所达到的三个积极效果,由于中国只有入口没有出口,以至于完全没有达到预期的一个效果。所以现在无论是学术界还是实务部门没有人会说中国的前科制度是不需要改革的。

如果从社会排斥的理论框架下来审视我们犯罪记录消灭制度的改革,你会发现我们在探索过程中遇到的很多操作性的难题,比如说到底消灭什么,前科污点记录是用消灭还是封存,能否消灭,它跟现行法律是不是冲突,有没有用,谁来消灭以及如何消灭等问题,都可以迎刃而解。而实际上我们现在面临的最大问题在于我们虽然看到了法律制度所存在的一些问题,但是我们仍然去坚守它。这就是我经常讲的中国存在的一种非常值得改革的现象叫做左倾机械法治主义。

我想就几个问题谈一些自己的观点。第一,消灭什么？前科的界定无论是西方国家还是我们国家都有一个基本的共同点是认同的,那就是它是被曾经定罪的事,它是一种事实,事实是无法消除消灭的。但是社会排斥是可以消灭的,而且是应当消灭的,特别是过度的社会排斥更应该消灭掉。所以我一个基本的观点是:我们在研究轻罪记录消灭制度时,应当入乎其内出乎其外,消灭的重心应当是社会排斥而不要去着眼于前科、污点或者说犯罪记录。相对不起诉决定因为同样会带来社会排斥的后果,所以也应当纳入前科消灭制度探索的范围。

第二,能否消灭？我国的刑法、刑诉法都有一个很典型的特点,即是以理性的成年人为假设对象制定的法律,我把它称为成人法。比如我们规定累犯制度,前科报告义务,资格禁止,档案保存等,这些都来自成人法。但是,只要你去看有关未成年人专门立法,如《未成年人保护法》、《预防未成年人犯罪法》、《联合国儿童权利公约》、《联合国少年司法最低限度标准规则》等等这些国内法、国际法,它有一个共同的特点就是反社会排斥。比如说我国《未成年人保护法》明确规定,归正的未成年人在升学就业方面不受歧视,所以我们在进行制度建设探索的时候所面临的不是一个违法与合法的问题而是一个法律冲突问题,即如何选择适用法律的问题。而目前在少年司法领域进行的改革和探索遵循的是依据儿童最大利益原则所确定的未成年人法而不是成人法,是有其法律依据的。

第三,改革和探索的意义何在?我觉得改革的关键在于能否消除和减轻社会排斥。目前各个地方探索改革的一个共同特点在于它实际上是以司法或者政府或者党政以信用作为担保,来出面证明未成年归正人员没有人身危险性,应当融入主流社会。所以它可以获得消除和减轻社会排斥的一种积极效应,而且它都是对归正未成年人的努力和肯定,可以有效地减轻他们遭受社会排斥所带来的心理压力。所以不管从哪个角度去探讨,这些探索都是积极的,有意义的,因为它可以有效地去削减社会排斥。

第四,谁来消灭?少年司法制度作为一种反社会排斥运动,全社会都有责任来消除针对未成年归正人员的社会排斥。所以改革必须要建立多部门合作机制,否则无法消除社会排斥。

最后,如何消灭?我觉得不管是实践中通过隐瞒犯罪记录的"隐瞒模式",还是通过出具前科消灭证明的"证明模式",无论是采用自然消灭还是用登记消灭或是考察消灭的方式,都是有其积极意义的,只要有助于社会排斥的消除都可以使用。比如现在争议较多的考察消灭,我觉得也有其合理性。因为经过司法机关的考察程序出具的证明,会大大提高以司法信用作为担保的证明文书的效力,有助于说服其他部门,也容易被其他部门所接受。

这项制度的探索最终要达到两个效果:一是带着前科标签的犯罪人仍然可以融入主流社会;二是淡化犯罪人标签让他融入主流社会。我想这就是制度探索的价值所在。

(本文系在"未成年人轻罪记录消灭制度理论与实践研讨会"上的演讲,部分内容发表于《中国社会科学报》2009年8月25日第7版,另有部分观点在接受《检察风云》杂志记者专访时阐述。感谢研究生王邕等同学根据录音所做的整理。)

前科消灭不只是一个法律问题

大家都看过《水浒传》，宋江希望朝廷招安，首先想到的是把脸上的黥刑免去，才好意思跑到东京去争取招安。这个故事说明了很简单的一个道理。前科消灭是具有积极意义的，而且前科记录消灭不纯粹是一个法律问题，也是一个政策问题、社会问题。

现在的前科制度滥用得太过分了，有前科的人不止公务员、军人不能当，甚至连做兽医都不允许。可以说，如果他有犯罪前科的话，只要贴上了一个标签，那么他就永远排斥在正统的社会体制、主流文化之外。因为李沛瑶被杀，制定了一个非常冲动刑法100条，它把失足者获得自新的途径拆掉了。前科带来的最严重后果是社会排斥，包括经济、就业、政治排斥、心理排斥等。排斥的无孔不入，造成的后果是在人为制造一个不断恶化，有入口没有出口的敌对群体。每年法院不断判决的罪犯在积累，但是没有消灭前科的出口，这样的后果是对社会稳定，甚至政治稳定的严重威胁。

前科作为一个定罪事实，是无法消灭的，但社会排斥是应当消灭的。对于有前科未成年人的社会排斥肯定是有问题的，这有明确的法律条文。《预防未成年人犯罪法》有规定，回归社会的失足未成年人在升学、复学就业的时候不能歧视。请注意刑法100条的规定只是说入伍、就业的时候如实报告曾经被判有罪的事实，但并没有说有这样一个犯罪前科就不能就业、不能参军。只是很多法律、法规等将其理解为不能参军、不能入伍、不能就业，但是这样的理解肯定是错误的。

前科消灭制度改革和探索的意义何在？很多人认为现在的未成年人前科消灭制度实践探索没有什么价值、意义，你消灭你的，我在招生、招工、公务员考试等时还是不录取这样的未成年人员。这种观点有一定道理，但是必须注意的是现行改革的重点和关键，实际上是以司法或政府的信誉来为回归社会的未成年人进行担保，这对孩子心理恢复是很有积极意义的。

前科消灭制度探索是否有法律依据？我的观点是，消除社会排斥肯定是不违法的，而且也是法律要求的。不要硬和法律去碰，注意求同存异，这是一个改革的策略问题。

应当由谁来消灭前科？我认为，消灭前科不仅是法律问题，更是个政治、社会问题。全社会都有责任消除针对涉罪未成年人的社会排斥，这只能有赖于建立多部门合作机制。

（本文系2010年6月23日在人民法院报社、山东省高级人民法院、山东省综治委预防青少年违法犯罪工作领导小组办公室主办的"未成年人轻罪犯罪记录消灭制度专家论证会"上所发表的部分意见。）

犯罪记录封存制度的"喜"与"惊"

2012年新修订的刑事诉讼法确立了未成年人犯罪记录封存制度,这是我国少年司法改革的重大进步,也是一大惊喜。这一制度出台后,理论界和实务部门颇多赞誉,并且都在关心如何具体执行,这样的视角是存在局限性的。在未成年人犯罪记录封存制度(以前一般叫前科封存制度)没有确立以前,我的任务是为这一制度的确立鼓与呼,但在这一制度被新刑事诉讼法确立后,则觉得有必要提醒大家注意这一制度的负面性。

坦白地讲,新刑事诉讼法所确立的未成年人犯罪记录封存制度令人惊讶。我原以为新刑事诉讼法的规定会很保守,但结果发现这一制度对涉罪未成年人的保护力度远远超出了预期,甚至忽视了与社会保护之间的平衡。新刑事诉讼法第二百七十五条第一款规定:"犯罪的时候不满十八周岁,被判处五年有期徒刑以下刑罚的,应当对相关犯罪记录予以封存",只有宣告刑一个标准,不需要涉罪未成年人申请、不需要考察、不论罪名,这种类型的犯罪记录封存制度,在我的阅读范围内的确没有见过。在国外,犯罪记录封存制度的确立是谨慎的,多有例外性规定或者程序限制,以在犯罪人保护与社会保护之间达成平衡。以著名的梅根法案为例,对于有犯罪前科之人中犯性犯罪的,严格排除在隐私保护的范围之外。有些州甚至要求性犯罪人无论迁到什么地方,都要把他的名字、罪名贴在窗户上,提醒所有社区的人对他保持警惕警示。

如果犯罪记录封存的条件仅仅只有未成年人犯罪、判处刑罚五年有期徒刑以下,那么这意味着80%左右的涉罪未成年人都将自动封存犯罪记录,而不论罪名、也不需要考察。在犯罪记录封存制度试点的时候,许多试点省市都设置了封存的罪名、刑罚、程序等条件,但新刑事诉讼法基本没有接受实践中的经验,这一步伐似乎迈得大了一些。未成年人重新犯罪率高,是一个客观事实。当然官方往往说未成年人犯罪率低,比如大都公布的重新犯罪率在1%到3%之间,据我的调查,这样低的重新犯罪率是不可能的,与调查方法、数据标准都有关。我曾经对未成年人重新犯罪率做了一次实证研究,这次调查最保守估计的未成年人重新犯罪率在10%—20%之间。而在其他国家,未成年人重新犯罪率在60%或70%也是很正常的。尽管我是非常坚定的儿童权利保护主义者,但是不兼顾社会保护的儿童保护,并不是真正的儿童保护主义。如何去消除我们现在这样一种大跨度的犯罪记录封存制度所可能带来的负面性影响,是一个必须认真思考的议题。

新刑事诉讼法所确立的未成年人犯罪记录封存制度,采取的是隐瞒模式,即将未成年人曾经犯罪的信息隐瞒在尽可能小的范围之内。这种隐瞒模式,当然是一种封存方式,也是一种可能有一定作用的方法。但必须注意的是,犯罪事实是无法消灭的,无论怎么隐瞒都是有漏洞的。例如,未成年人犯罪信息可能通过口耳相传、媒体、档案记录等记录和传播。隐瞒也并不是一种最核心的保护涉罪未成年人的方式。犯罪记录封存制度的重心应当是消除因为犯罪前科而对涉罪未成年人所带来的社会排斥,简单地说不能因为犯罪前科而遭受歧视性待遇,即便有关单位和部门知道了涉罪未成年人曾经犯罪,也不能给予歧视,这才是未成年人犯罪记录封存制度的重心,而不是隐瞒。

此外,新刑事诉讼法所确立的未成年人犯罪记录封存制度还有一个漏洞,即没有确立与之相衔接的犯罪记录消灭制度。犯罪记录封存应当有期限,如果涉罪未成年人符合一定条件,应当永久消除其犯罪记录。

总之,新刑事诉讼法所确立的未成年人犯罪记录封存制度是一大进步,但这一制度设计确实还需要进一步完善和发展。

(本文系在2012年9月3日,由上海市社科院法学所、闸北区检察院、华东政法大学诉讼法研究中心主办,上海政法学院刑事司法学院协办的"未成年人刑事诉讼特别程序"研讨会上的演讲记录摘要。)

第四辑
罪案之困：有一种暴戾是否可以远离

关于温岭虐童案的几点杂想

国内以前虐待儿童的案例,除非打死打伤罕见追究刑事责任的,因为刑法中没有专门的虐待儿童罪的罪名,对虐待儿童的行为定性也是模糊的。如要启动刑事追诉程序需要找罪名,通常司法机关懒得找也不太容易找到,但此次浙江温岭警方是个例外,不但主动去找罪名,而且还找到了,尽管这个罪名有些争议。

在国外,虐待儿童的行为是法律的高压线,而在我国则是一条虚线——虽形式上禁止但定性模糊且处罚疲软。虐待儿童是静悄悄的犯罪,其身体伤害通常不严重而心理、精神伤害尤其是对成长的负面影响是巨大和长远的。如果不对虐待儿童作刑法上的单独评价与定性并确立严厉的刑罚后果,此类行为必然层出不穷。

温岭虐童事件性质之恶劣超出常人忍受的限度,足以引起有孩子在幼儿园就读的家长的恐慌,警方打破虐童非死伤不追究刑事责任的惯例是值得期待的,期待此案能够创造一个没有死伤后果的情况下追究虐待儿童行为人刑事责任的判例。

关于寻衅滋事罪名,温岭虐童案基本符合:主观上具有追求精神刺激的流氓动机,客观上有随意殴打他人的行为。但至少也有两点牵强:殴打对象是特定关系人——学生;行为实施地为相对封闭的教室,犯罪侵犯的客体主要还是儿童的身心健康而非社会管理秩序,但这已是相对最合适的罪名及可基本成立的罪名。

温岭虐童案以寻衅滋事罪刑拘当事人的隐忧是让大家再一次看到了"口袋罪名"的威力——尽管用这个"口袋罪名"来装颜艳红这样的毒妇多少有些快意人心。在复杂的心情中,我们也还是要祈祷刑法中的"口袋罪名"不要随便装人。

（本文系 2012 年 10 月 25 日对温岭虐童案的点评，部分观点为各大报刊报道此案时采用。）

"家鑫案"与死刑裁判中儿童观的错位

2011年的两个"家鑫案"的死刑判决颇值"玩味":一个是人头已落地的药家鑫案,一个是激辩正欢人称"赛家鑫"的李昌奎案。讨论药家鑫该不该判死刑"似乎"已经没有任何意义了,当全民皆喊可杀的时候,估计最后连已在黄泉路上的药家鑫都会认为自己该死了,而摔死3岁男童、奸杀19岁少女的李昌奎可能到现在都没能想明白自己竟然会被云南省高院留了一条命。

直到今天,我仍然坚称药家鑫不该死。尽管在法律上药家鑫作案时已满18岁,但显然,尚未满21岁的药家鑫在撞伤被害人后选择的是一种最不理性的"诡异"行为。也许美国联邦最高法院在2005年作出废除不满18岁少年犯适用死刑裁决时所参考的一份文件,对于我们如何评价药家鑫案不无参考作用。在联邦最高法院作出裁决前,美国青少年精神病学会等8个医学组织,向法院递交了一份科学文件,这份文件引用了大量的神经科学和行为学研究成果,这些研究成果表明,大脑的发育一直持续到25岁左右,那时候最后一块发育的区域是前额叶,而前额叶具有阻止人们作出轻率、冲动决定的作用。

早在1985年,《联合国少年司法最低限度标准规则》即要求:"应致力将本规则中体现的原则扩大应用于年纪轻的成年罪犯"。2004年第十七届国际刑法大会关于"国内法与国际法下的未成年人刑事责任"的决议也指出:"人的青年状态可以延续到年轻的成年人时期(25周岁)","对未成年人适用的特殊条款可以扩大适用于25周岁以下的人"。很遗憾,在药家鑫案裁判过程中,我们看不到药家鑫所仍然具有的"孩子"特性的影响,甚至指出药家鑫具有这样的特性也会具有遭受谩骂的危险。

颇具讽刺意味的是，云南省高院某负责人并没有针对药家鑫案发表类似"社会需要更理智一些，绝不能以一种公众狂欢式的方法来判处一个人死刑，这是对法律的玷污"的高见，而是将这样的解释用在了"赛家鑫案"上。这位负责人在新闻发布会上解释改判27岁"赛家鑫"死缓的理由时说，这是为了"引领、改造冤冤相报、杀人偿命的传统观念"。这样的解释，难以不令人离奇地诧然甚至愤然。不得不承认，愤然是很情绪化的，缘由也很简单，因为李昌奎摔死的是一名3岁的小男孩，奸杀的是一名刚刚成年的少女。

我是一名坚定的死刑废除论者，但有一种犯罪将长期不在此列——以未成年人为侵害对象的严重犯罪行为。我坚信死刑终将会被废除，但在这一进程中，侵害未成年人的严重犯罪无疑应当是最后跨入死刑废除大门的罪行。主张这样的观点并不需要什么法理，也没有必要去讨论自首之类的法定情节，或者死刑刑事政策之类的理论问题，更不敢忝居高位试图引导老百姓的观念。因为，这只是源于作为一个正常人和一名3岁男孩父亲的基本感知。

不久前到某市调研，公安机关某负责人谈起该市引起社会重大反响的女童失踪案时，一脸茫然地说："想不到一个小女孩的失踪，竟然会在全社会造成那么大的影响。"估计试图引导老百姓死刑观念的云南省高院，也正在为公众如此热烈反应而一脸茫然：不就是摔死了一个小孩，奸杀了一个少女吗？？

司法必须对孩子的生命存有敬畏，这是司法的底线，也是社会良知的底线。胡适说，你要看一个国家的文明，只消考察三件事：第一看他们怎样对待小孩子；第二看他们怎样对待女人；第三看他们怎样利用闲暇的时间。我要说，看一个国家的司法，一个省市的司法，只消考察一件事，看他们怎么对待仍具孩子气的罪犯和残害儿童的凶手。

该死的没死，不该死的死了。很遗憾，我们看到的是错位……

（原载《青少年犯罪问题》2011年第5期卷首语，刊载时标题为《司法应对孩子的生命存有敬畏》）

不妨给星二代吸毒一点真颜色

张默吸毒事件曝光后,星一代张国立先生即时发表了一篇只有两个别字的致歉声明,决心不可谓不坚决,言词不可谓不恳切。

之前因为有名人高晓松醉驾、李双江之子打人被重罚的先例,我以为已近而立之年的著名星二代、著名演员张默先生当然会被依法处理。不过今天听说北京警方已对张默行政拘留十三天后,对张默先生的进一步处理突然之间似乎就没了下文,而媒体的跟进似乎也有消停的趋势——这个问题也就变得复杂和耐人寻味起来了。

据说张默先生之所以被举报,是因为得罪了人。也就是说,张默先生吸毒至少在圈内是早就被人知晓的,而2月1日《新闻晨报》一篇题为《张默涉嫌吸食大麻被传唤,网友曾曝其有吸毒史》的报道也证实张默早已有史。根据《吸毒成瘾认定办法》第七条的规定,认定吸毒成瘾须符合三个条件:(1)经人体生物样本检测证明其体内含有毒品成分;(2)有证据证明其有使用毒品行为;(3)有戒断症状或者有证据证明吸毒史。如果按此规定,张默先生已有被认定为吸毒成瘾的重大嫌疑。

据说北京顺义公安分局是依据《治安管理处罚法》第七十二条第三项之规定,对张某行政拘留十三日的。令人费解的是,北京警方并未对张默是否有吸毒史,尤其未对张默是否属于吸毒成瘾、是否严重成瘾这样的要害问题作出公开说明,而其所依据的也仅仅是《治安管理处罚法》而不是《禁毒法》和《戒毒条例》,这着实有些让人费解。

《禁毒法》和《戒毒条例》规定了对吸毒成瘾人员的社区戒毒、强制隔离戒毒等戒毒措施,何以竟无一适用于张默先生?难道北京警方意欲一罚了之?按照《戒毒条例》的规定以及禁毒实践的常见做法,对于初次发现的吸毒成瘾人员,一般均应适用"社区戒毒"措施,但是以张默先生为代表的娱乐圈名人似乎正在形成一种例外的"惯例"。

公众人物,尤其是娱乐圈名人吸毒的负面效应是巨大的。最近一些年明星吸毒屡屡曝光,但似乎都给予了"人性化"的处理。社区戒毒的期限为三年,在社区戒毒期间需要接受社区戒毒工作人员的监督帮教,履行戒毒协议、定期接受检测、离开社区戒毒执行地所在县(市、区)3日以上须书面报告等义务。强制隔离戒毒适用于吸毒严重成瘾人员,其执行是在封闭的强制隔离戒毒场所执行,期限为两年。无论是社区戒毒还是强制隔离戒毒,如果适用于娱乐圈的人,显然将对其职业生涯产生重大的甚至致命的影响。

如果不对明星吸毒给点真颜色,此种遗毒社会的现象就不可能得到有效的遏制。北京警方对张默先生吸毒的"人性化"处罚似有质疑和反省的必要。我并不奢望对张默先生强制隔离戒毒两年,但为遏制明星吸毒现象的蔓延,为消除明星吸毒的社会负面影响,为我国禁毒事业计,请北京警方公开确认张默是否吸毒成瘾,如果成瘾,请依法责令社区戒毒(期限为三年)——这不仅仅是对张默先生本人负责。

(2012年2月2日傍晚匆草)

少年L轮奸案，反思的不应只是媒体

近日少年L轮奸案，几乎在其被公安机关刑事拘留的第一时间即成为舆论关注的焦点。令人遗憾的是，全国媒体（包括中央电视台）在对此案的报道中几乎"集体沦陷"，热衷于深挖此案的种种细节信息，少年L的姓名、住所、照片、图像等个人"身份信息"均被细致入微地披露。以至达到了无论如何隐晦，"不管怎么叫，全国人民都知道你说的是谁"（《南方周末》2013年2月28日）的程度。

对于媒体应当如何报道未成年人犯罪案件，国际和国内法早已经有规定，禁止披露涉罪未成年人的身份信息是一条明确的原则。例如，联合国第96次全体会议于1985年11月通过的《联合国少年司法最低限度标准规则》（即"北京规则"）第八条规定："应在各个阶段尊重未成年犯享有隐私的权利，以避免由于不适当的宣传或加以点名而对其造成伤害"，"原则上不应公布可能会导致使人认出某一未成年犯的资料"。

如果对北京规则无知尚情有可原，那么无视国内法已经长达二十余年的禁止性规定则有些令人费解了。我国早在22年前颁布的《未成年人保护法》第四十二条第二款即明确："对未成年人犯罪案件，在判决前，新闻报道、影视节目、公开出版物不得披露该未成年人的姓名、住所、照片及可能推断出该未成年人的资料。"1999年颁布的《预防未成年人犯罪法》第四十五条第三款再次重申："对未成年人犯罪案件，新闻报道、影视节目、公开出版物不得披露该未成年人的姓名、住所、照片及可能推断出该未成年人的资料"，这一规定还取消了"判决前"这一时间节点的限制。2006年修订的《未成年人保护法》第五十八条第三次要求："对未成年人犯罪案件，新闻报道、影视节目、公开出版物、网络等不得披露该未成年的姓名、住所、照片、图像以及可能推断出该未成年人的资料。"

国内大部分媒体"公然践踏"法律禁止披露涉罪未成年人身份信息的规定,的确有着对未成年人法无知的原因,在受到批评后一些媒体才恍然大悟原来国家竟然还有这样的规定。但是,这些禁止性法律规定有着长达二十余年的历史,却不为新闻从业人员所知晓,未成年人法的宣传教育显然是一个大问题。事实上,不知道未成年人法禁止披露涉罪未成年人身份信息规定的,不只是媒体也包括法律专业人员。例如,在某电视台对少年L案的报道中某法律专家竟然发表高论认为未成年的少年L最高可判处死刑!而1997年修订后的刑法早已经明确禁止对不满十八岁的未成年人判处包括死缓在内的死刑。针对未成年人法不为人知的"陌生"状况,除了应加强对未成年人法的宣传教育外,还有赖于提高未成年人法在法律体系中的地位以及在法学教育中的地位。

仅仅以"不知道"为搪塞的借口,仍然难以解释这次少年L媒体违法事件,更有证据表明此为"明知故犯"。譬如即便在由法律专家对媒体的做法提出批评后,很多媒体仍然拒不改正,或者以"某某某之子"之类生怕读者、观众不知道其报道的是谁的方式"掩耳盗铃"。媒体的恣意妄为其实是一种"理性的选择",因为未成年人法太好"欺侮"。《未成年人保护法》、《预防未成年人犯罪法》的大部分规定是"没有牙齿"的,就算公然践踏其禁止性规定也基本不用担心会受到相应的处罚。就违法披露涉罪未成年人身份信息而言,现有法律中没有清晰的法律责任条款。尽管本人及有的学者主张可以将涉罪未成年人的身份信息视为隐私,并进而"激活"《未成年人保护法》第三十九条、六十条之规定,再援引《治安管理处罚法》第四十二条关于侵犯他人隐私可以给予治安处罚的条款对此种违法行为予以处罚,但事实上迄今为止并未见到处罚的案例。如果未成年人立法与执法得不到改进,不为未成年人法"装上牙齿"并且严格执行,类似少年L的媒体违法事件肯定还会重演。

此次媒体对少年L案报道中的问题并非单纯的法律问题,更涉及媒体职业伦理。国外媒体之所以罕见违法披露涉罪未成年人身份信息的案例,固然与这些国家有着严格的法律有关,更与传媒业将"儿童权利"视为职业伦理的底线有关——没有哪家媒体会去犯这样"低级"的错误。在现代国家,敬畏"儿童"不只是媒体而是在涉及儿童的一切行业中都被视为一种伦理底线。没有底线的职业是悲哀的,也是耻辱的。

孩子的问题往往是社会问题的折射。少年 L 轮奸案之所以能够发生，酒吧业、宾馆业管理的漏洞难辞其咎。之所以会产生少年 L 这样的恶少，也与不良教育尤其是不当的家庭教育方式有关。少年 L 在第一次寻衅滋事后未能得到及时矫治，而是再犯更为恶劣的轮奸罪行，收容教养的不当适用及少年司法制度的不完善显然也应反思。但在少年 L 轮奸案的报道中，媒体的"沦陷"似乎也是在迎合甚至渲染一种社会情绪，这种社会情绪是仇富、仇官、仇腐、对司法的不信任、对贫富分化的不满等的杂合。例如，有一种代表性观点认为如果不曝光少年 L 案的细节，在司法不独立、司法缺乏公信力的情况下，以享受少将待遇的少年 L 明星父亲的"影响力"肯定会"摆平"被害人和司法机关。还有一种观点认为少年 L 年龄是伪造的，他早已经成年——尽管这一怀疑是经不起细致推敲的，但没有人愿意在事实存疑的情况下采取有利于未成年人的立场。

　　在社会问题累积的环境中，未成年人无法独善其身，而是更可能首先成为伤害的对象。但社会问题是综合的、多方面的也是长期的，如果以解决诸种社会问题为尊重未成年人权利的前提，显然是一种荒唐的立场。给予未成年人"优先、特别保护"只是人类的一种自然情感，《联合国儿童权利公约》所确立的"儿童最大利益原则"也只是这种人类自然情感的体现。我们希望每一个人都能够树立基本的儿童意识，对儿童权利保持必要的敬畏，在涉及儿童的事项中将儿童最大利益作为一种首要的考虑。同时，少年 L 事件再次警示我们，司法公正与公信力是社会信任的基石与社会稳定的屏障，重建司法公信力有着特殊重要的意义，我们希望能从未成年人案件开始。

　　我注意到，对少年 L 案的广泛关注在某种程度上成了复杂社会情绪的出口，只要与这一情绪宣泄相左的声音，无论道理多么浅显、多么理性、平和，也都会招致非理性的谩骂。令人恐惧的是这种社会情绪中所包含的直白而非隐晦的"戾气"——连孩子都不放过、连孩子都不愿意宽容、连孩子拥有的明确的法律权利都可以践踏。如果这种淤积的包含着戾气的社会情绪不加以合理疏导，它可能淹没一切良知与正义，摧毁一切仅仅是不顺眼的东西，成为社会不稳定的根源——而其实，我们每个人都可能是潜在的受害者。

（原载《上海法治报》2013 年 3 月 6 日）

高三优等生持刀抢劫引发的思考

最近《北京青年报》以"高三优等生持刀抢劫,只为证明自己已自立"为题所报道的一起案件,引起社会热议:

> 19岁高中生于某,是北京一所重点高中的高三学生,成绩在重点班里名列前茅。今年年初,于某与交往了很久的女朋友分手。这令他备受打击,原本一直在班级前五名之内的他,在近期的考试中成绩掉到了十几名。成绩的下滑让于某产生了更大的压力,也令他的家长很担心。2月11日晚上,于某的母亲因他的学习成绩问题与他发生矛盾。一气之下,于某跑出家门,到麦当劳睡了一个晚上。第二天早上,仍然憋着一口气的于某用自己身上剩余不多的钱买了几把刀,在两天内连续抢劫5名行人,共劫得现金、手机等财物价值千余元。于某在提讯中表示,自己抢劫的动机就是证明自己"能抢到钱,不怕死"、"离开父母也能生存"。

我注意到,媒体对该案的报道特别突出了"优等生抢劫只为证明自己能自立"这样一种令人匪夷所思的犯罪动机。媒体的"重点提炼"似乎是欠妥当的,因为这容易让人误解为又是一起因年少无知,缺乏法制教育而不懂法所造成的青少年犯罪案件。

实际上,"优等生"于某对于自己抢劫的动机是为了证明自己"能抢到钱,不怕死"、"离开父母也能生存"的解释,不过是在为自己的犯罪行为进行"合理化"辩护,以减轻内心的罪责感和消融他人对自己犯罪行为的责罚。犯罪人的这种"合理化技巧",早已为美国犯罪学家格雷沙姆·赛克斯(Gresham Sykes)和戴维·马茨阿(David Matza)所深刻揭示。对于一个精神正常的人,只要到了一定的年龄,都能够对大是大非有清醒的认识。作为高中优等生的于某,不可能连持刀抢劫的犯罪性都认识不到。

优等生于某犯罪的真正动因并非所谓为了证明自己能够自立或者不怕死,而是在其遭受连续挫折后的一种攻击性反应。挫折攻击理论认为,挫折总会导致某种形式的攻击行为。这种攻击行为可能是内罚性的,即对自己的自责、自伤甚至是自杀。也可能是外罚性的,即转化为对外的攻击行为,情节严重者可能引起违法犯罪行为。

优等生于某之所以在两天内持刀连续抢劫多人,正是遭受挫折后所产生的一种典型外罚性攻击行为。对于一名成绩优秀的重点中学高三学生而言,在连续遭受女朋友分手、高考前夕成绩大幅下降的重大挫折后,不但未能得到合理的疏导,反而又因成绩问题与母亲产生激烈矛盾。在这样的压力下,转而采取连续持刀抢劫他人的方式疏解心中的焦虑、怨气以及引起父母、学校的注意,也就成为一种不难理解的"异常"表现了。

尽管挫折容易引起攻击行为,但是并非都会引起危害性的攻击行为。如果能够得到有效的疏导、干预,挫折甚至还可能转化为无罚性行为,这种无罚性行为可能是积极的,也可能是消极的。前者如越挫越勇,后者如产生类似阿Q心理来消解受挫后的不良情绪。

在青少年暴力犯罪案件中,因为遭受挫折所引发的比例不在少数。优等生抢劫案再次提醒家长、学校和社会,必须重视对青少年的挫折教育,让青少年能够正确面对挫折和处理因遭受挫折后所带来的不良情绪。家长、学校和社会也应该掌握与遭受挫折后青少年的相处技巧,避免激化遭受挫折青少年的攻击行为。此外,学校、社区还应建立必要的干预机制,对于遭受挫折后可能引发攻击行为的青少年尽早介入、干预和引导,避免危害性后果的发生。

(原载《青少年犯罪问题》2011年第3期卷首语)

江宁路自助银行劫杀案的警示

【案件回放】

2005年3月22日凌晨3时33分,上海市公安局指挥中心接到"110"报警电话,称静安区江宁路一24小时自助银行内有一名青年女子倒在血泊之中。当公安民警和医护人员赶到现场时,身负多处刀伤的女子已经确认死亡。银行内的监控设备记录下了犯罪嫌疑人的作案过程,警方迅速在电视台和广播里滚动播出案件协查,并印发了大量协查通知,发动市民提供线索,与此同时,民警深入社区和各个公共场所,走访调查排摸线索。在公安机关的全力抓捕和法律的震慑下,犯罪嫌疑人胡某、张某于4月5日向警方投案自首,魏某于4月5日在北京被抓获,周某于4月6日在杭州被抓获。

经调查,被害人宋某年仅22岁,在江宁路一家会所工作,她与男友陈某感情稳定,原本打算下半年走进婚姻的殿堂。案发当日凌晨3时许,被害人下班后前往自助银行内存款。4名犯罪嫌疑人自康定路尾随被害人宋某沿江宁路由南向北行至自助银行处,魏某将随身携带的匕首交给胡某,由魏、周二人在外望风,胡某进入现场对被害人实施加害,劫得其钱包一个(内有40元),张某随后进入自助银行内抢劫被害人背包未果,后4人一起逃离现场。

四名犯罪嫌疑人中动手杀害宋某的主犯胡某年仅15岁,今年2月来沪打工。另三名同伙为同乡魏某(19岁)、张某(17岁)、周某(16岁)。早在案发前4天,4人就曾数次在一起协商如何抢钱。从抢司机到抢单身女性,4人多次改变了自己的抢劫目标。"原本想抢开私家车的司机,因为觉得有车人一般会比较有钱,但到了停车场却发现，里面人较多，还有保安。"4人打了退堂鼓，改变了目标，准备向走夜路的单身女青年下手，他们先后选了五六个女青年准备下手，可在下手之前，4个人又发生了分歧，"到底该由谁最先动手？"4个人一直没有取得统一的意见，就在他们商量之时，刚刚铆牢的对象消失了。于是，他们开始重新寻找目标，在康定路路口，刚刚下班的宋某进入了4人的视线。他们尾随着宋某，看着她走进了自助银行。4人觉得这是个好机会，胡某率先动手，惨案由此发生。

4月24日，4名犯罪嫌疑人胡某、张某、魏某、周某被上海市静安区检察院以涉嫌抢劫罪依法批准逮捕，等待他们的将是法律的严惩。

（案情根据媒体关于本案的新闻报道综合整理）

又是一起令人痛心和震惊的少年恶性案件。一个无辜的生命倒在了血泊中，和这个无辜生命一起倒下的还有四名青春少年的美好前程和五个破碎的家庭……

案件中的法律问题

在繁华闹市地区抢劫杀人，无论是在哪一个国家，都属于刑法所规定予以严惩的重罪，即便是由年幼的少年所实施也不例外。例如，在美国，如果少年实施了抢劫杀人这一恶性犯罪，一般都会通过"弃权"程序转送到审理成年人犯罪案件的刑事法庭，被当作成年被告人对待而处以重刑；除了不能判处死刑等少数几个规则外，法律所规定的对未成年人进行特别保护的规定基本上都将不再适用。在我国，对于由未满18周岁少年所实施的恶性犯罪，法律在保持底线宽容的前提下，同样会给予严厉的刑罚制裁，其处刑最高可达无期徒刑。在这一案件中，四名犯罪嫌疑人所触犯的罪名叫"抢劫罪"。按照刑法的规定，抢劫罪是以非法占有为目的，以暴力、胁迫或者其他方法，强行劫取财物的行为，只要年满14周岁就应当负刑事责任。而且，刑法对于抢劫罪的构成没有抢劫数额的限制。在本案中，四名犯罪嫌疑人虽然仅仅抢得40元，即便是在没有杀人行为的情况下，仍可构成抢劫罪。

抢劫罪是刑法所予以严厉打击的恶性犯罪，对于一般的抢劫罪将处以三年以上十年以下有期徒刑，并处罚金。对于具有以下情节之一的，则被视为具有加重处罚情节的抢劫罪，将处以最低十年以上的有期徒刑、无期徒刑或者死刑:(一)入户抢劫的;(二)在公共交通工具上抢劫的;(三)抢劫银行或者其他金融机构的;(四)多次抢劫或者抢劫数额巨大的;(五)抢劫致人重伤、死亡的;(六)冒充军警人员抢劫的;(七)持枪抢劫的;(八)抢劫军用物资或者抢险、救灾、救济物资的。本案四名犯罪嫌疑人在抢劫的过程中杀害了被害人,构成了具有加重处罚情节的抢劫罪。

需要注意的是,在这一案件中,除了一个加重处罚的情节外,也有两个从轻、减轻处罚的情节:一是有三名犯罪嫌疑人未满18周岁,对于未满18周岁的人犯罪,刑法规定应当从轻、减轻处罚;二是胡某和张某有投案情节,如果他们如实供述自己的罪行就属于自首情节,按照刑法规定,自首的可以从轻或者减轻处罚。尽管如此,由于犯罪嫌疑人在闹市区猖狂作案,社会影响恶劣,并且造成了被害人死亡的严重后果,四名犯罪嫌疑人仍将会被判以较重的刑罚。

他们为什么会犯罪?

四名少年的平均年龄仅有17岁,行凶杀人的主犯胡某仅15岁。是什么原因促使他们坠入犯罪的深渊,又是什么原因让他们变得如此凶残?当我们分析这一案件时,可以发现许多对于青少年有警示作用的原因。

四名少年的共同特点是都具有好逸恶劳的习性,终日泡在网吧、迪吧等场所,这种不良习性是他们走上犯罪道路的潜在原因。虽然并不是每一个好逸恶劳的人都会走上犯罪的道路,但是好逸恶劳的人容易产生不劳而获和一夜暴富的心理,容易促使他们选择违法犯罪这一"简便"的方式获得财富和"成功"。可见,从小养成勤俭朴素、自强自立的优良习惯不仅仅是一个人成功的必要品质,也是预防犯罪的重要方式。

经常出入网吧、迪吧等不适宜未成年人进入的场所,会培养或加重少年的不良心理和习性。在暴力游戏、靡靡之音等不良信息的渲染和诱导下,少年易在潜移默化中认同暴力、侵犯等违法犯罪行为。正因为如此,我国《预防未成年人犯罪法》规定"进入法律、法规规定未成年人不适宜进入的营业性歌舞厅等场所"属于需要力行劝诫的"不良行为"。

这四名少年抱着美好的愿望来上海找工作,但是一直没有找到理想的工作,手头钱用完了,便预谋抢劫钱财后离沪返乡,这是导致四名少年走上犯罪道路的直接起因。这一案件也警示青少年在面对挫折,遭遇困境的时候,应该勇敢地去面对,在必要时向家人、朋友、老师等寻求帮助,而不能通过违法犯罪这一"饮鸩止渴"的方式去渡过难关。

这是一起典型的少年团伙犯罪案件。由于少年还没有成年，身心发育还不成熟，纠集多人组成小团伙，可以互相壮胆、增加犯罪的成功率，因此以团伙的形式实施犯罪是少年犯罪的重要特征。我们在调查中发现，少年在组成或者加入团伙后，容易模糊是非观念，消除对违法犯罪的抵触、恐惧心理，有不少少年就是在加入小团伙后稀里糊涂地走上了犯罪道路。还有的少年为了在团伙成员面前显示自己"厉害"，或者受到团伙成员的鼓动，在违法犯罪的过程中会显得异常凶残。

在这一案件中，胡某的凶残表现就具有这样的特点。从银行监控录像所拍摄的作案过程来看，年仅15岁的胡某在杀害宋某的过程中的表现凶残，与他的年龄形成了极大的反差。但在事后，他却称虽然如此凶狠，但其实作案时比任何人还要害怕："我以前没有做过这种事，只想用刀捅一下她，让她放点血。我曾听张某说过，放点血没什么大关系的，这样她就害怕了。没想到她转身反抗，我当时就慌了，就乱捅了。"这一案件也警示青少年，平常要谨慎交友，不要和具有不良习性的人交往，特别是不要组成或者加入一些不良团伙，以免误入歧途。

被害人留下的教训

自20世纪40年代以来，有不少犯罪学家着重研究了犯罪发生的整个过程，结果他们发现，被害人对于犯罪事件的发生也有着不可忽视的促进作用；被害人的疏忽、轻率的行动或挑衅行为，为犯罪分子提供了犯罪的机会和条件，由此促使了许多犯罪案件的产生，招致了自己的被害。需要指出的是，关注被害人在犯罪事件中所起的作用并不是为了责备被害人，而是提醒人们如何避免自己成为被害人。

在这一案件中，四名少年曾经选中了多名侵害对象，但是为什么最终是宋某成为了被害人？其重要原因就在于，宋某在凌晨三时这一危险时段，独自一人进入自助银行这一高危险境地，加上被犯罪人尾随多时也浑然不觉的疏忽大意心理，以及在遭受突然袭击时不讲策略的反抗，最终酿成了悲剧的发生。

犯罪学上有句名言："每一个人都是潜在的犯罪被害人，只有你自己才能真正保护自己"，这句话是从无数悲剧事件中所总结出来的。每一个人都应该学习一些犯罪防卫技能，这对于避免自己成为被害人是十分关

键的。从这一案件中,我们可以总结出以下几条避免成为犯罪侵害对象的教训:

尽量避免在高风险时段独自进入容易遭受犯罪侵害的高危险境地;

如果不得已进入,必须保持高度的警惕;

当突然面临犯罪分子的侵害时,不要惊慌,更不能盲目地反抗和激怒犯罪分子,"两害相权取其轻",生命始终是最珍贵的。

理性地看待这一案件

对于这一起案件,许多人都注意到了四名犯罪嫌疑人都是外地来沪人员这样一个信息。当我在网上浏览关于这一起案件的网民评论时,一则充满了对外地人歧视与仇恨的留言让我的心中充满了忧虑。

事实上,自改革开放以来,外来人员犯罪比率逐步提高,直至超过本地人员犯罪,是许多城市的共同现象。这也是绝大多数处于现代化进程中的国家,都会出现的共同社会现象。之所以会出现这样的情况有着深刻和复杂的社会原因,片面强调"外地人员"这样一个因素,甚至煽动对立与歧视,是非理性、偏激和幼稚的,也是十分危险的。

歧视的言行是导致矛盾激化和激发他人犯罪的重要原因,而犯罪学的研究也表明,不懂得尊重他人,常常具有歧视他人言行的人,也最容易成为犯罪——特别是暴力犯罪的受害者,这样的悲剧实在是太多了。另一方面,犯罪是不理性的行为,也是不懂得尊重他人的行为,当你在漠视他人贡献、价值与人格,煽动对立与仇恨的时候,你又和犯罪人有什么区别呢?

(原载《当代学生》2007年第11期,刊载时标题为《再看江宁路凶杀案》)

大学凶杀案应当反思什么

当某报记者打来电话想就复旦大学投毒案采访我时,刚下课的我正在为一封来自学生的电子邮件犯难,因为这是一封没有称呼、没有问候、没有署名的电子邮件,直接提出问题后"望你解答"。几乎每天我都会收到这样"请教问题"的电子邮件、短信,或者微博私信。求教的内容五花八门,但格式几乎是一致的:没有称呼、没有问候、没有署名,并且"望"我回答,有的因为求教的学生很忙,还会限定回答的时间。在刚刚结束的课堂上,我还扣了一位同学的平时分,因为他上课上到一半时直接跑了出去。而在昨天,我也忍不住又用了"言而无信,见利忘义"来形容一个从某名校来求助的学生。

我对电话采访的记者说:复旦投毒案其实没什么值得大惊小怪的,因为发生在大学里的恶性案件中,毒杀实在不是什么新鲜事,至少还没有那么多血腥感。话音刚落,江苏张家港的一所高校内又发生了一起凶案,这次是"脖子里两刀,后背两刀",血溅三步。当然,所有的人应该还记得中国政法大学付成励直接在课堂上将老师脖子几乎砍了下来的案子,还有类似云南大学马加爵将室友、同学一个一个锤杀的案子。

这类引起社会广泛关注的大学恶性案件,绝大多数行凶者与被害人并无直接深仇大恨,起因都是小事、无法理解的芝麻事,甚至压根就没有事而仅仅是因为行凶者心情不好。有的评论者已经注意到"毒杀研究生新闻中令人毛骨悚然的跟帖",例如"我也曾想干掉过我的室友"、"幸好我杯子随身带,否则早没命了"。曾经有一部电影《那些年我们一起追过的女孩》,据说好评如潮,有一位学生曾经在我面前对影片情节这样评价说:"什么一起追过的女孩,换是我早就让情敌血溅当场了!"我觉得这个版本的评价,似乎更有现实感。

在两所大学教了十年书,发现室友关系好的寝室没有几个。有一个学生对另一同学的入党问题写了举报信,并且义正词严地说自己是在行使监督的"权利",而实际情况是因为这两位学生合谋违反校纪,因为利益不均而举报。我也曾发现有的学生在大学里读书时对老师、长辈、同学缺乏基本的礼仪,但是到了工作单位后,却突然可以在领导面前规规矩矩,这曾令我惊愕不已。当然,这都是我们培养出来的。难怪北大教授钱理群曾感慨地说:"我们的一些大学,包括北京大学,正在培养一些精致的利己主义者,他们高智商、世俗、善于表演、懂得配合,更善于利用体制达到自己的目的。"

幼儿园应当学会的基本礼仪,在大学中却成了可贵之处。一方面大学课堂上充斥着理想、信念、梦想这类大道理的高谈阔论与灌输,另一方面却是待人接物、为人处世这类基本规矩的严重缺失。有时候会禁不住问:大学,何以至此?还好,大学凶杀案还有重大新闻效应,也有人愿意为此吐槽,至少说明我们对大学还有期待。

(2013 年 4 月 19 日晨)

警惕帮派渗入校园：广州"黑龙会"案件的警示

案件回放

2007年8月,广州市中级人民法院开庭审理了以冯志希、冯志钊两兄弟领导的"黑龙会"涉黑案件。"黑龙会"自2005年7月建立以来先后犯下了设私刑活活打死两人、争生意枪杀毒贩、围攻村委强包工程、抢劫、持枪等累累罪行。

"黑龙会"被称为典型的"低龄化"黑帮。除了"老大"冯志希出生于1978年外,包括他弟弟冯志钊在内的其他骨干成员都是"80后"青少年,而且还网罗了60余名"90后"的中小学生作为"马仔"。

"黑龙会"的主要的"业务"包括打群架、看赌场、到工厂收保护费、敲诈村委会工程款、私藏枪支弹药等。直接导致"黑龙会"覆灭的是2006年6月4日晚上对两名广西人殴打致死的事件。2006年6月,白云警方在经过缜密侦查后,将这个为害乡里的黑社会组织彻底摧毁,抓获13名涉黑犯罪嫌疑人,破获系列案件多宗,缴获枪支8支,子弹66发。

"黑龙会"案件的特点与警示

办理这起案件的司法人员发现,不同于以往所发现的黑社会性质组织案件的是,"黑龙会"案件有三大明显特征:首先,被告人低龄化,14名骨干成员中有13名为1980年以后出生;第二,该组织的发展入会对象竟然选择了在校学生,以未成年人为目标,势力渗透到广州市白云区竹料地区的中小学校；第三，和以往的黑社会性质组织相比，该帮派的组织更加严密。以往很多黑社会性质组织都是口头加入即"入会"，但"黑龙会"还要求加入的学生签订"保证书"或"入会书"，并留下生辰八字、电话号码和家庭情况等。

黑龙会案件至少提出了以下警示：

一是应当高度警惕帮派向校园渗透的新动向。在这三大特征中，选择在校中小学生为发展对象是目前国内所破获的黑社会性质组织案件中所罕见的，也改变了人们对校园帮派现象的传统看法。在以前所发现的绝大多数校园"帮派"的共同特点是由中小学生自发组成，其领导者和骨干成员也基本上是中小学生。相对而言，这种类型的校园"帮派"虽然有不少在形式上也具备了黑社会性质组织的形式特点，但绝大多数的组织形式还不是太严密、模仿影视中的黑社会组织色彩较重，大多只是在校园内从事一些欺凌同学、破坏教学秩序的活动，除了极少数发展为黑社会性质的组织被公安机关摧毁外，大部分在被发现后经教育强行解散，或者因为学生的毕业等原因自行消亡。因此，把这些校园帮派称为校园"团伙"可能更为恰当。而"黑龙会"案件的特殊性在于，帮派组织的领导者和骨干均为校外人员，并有组织、有目的地向中小学校渗透。据调查，"黑龙会"曾经专门派骨干到中小学校去发展学生入帮，并成功发展了60余名学生加入，这些学生都是1990年后出生，最小的仅13岁。

二是帮派渗透校园的危害不容小视。黑龙会最大的危害在于其将黑手伸向了中小学生，使青少年受教育的净土受到污染，所造成的影响是非常恶劣的。一旦青少年加入帮派组织，其从事偏差行为的可能性即会大增，帮派在校园内的活动还会大大提高校园暴力的水平，对校园安全和社会治安都会带来重大的负面影响。这一点在"黑龙会"案件中也得到了印证。"黑龙会"在校园内的活动，对校园安全所造成的威胁是显而易见的。黑社会性质的帮派组织渗透校园对于学校正常教学秩序的破坏是不言而喻的，而对于未成年学生健康成长的危害则更是巨大的。据《新快报》记者调查发现，虽然学校专门通过开班会的形式宣布司法机关摧毁"黑龙会"的消息，但许多学生仍然心有余悸，在记者采访时仍然避谈"黑龙会"，其对学生心理所造成的恐惧和损害可见一斑。

三是边缘化的学生容易成为不良团体和犯罪团伙的拉拢对象。从加入"黑龙会"的学生来看，大多数属于学校里学业、品行不良的问题学生、边缘学生，但也不乏成绩优秀的学生。加入"黑龙会"的学生处在帮派组织的最底层,构成该帮派组织的基础,但不参与帮会"核心业务",主要被老大冯志希用在"壮大声势的"场合,而"黑龙会"骨干则多为辍学青少年(受审14被告中有10人只有小学学历)。所以,那些处在边缘的学生和那些发生明显转变的学生都应该引起学校和家长的充分关注,教育他们不要加入团伙和帮派。

四是学生加入帮派的原因令人震惊。《南方周末》、《新快报》等媒体记者的调查发现,学生加入"黑龙会"的原因主要体现出了以下几点:一是加入后"有依靠",学生获得归属感。加入的学生大部分都是学业不良、品行不良,在学校被边缘化的群体,而"黑龙会"则使得他们获得了心理的慰藉。例如在一些骨干成员生日时,冯氏兄弟常以庆祝生日为名宴请全部成员,还不定期地将部分违法所得作为"公费"用于组织帮派活动、补偿作案损失等。二是满足安全感和逞强好胜心理。例如,"黑龙会"在诱骗学生加入时,就常常使用"如果谁欺侮你,我们的人就会来帮架"的宣传话语。这是在校生加入帮派的一个非常主要的原因。三是同龄人的鼓动。冯氏兄弟本人包括其派往中小学校"揽人"的骨干,均与学生的年龄接近,他们之间较容易交流和形成共同语言。此外,可以获得一些经济利益,也是一些学生加入的重要原因之一。在上述原因中,帮派可以提供学生归属感与安全感是最为值得深思的。为何这些学生不能在家庭、学校获得心理上的归属感和安全感,而要到帮派这种亚文化群体中去寻求?在某种程度上,正是因为家庭和学校的失职与功能的失调将这些学生推进了帮派之中。对此,家长和学校都应当予以深刻的反思。

如何斩断帮派伸向校园的黑手

要防止类似于"黑龙会"案件的重演,需要学生、家长、学校和司法机关等的共同努力。

最重要的是广大学生应该充分认识到帮派的本质,提高对加入帮派危害性的认识。一般来说,在面对帮派诱惑加入时坚决拒绝受到伤害的风险较小,但在加入团伙、帮派后再要求退出的风险较大。因此,广大学生在面对帮派诱惑时应当坚决"说不"。

家长应当提高家庭教育能力,健全家庭功能,避免因为家庭教育方式的不当和家庭功能的失调,使得未成年人出现离家出走、逆反心理等行为和心理上的偏差,从而给帮派提供乘虚而入的机会。

在学校方面,应当消除各种对问题学生的歧视和边缘化的做法,主动关爱学生,避免将他们推向帮派等亚文化群体。另外,学校还应当特别重视建立和完善学生纠纷的有效调处机制。学生纠纷得不到及时、有效、公正的解决,既是校内团伙生成的重要原因,也是校外帮派得以渗透校园的重要原因之一。

应当建立家庭、学校、社区、警方联动的预防与干预帮派渗透校园机制。只有建立家庭、学校、社区、警方联动的预防与干预机制,才能真正有效地解决帮派渗透校园问题。这种联动预防与干预机制应当包括以下环节:一是正视校园团伙、帮派问题,及时交流有关信息,是及早发现和遏制帮派侵入校园的重要措施;二是应当以学校为中心,建立四方共同参与的防治校园团伙及帮派入侵校园的行动方案;三是公安机关应当重视校园警务建设,将"校园警务"作为重要的工作内容,及时发现、制止和严厉打击帮派侵入校园的现象。

最后,必须重视辍学现象的防治。"黑龙会"骨干成员基本上是辍学青少年,而构成帮派基础的则为60余名在校学生。这样的组织结构表明,辍学生构成了帮派的核心,也成为连接帮派与校园的桥梁。因此,要想治理青少年帮派现象,防治帮派渗透校园,必须重视对辍学学生的教育和引导工作,使他们尽快复学或寻找其他的职业教育途径。

(原载《当代学生》2008年1、2月号)

反思成瑞龙案

成瑞龙并非天生的"杀人恶魔",对成瑞龙犯罪原因的反思发现,念初三时被所就读学校开除是成瑞龙向恶魔演变的关键原因。对社会治安稳定威胁最大的不是初犯、偶犯,而是惯犯、累犯等犯罪精英,而中途辍学正是制造犯罪精英的重要机制。中小学校的开除、退学处分权应当进一步限制和规范,建议(1)彻底取消中小学校开除未成年学生的权力;(2)着重防止中小学校采取"自愿退学"的形式变相开除学生,将退学审核权与批准权分离并形成有效制约机制;(3)启动中途辍学专门干预项目,系统防止未成年学生中途辍学并采取有针对性措施让流失生回归校园。

2010年2月21日,广东省佛山市中级人民法院一审判处成瑞龙死刑,剥夺政治权利终身,并处没收个人全部财产。法院认定成瑞龙犯抢劫、强奸、故意杀人三项罪名,共致13人死亡(其中枪杀警察4名)、1人重伤、1人轻伤。早在2001年,公安部即面向全国发布A级通缉令,通缉在逃持枪抢劫、杀人犯罪嫌疑人成瑞龙。但此后,成瑞龙一直潜逃。2009年5月31日,南昌警方通过技术手段,终于将其抓获。成瑞龙案引起全国舆论的广泛关注,媒体称之为"杀人恶魔"、"杀警恶魔"。

恶魔是如何诞生的?1973年1月出生于广东省连州市大路边镇浦东管理区旱冲村的成瑞龙显然并非天生的"恶魔"。后续调查发现,尽管有时候会打架,但在村民的记忆中成瑞龙显然不是那种经常惹是生非的乡间恶少,甚至还被认为具有正义感。一位看着成瑞龙长大的村民认为小时候的成瑞龙比较听话,"有的孩子去偷瓜偷番薯,被他发现了,还会骂对方,叫别人不要小偷小摸。"班主任对学生时代成瑞龙的评价是:"可能不是一个好孩子,但绝对不是一个坏人,对老师也比较尊重。"正因为如此,在成瑞龙被通缉后,村民及老师等均表示难以理解。

成瑞龙命运的改变,开始于初三时候被学校开除。其自述这是"对自己走上犯罪道路影响很大"的三件事中的首要一件。成瑞龙认为,被学校开除令其感到自己"被放弃了",也"彻底失去对老师和学校的信任"。被学校开除后不久,成瑞龙即逐步开始了其犯罪生涯,并最终成为一名夺走13名无辜生命(包括枪杀4名警察)的恶魔。

值得注意的是,很多恶性犯罪人都与成瑞龙一样有着中途辍学的经历。例如被称为世纪贼王的张子强在小学毕业后即辍学,震惊全国的悍匪张君在高一时辍学,残害67人、强奸23人的恶魔杨新海则在高三时辍学……

中途辍学与犯罪之间的密切关联性早已经被犯罪学研究所证实。事实上,大多数人在少年时期都会或多或少发生越轨行为,但是绝大部分人会随着年龄的增长而在成年后发生被犯罪学家称为"自愈"的现象,只有一小部分人会将少年时期的越轨行为带入成人时期,成为真正的罪犯,直至演变为犯罪精英(通常是指惯犯、累犯,国外又称为"常习犯")。中途辍学的最大不良后果是中断了少年社会化的正常进程,阻止了少年越轨行为的自愈过程,促成反社会人格的形成,并最终导致犯罪精英的产生。

中小学生中途辍学的原因是多方面的,但是被学校开除或者变相开除是其中的重要原因之一。由于被学校开除或者变相开除是对未成年人的强制性社会排斥,相对于其他辍学原因而言,它更容易诱发未成年人的反社会人格。成瑞龙案就是一个例证。

对社会治安稳定威胁最大的不是初犯、偶犯,而是犯罪精英。因此,犯罪预防和控制的关键是控制惯犯和累犯。在这方面的成功例证是美国。自20世纪90年代以来,美国犯罪率连续十余年下降,美国政府和犯罪学家纷纷研究其原因,结果发现中途辍学干预计划、"三振出局法案"(如果有三次违法则处以长期监禁刑等重刑)等针对犯罪精英的预防和控制措施是其中最成功的经验,这值得我国借鉴。

预防未成年人中途辍学,是犯罪控制的基础性措施,也是最重要和最有效的措施之一。可以成立的假设是,如果不被所就读的中学开除,成瑞龙将很可能不会成为"杀人恶魔"。

令人痛心的是,成瑞龙被校方开除的理由是贪玩打架,但真正原因是与校长女儿之间发生的早恋,正因为在校长的力主之下,成瑞龙被开除。尚处于义务教育阶段的成瑞龙能够如此容易地被学校开除,暴露出中小学校开除处分措施容易被滥用的弊端。

近些年来,随着辍学与青少年犯罪密切关系的被认识及对未成年人教育权保护力度的加大,备受诟病的中小学校开除学生处分措施逐步受到了限制。例如,《预防未成年人犯罪法》(1999)第四十四条规定,对于被采取刑事强制措施的未成年学生,在法院的判决生效以前,不得取消其学籍。《未成年人保护法》(2006)第十八条规定:"学校应当尊重未成年学生受教育的权益,关心、爱护学生,对品行有缺点、学习有困难的学生,应当耐心教育、帮助,不得歧视,不得违反法律和国家规定开除未成年学生。"《义务教育法》(2006)第二十七条则更加明确地规定:"对违反学校管理制度的学生,学校应当予以批评教育,不得开除。"但是在实践中,中小学校开除、退学处分措施仍存在着诸多明显的问题:

一是明确禁止开除违反学校管理制度学生的法律规定仅仅适用于义务教育学校,不包括高中。这意味着尚处未成年时期的高中学生仍可以被学校开除——只要不违反法律和国家规定,至于何谓"不违反法律和国家规定"则是模糊的。

二是即便禁止或者限制开除学生的法律规定,也容易被校方出于功利性的目的规避。在实践中,许多学校采用强制"自愿退学"或者诱劝"自愿退学"的做法清退学业不良、品行不良的学生,或者仅仅是出于提高升学率、升学平均成绩的功利性目的变相开除未成年学生,这种现象即俗称的"临考劝退"。对于涉嫌犯罪的未成年人,许多学校往往会选择在法院判决未生效以前的"最佳时期"迫不及待地劝其"自愿申请退学",以免对学校考核造成不良影响,由此带来缓刑少年复学难等社会问题。

三是中小学校实际掌握自愿退学的决定权,缺乏必要的监督制约。形式上看,目前许多省市规定退学批准权掌握在教育行政主管部门,但是学校具有实际的审核决定权,这种内部审核程序难以形成对中小学校的有力制约。这是导致中小学校自愿退学处分措施滥用,造成未成年学生中途辍学的关键原因。

尽管我国目前中小学生辍学率已经降到了很低的比率,但是因为我国人口基数大,中途辍学的未成年人仍是一个庞大的群体,而且是一个犯罪高危群体。近些年来我国针对未成年犯所进行的调查发现,曾经有辍学经历的未成年犯占有很高的比例。例如,中国青少年犯罪研究会于2009年9月上旬至11月对全国18个省市所做的调查发现,被调查的1793名未成年犯中"初中没毕业"的高达43.37%。部分省市的调查发现,大部分未成年犯均有辍学的经历。例如,湖南省未成年犯管教所对1700多名14至18周岁未成年犯的调查结果显示,有1600多人没有完成义务教育。广东省对近几年在押未成年犯的连续调查摸底发现,每年约有85%以上的未成年犯在进入未成年犯管教所前未完成九年制义务教育。

成瑞龙案再次警示我们,防止中小学生中途辍学是预防产生"犯罪精英"的基础性措施。进一步规范中小学"开除"、"退学"处分措施刻不容缓!为此我们建议:(1)将禁止开除违反学校管理制度学生的规定延伸至高中阶段,明确取消中小学校开除未成年学生的权力;(2)针对近些年来中小学生"隐性"中途辍学突出的新动向,应着重防止中小学校采取"自愿退学"的形式变相开除学生。将退学审核权与批准权分离并形成有效制约机制——批准权可交教育行政主管部门,但是审核权则应交中立的第三方,而非中小学校本身这一"利益相关"主体;(3)启动中途辍学专门干预项目,系统防止未成年学生中途辍学并采取有针对性措施让流失生回归校园。

(2010年3月24日应中国法学会信息部之邀所作)

少年法庭上的唠叨

【按】2010年11月19日,上海市长宁区人民法院开庭审理小涛妨害信用卡管理案,这是我在长宁区人民检察院挂职副检察长期间出庭公诉的未成年人犯罪案件之一。被告人因犯妨害信用卡管理罪,最终被判处有期徒刑六个月,并处罚金人民币一万元。在法庭教育阶段,我以公诉人身份对小涛进行了法庭教育,此间小涛泪流满面,法官、辩护人均黯然神伤,旁听席上亦啜泣声声。这是根据庭审录像所记录的教育词,重温,仍不免感怀……

小涛,我也有几句话对你说。其实今天啊,我"于心不忍",我可以用这四个字来表达我现在的心情。你年龄很小,懵懵懂懂就做下了这样的坏事。但是我作为国家公诉人,有这个责任,让你受到应有的惩罚。因为你已经做错了事情。但是呢,有几句话,在这个地方,在法庭上,给你提个醒。你有没有想过自己怎么会走到今天?你觉得呢?

(小涛:我交错了朋友,不听家里人的话)

你讲得非常对,而且我从你刚刚的反省中,我也感觉到,你也是一个很有责任感的小孩。你刚刚讲到一个点子上,交错了朋友。刚才辩护人对这个问题啊,也提醒过你了。你和你的同学多长时间没见面?几年时间没见面了吧,到火车站来接你的这六个人,你都不认识,他们叫你办卡,你就去办卡啦!办一张卡给你15块钱,你就去办了?你也不小了啊,到今天已经满18岁了吧?你当时犯罪的时候17岁多一点,也不算小孩了啊!这点小的道理也不懂吗?世界上还有这么简单的事情,办卡能赚钱?交朋友很重要,要吸取教训。

还有一个我要提醒你啊,和你爸爸吵个架就跑了,有什么好跑的呀?人活一辈子不容易,你父亲也不容易,从小把你养大,你妈妈在你六个多月就跑了。你有没有体谅你的父亲啊,跟他吵一架你就跑了,你说他会多难受啊?这个问题你有没有考虑过?中国人要讲孝,你这个基本点没有做到啊。

第三个我要提醒你,一个人啊,一定要有个基本的是非观念,做人一定要有底线。中国有句话:"君子爱财,取之有道",你明白这句话的意思吗?赚钱啊,一定要用合法的方式去赚钱,你去骗领银行卡的时候,其实你就已经知道这个肯定是不对的,否则警察来了你为什么要跑啊?你为什么还要填虚假的信息啊?那你为什么还去做啊?我希望通过这个事情,你要知道一点:做人一定要有底线,违法犯罪的事情不要去做。赚钱有很多种方法,一定要取之有道啊,好吧?

(小涛:好的)

第四点啊,我还要给你一个建议。这个,人啊一生,坐牢是个很难得的经历,我希望你把这当成财富,不要因为受过刑罚处罚、坐牢了就自暴自弃,甚至把这当成资本去混社会。一定要注意一点,把它当成教训,好好改过自新。你回头看看你的姑妈,她千里迢迢,因为你的事情专门跑过来。而且据我所知,从小到大,你姑妈一直是照顾你的。你想想看,你对得起她吗?你对得起你爸爸吗?对得起你姑妈吗?怎么会走到今天?

这个,姑妈啊,我有几句话,也希望你呢带给他的爸爸:管教孩子要好好管教,他作为父亲也有这个责任去管教(好)他。我们都不希望看到他这样一个结果,一定要把我这个话带给他爸爸,好吧?在后面啊,好好去教育他。这小孩,我们看下来还是很有前途的,本性是很好的。他也没有什么恶习,这也是第一次,人犯个错误啊,也正常,不要因为这个事情就对他有什么歧视,或者其他想法。还是要好好去照顾他,好不好?而且我也知道小涛从小就缺乏母爱,他妈妈很年轻就走掉了,你呢照顾他也不容易,那么多年,我们也表示感谢。希望你以后,回去之后呢多给他一些母爱,这个小孩,也不容易。我们将心比心,也很可怜。多给他一些关心,这个小孩就是关心少了,才会走到这一步。

好吧,希望我今天讲的话,要记住。

少女盗窃案法庭教育词

【按】少女小雨(化名)盗窃案是我在挂职担任副检察长期间作为公诉人出庭公诉的最后一起案件,本文是我在法庭上发表的法庭教育词。《检察日报》2011年9月14日第十二版"检察微博"摘录刊发部分内容。

小雨,在看守所关了多长时间了?我给你算了一下,从X月XX号刑事拘留算起到今天,总共57天,将近两个月。你说,为了2600多块钱,被关两个月,值得吗?而且,这2600多块钱,你还根本没用过,你说值得吗?

被抓前你在上海打工,你觉得打工辛苦吗?辛辛苦苦打工赚来的钱被别人偷了,换做是你,你会怎么想?!你知道"兔子不吃窝边草"这句话吗?连住在一起、一起打工同事的钱都偷,你说你的行为恶劣吧!

前次到看守所提审,你给我讲了自己的经历。我听了后很感动也很痛心。你会对我讲这些,说明你很信任我,我很感谢你。你说自己年幼时父母就离婚了,三岁被村民收养,养父母、生母、做家教时的男主人都曾经想害你。为了不被迫害,你逃到上海来打工。小小年纪就经历了这么多事情,而且逃到上海后,还能通过自己努力打工的方式养活自己,不容易。人生的苦难经历也是一种财富,是激励自己努力奋斗的财富,但不是用来博取别人同情的,更不能成为偷东西、违法犯罪的理由。

对于你的案子,公安机关、检察院、法院都做了很多工作来挽救你。专门启动了"绿色通道",缩短办案时间,不到两个月时间就开庭。你要知道,一般情况下,你要在看守所关五六个月才能开庭。

做人要学会感恩,不要辜负了大家对你的一片良苦用心。这次因为你还未成年,是初犯,认罪悔罪态度好,从轻处理了,如果再出问题,司法机关不可能再会对你宽容,希望你把握好改正的机会。

和你接触过程中,我发现你是一个很有上进心的人,也很聪明。好日子是通过自己努力而来的,"君子爱财,取之有道",偷东西,偷不出幸福生活。一天是贼,不等于终身是贼,更不能自暴自弃。

你还年轻,以后还要嫁人,养小孩。如果改正了,我相信你未来的丈夫、孩子会原谅你曾经犯下的罪过。为了自己,也为了他们,好好改过,重新做人。

(2011年9月6日下午于上海市长宁区人民法院圆桌审判庭)

第五辑
司法之度：有一种制度是否应当重塑

如何避免养大了再杀

中国现行的少年司法制度或者说未成年人司法制度有没有一个预防功能——对少年犯罪的预防功能？我认为，即便不能说没有，那么也可以说是非常弱的。现行少年司法体系是严格以现行刑法为依据的，少年司法权的启动，少年司法体制的运作，都是以达到刑事责任年龄、符合犯罪构成要件作为起点和标准的。如果有些孩子没有达到刑事责任年龄，或者他的行为还没有严重到构成刑事犯罪程度的时候，我们现行少年司法体系将是无所作为的。让我们对比一下少年司法的起源国——美国，还有少年司法具有中西融合特色的日本，它们的少年司法体系是怎么样的。美国少年司法干预的对象实际上是没有构成刑事犯罪的少年，其中有一个很重要的组成部分是有"身份罪错"（status offense）行为的少年，即有逃学、夜不归宿等不良行为的少年。日本家庭法院所管辖的少年案件范围包括三类：虞犯少年、触法少年和犯罪少年，也就是说它的少年司法所管辖的少年案件范围中实际上构成刑事犯罪的仅仅是非常小的一部分。可见美国和日本少年司法的共同特点是：少年司法的一个很重要的生存空间是提前干预和阻止可能滑向刑事犯罪深渊的不良行为少年这一块。

而我国现行的少年司法体系恰恰在这一点上滞后，曾经有一个发生在黑龙江的恶性的少年案件在网络上炒作得非常厉害，它的基本情况如下：黑龙江有一个13岁的男孩赵某某，对同村的一个14岁的女孩进行强暴后，由于没有达到刑事责任年龄，我们公安机关无可奈何只得把他释放了，但是要叫他进行民事赔偿，大约要求赔九千多块钱，结果这个男孩一怒之下拿着刀冲到这个女孩子家里面去，当着这个女孩的面把她母亲杀害了，而且这个女孩的母亲身中十几刀。我们再看其他的一些案子：四川自贡一个13岁的少年掐死亲生奶奶,因为没有达到刑事责任年龄被释放了,后来上网没钱,又把自己70岁的姨婆给杀害了;南昌一个13岁的男孩把自己的表妹掐死,然后藏到床里面二十几天;有一个12岁半的惯偷,做到了一个犯罪团伙的老大,他底下的这些团伙全抓起来了,就剩他一个人逍遥自在,为什么?因为他没有达到刑事责任年龄。

新浪网曾经针对黑龙江那个案件在网络上设计了一个调查题,提出的问题是,面对那名13岁的少年该不该用重典?共有91177人参加投票,其中95.46%的人主张"应用重典,犯罪情节极其恶劣,不判不足以平民愤"。

我们现在对这类有严重不良行为的孩子可以采取的措施主要有工读教育、收容教养。这些措施都是限制或者剥夺人身自由的措施,我们在没有开庭这种情况下就把这些孩子收容教育或送入工读学校,这与我们宪法所规定的未经法院裁判不得剥夺人身自由以及我国所签字的诸多国际公约相违背,不利于这些孩子基本权利的保护。另一方面,这些措施在预防少年犯罪和保护成人社会免受恶性少年危害中的作用是十分有限的。比如,现在的工读学校出现了普遍的萎缩,很多地方根本就没有工读学校,如何送去工读学校?再比如收容教养的条件是"必要时",那么何为必要?谁来决定必要?谁来判断必要?总之,现行少年司法体系缺乏必要的预防少年犯罪和保护成人社会免受恶性少年危害的功能。

在这样的背景下,一些媒体大肆渲染国家司法体系对一些恶性少年案件的放任,这不可避免地会促使着成人社会对于孩子的传统观念发生微妙的变化。在少年司法体系无法保障成人社会免受恶性少年危害的前提下,我们还会认为孩子是清纯的、无辜的吗?我们还会认为孩子是可塑性的、可爱的吗?我们还会主动对未成年人进行保护吗?我们还能够说服普通公众对实施了危害社会行为的少年进行宽容处理和保持教育的耐心吗?这是我们国家少年司法所面临的一个非常严重的问题——因为成人社会的儿童观是建立少年司法的根基。

严重不良行为少年没有纳入少年司法体系还会造成其他一些负面影响。例如,由于我们缺乏对严重不良行为的管控、教育机制,所以在很多情况下不得不把本来可以不做犯罪处理的少年严重不良行为,硬性提高到犯罪的高度来处理,然后再来采取分流等教育、感化、挽救措施,这就像我在你的脸上刻上字,然后再想办法给你消除掉。这种做法和反应是滞后的,效果很差,是有问题的。

我国现行少年司法体制的"刑事单一化"正在发生改变。目前最高法院正进行一个全国性规划的改革,就是建立少年法院综合庭,凡是涉及未成年人权益保护的案件,都由少年法庭来审理。这项改革是非常正确的,我非常赞同,它将使我国刑事单一化的少年司法体制转向二元化,即未成年人权益保护和刑事犯罪处分的二元化体制。从1984年开始算起,我国少年司法改革的一个基本方向就是加强对未成年人的保护,强调对未成年人的保护,或者说越来越多的法律把一些有触法行为的孩子从刑事司法体系中排除了出去。但是我要提醒大家注意一个问题,孩子的保护是由谁去保护?是由成年人去保护,我们没法去要求成人社会感受到来自孩子的威胁的时候还有信心和决心去保护他,这是一个明显的现实问题。我认为,现在的少年司法体系有一个严重的问题就是如何加强社会防卫功能,但这种加强是"通过保护方式的加强,而不是用重典的方式"。也许这种提法并不是很准确,但可能是一种现实的提法。那么如何提高?我觉得目前一个比较重要的改革措施就是把严重不良行为少年纳入我们少年司法的范围。具体来说是建立三元结构的少年司法体制:第一元是刑事司法处分体制,这一部分主要是处理严重的少年犯罪;第二元是保护处分体制,处理少年的严重不良行为。在保护处分体制下,严重不良行为少年不是罪犯,对他们所采取的措施不是刑罚,而是保护处分,这个孩子的性质定位是严重不良行为少年;第三个体制就是我们现在正在努力建立的权益保障体制,即把一些未成年人保护案件纳入少年司法的干预范围。三元少年司法架构将合理或相对合理地将未成年人保护与社会保护融合到一起,这应当是我国少年司法改革未来的重心与目标。

〔本文系在"未成年人保护与违法犯罪综合预防研讨会"(2006年8月18日,中央综治委预防青少年犯罪领导小组办公室、中国青少年犯罪研究会、英国救助儿童会主办)上的演讲,根据录音整理,部分观点发表于《为了明天——未成年人保护与违法犯罪综合预防研讨会文集》(云南省昆明市盘龙区人民政府、救助儿童会编,中国检察出版社2007年版,第41页)。〕

法治时代的少年司法改革

"尊重法律是第一条重要的法律",这是广为人知的法律格言,也是人类法治发展史经验与教训的结晶。这条法律格言深刻揭示出法治最重要的特征并不在于静态的法律的有无,而在于动态的法律的普遍遵守。在法治建设中必须严格依法办事,这一点在当前更具现实意义。目前我国法治建设中的突出问题并不在于无法律可依,而在于有法不依、执法不严、违法不究。然而,改革创新是大到人类社会,小到一项具体制度发展和永葆青春活力的必假之途。没有创新就没有发展,没有发展必然导致逐步衰亡,包括法治建设在内的任何制度建设都必须不断开拓创新,唯有如此方能不落后于历史发展的滚滚车轮。

开拓创新意味着对条条框框的突破,对旧制度的革新。在法治建设中既要坚持依法办事,又不能不开拓创新,这似乎是一个两难抉择,这一点在少年司法制度的发展进程中更为突出,因为少年司法制度本身就意味着对传统的成人司法模式的突破。在我国少年司法制度诞生与发展以来的实践中,即一直存在如何处理依法办事与开拓创新关系的矛盾。正确对待和处理好依法办事与开拓创新的关系,是一个关系到少年司法制度是发展还是停滞、是存在还是衰亡的重大问题。

少年司法制度近三十年的实践证明:法治建设中的依法办事与开拓创新并非对立的,更非两难抉择,而是辩证统一的关系,建设少年司法制度既要坚持依法办事又要不断开拓创新。机械地依法办事而不开拓创新,少年司法制度永远难以"长大成人"。准确地说,我国目前的少年司法制度尚处于发展的初级阶段,存在诸多弊端与不足。现有的法律体系,总体而言还是按照成人模式构建的,而未成年人固有的特性、少年司法制度的特性、国家应该关爱弱者、保证未成年人健康成长的职责等等,都要求建立独立的少年司法制度,突破成人司法制度的束缚。因此机械地依法办事而不开拓创新,只会扼杀少年司法制度。当然,片面强调开拓创新,而不依法办事,也只会"开拓创乱"破坏社会主义法制,少年司法制度也难以真正发展。

既坚持依法办事又不断开拓创新,并非难以做到的。首先,开拓创新并不意味着就要违背法律的规定。稳定性是法律的基本特征,但是法律并非僵化的,而同样也有一定的弹性和回旋的余地。我们完全可以在坚持依法办事的前提下开拓创新。其次,正确用好法律解释这一工具是有效解决开拓创新与依法办事之间矛盾的有力途径。当然,法律解释也应是有效的解释、规范的解释,即有权机关所做出的合法解释,而不是学理解释,或者普通群众的随意理解。再次,应当在一定范围内允许实践先行先试,同时应注重及时把有益经验用法律的形式固定下来,及时对现有法律进行废、改、立,为开拓创新保驾护航,使开拓创新名正言顺。这一点在我国目前少年司法制度建设中还存在明显不足,主要表现为没有及时把少年司法实践所创造的有益经验用法律的形式固定下来,没有及时对现有法律予以废、改、立。

我国少年司法制度的发展历程,总体而言既坚持了依法办事又不断进行了开拓创新,当然,无须否认也还存在诸多不足。在少年司法制度建设中必须继续坚持依法办事与不断开拓创新的辩证统一,而不能偏废。

(载《青少年犯罪问题》2009年第2期卷首语)

少年司法的改革路径

关于未成年人司法或少年司法的观念发展可以划分为三个阶段：第一阶段的观念认为少年和成年人没有区别，比如我国1984年以前的刑事司法制度；第二阶段的观念认为少年是缩小的成年人，这是我们现在的观念，例如刑法规定对于未成年人犯罪比照成年人从轻或者减轻，就是把少年当成缩小的成年人；第三阶段的观念认为少年是与成年人本质不同的独立个体，体现为少年司法与刑事司法的二元论，这是当前国际少年司法改革的一个基本动向。在未成年人司法或少年司法中，其实是非常排斥刑事两个字的，从浅的层面上来讲，它的重要特点就是从名词上和成人司法制度区分开来，包括一些术语；从深的层次上讲则是观念上的根本性转变。

刑事司法的特征可以概括为八个字：刑罚为本，教罚并重，以刑罚为实现教育之路，它体现的是一种精确处罚，追求的是定罪量刑的准确性，这是刑事司法的典型特征。在刑事政策上很多时候体现为教罚并重，如宽严相济，还有在未成年人案件中的教育为主，惩罚为辅，都是体现教罚并重的思想。而少年司法的基本特征可以概括为另外八个字：福利为本，以教代罚。当一个孩子进入少年司法体制中的时候，我们不应该仅看到其行为的社会危害性，而应该看到让孩子能够健康成长，重新回归社会的需要，注重的是福利的关怀和保护。从这个角度来看，以教代罚，放弃刑罚成为对未成年人越轨行为的一种宽容。14周岁这个刑事责任年龄的设置就是典型的以教代罚。

那么，如何实现福利为本，以教代罚呢？首先，要改革我们当前对少年犯罪要么给予刑事处罚，要么只能放任的现状，构建中间处理措施。其次,要对少年犯罪予以早期干预,这是少年司法真正意义上的生存空间。如果不把早期干预机制完善起来,不把少年的准犯罪行为的处置体制完善起来,那么我们的少年司法就不能成为真正意义上的少年司法。再次,应该建立一种机制,使得刑罚的运用真正意义上成为一种预防。比如像德国的少年法庭,有三种方法:警戒处分、教育处分、最后才是少年刑罚,真正动用刑罚的案例很少。美国的少年法庭也没有权力判处真正意义上的刑罚,如果要判处刑罚必须要转到刑事法院去,由刑事法院判,这就是典型的以教代罚。最后,如何来实现福利为本,以教代罚,所有的这些措施都是以少年法院为中心的。在很多国家,少年法庭都有很重要的权力叫先议权,即案件发现之后先送到少年法庭,看看有没有保护措施,如果无法或无必要采取保护措施,才送给检察官,再按照刑事司法程序起诉,这是保护主义优先的一种贯彻。

从中国少年司法制度的改革与完善来讲,第一,要坚持实践先行,分步立法。美国、日本等国家都是先成立少年法庭,然后再成立少年法院,最后完善少年司法体系的。我国也要坚持实践先行,并促使刑法或刑事诉讼法能够独立出章节来规定少年司法。第二,中国少年司法的改革思路应该是借鸡下蛋、逐步改造。把现在的未成年人案件检察机构或者少年法庭逐步改造为以福利为本的机构,如把涉少民事、行政检察监督职能归入未成年人案件检察机构的职能范围,把工读教育、劳动教养等措施收归少年法庭管辖。第三,中国少年司法改革的未来存在分久必合、合久必分的趋势。现在的少年司法改革是公检法三家各自为政,尽管中央综治委试图牵头,但是效果不显著,甚至资源都不能整合,但是发展到一定阶段应该会有一个共同的体制。然而,从事物的发展规律来看,最终还是会各司其职的。第四,中国的少年司法改革应遵循多移植少创新的原则,应当尽可能把国外成熟的做法直接移植过来,不要进行一些不讲规律的随意"创新"。

〔本文系 2011 年 4 月 21 日上午在"未成年人刑事司法改革研讨会"(上海市检察院、北师大刑事法律科学研究院主办)上的演讲摘要,载《国家检察官学院学报》2011 年第 4 期。〕

刑事和解：少年司法的第三条道路

一、1984年以来的中国少年司法

自1984年11月上海市长宁区人民法院建立第一个少年法庭以来，我国少年司法改革大体上都是以触法少年为中心的。具体而言是以触法少年危害社会的行为为基础，在主要以成人为假设对象所建构的法律框架下，艰难地试图照顾触法少年的特性和福利保护的需要。这是一种既试图维持报应型少年司法模式，同时又逐步吸收福利型少年司法保护主义理念的调和主义路径。这样一种少年司法发展模式，仍然没有摆脱福利或报应这两种少年司法发展的传统路径。

在这样的少年司法改革思路下，少年触法事件的利益相关者被抽象为罪错少年和社会两方，被害人、社区、国家等主体的利益被归属于社会一方。少年司法机构——尤其是独立设置的少年司法机构，被赋予了少年利益维护者的角色（体现为奉行"教育、感化、挽救"方针），同时亦被要求作为社会利益的保护者和代表者（体现为坚持"教育为主，惩罚为辅"的原则）。

理论界将少年司法运作的这一核心特征概括为遵循实现少年保护与社会保护相统一的"双保护"原则，有的还根据少年司法改革的趋势或者作为一种理想的图景，将之发展为"儿童最大利益原则"[1]、"双向保护，少年优先原则"[2]。尽管在少年司法实践中，对被害人、社区的补偿、道歉、

---

[1] 姚建龙著：《少年刑法与刑法变革》，中国人民公安大学出版社2005年版，第58—60页。
[2] 上海市高级人民法院2005年重点调研课题成果：《上海未成年人犯罪状况与少年审判工作研究》。

服务等恢复犯罪创伤的表现一般也会对触法少年的最终处理产生影响，但是被害人及与犯罪事件密切相关的社区始终没有成为少年司法独立的一方，也长期没有成为少年司法改革中的一个独立问题。

因此，总的看来，在中国少年司法20余年的改革过程中，对触法少年的"教育、感化和挽救"与保护日益成为一个努力追求的具体目标，但是社会利益的保护则大体上停留在一个模糊而又抽象的概念上。并且，基于现行的少年司法制度设计，根据触法少年危害社会行为的大小和人身危险性的大小给予相应的处罚（尤其是监禁性的、较重的处罚），在一般情况下即被认为是维护社会利益，或者侧重维护社会利益的表现，往往并不深思这样的处理是否真的符合具体被害人、具体社区的利益诉求；而以宽缓的方式①处理少年触法事件，通常也被视为维护或者侧重维护了少年的利益，同样大都难以兼顾这样的宽容是否真的有利于少年的矫正和健康成长。

二、刑事和解的兴起

这种少年司法发展模式的缺漏逐步暴露了出来。例如社会保护过于抽象化，忽视了被害人、社区遭受犯罪侵害后的现实需求，忽视了触法少年与被害人关系的修复以及为其危害社会的行为承担积极的责任形式（并非消极的惩罚）对于少年矫正和健康成长的意义，等等。

也正因为如此，刑事和解这样一种吸收西方恢复性司法改革精神同时又不失中国传统司法特色、且容易被接受的改革，正在成为中国少年司法改革中一个新的动向。

刑事和解理念的引入，将抽象的社会利益保护具体化、现实化。首先是对被害人的心理和物质补偿、社区安宁的恢复，也将实现社会利益保护的方式和评价标准按照被害人、社区的实际需求予以了具体化。同时，也为进一步抵制原始的报复性正义观念，革除报应型少年司法的弊端，进一步超越少年的"危害行为"，根据有益于其教育、感化和挽救的需要采取更加宽缓、人道的措施减少了风险、赋予了更加合理的"外衣"。

刑事和解所描绘出的远景，对于当代中国的少年司法改革的确太富

---

① 主要表现为避免少年进入正式司法体系或尽早脱离正式司法体系的"分流"措施，或给予较轻的处罚尤其是非监禁性的处罚等。

吸引力了：它与中国传统的"和合"哲学和中庸的民族性契合，有调解、社区矫正、综合治理等实践基础，附和"和谐社会"、"宽严相济"等流行政治话语，有助于针对性地减少被害人上访等治安"顽症"，还有着恢复社区安宁、节约司法成本、减少犯罪等诸多美好的制度预期。因此，我们并不难理解这样一种探索，将会有着怎样的发展前景。

三、质疑、辨析与发展建议

从普通公众的视角来看，对刑事和解的担心和质疑主要体现在两个方面：一是对司法腐败的担心，例如网民的典型批评是："这只是变相贪钱而已"、"就检察院、法院这些个歪嘴和尚迟早要把'私下和解'给弄成拿钱买刑"。我曾经与经济落后地区检察官谈论刑事和解，他们对此类案件所蕴含的富有"油水"且低风险腐败的可能性也做了深刻地揭示。二是对有罪必罚的传统正义观念的冲击。例如，一些网民对刑事和解这样评价："就是用钱买刑"、"这证明是不是只要有钱，就可以杀人取乐。反正赔得起"。但是，相对刑事和解探索的诱惑而言，这些担心和质疑显然并不足以阻止刑事和解制度在中国的实践和发展。

在我看来，刑事和解的探索正在把实践中的"潜规则"和人之常情①，从幕后推向台前，转化为明规则和规范化的操作，转化为一种触法少年都有可能平等获得的机会。这并非容易滋生腐败，相反有助于我国少年司法制度的进一步规范化和防止司法腐败；这并非加剧了法律适用的不平等，而是提高了法律适用的平等度。在有着悠久"恤幼"传统的中国，基于对未成年人特别宽容的文化土壤，恢复性司法与刑事和解精神的实践与提倡，也将对公众根深蒂固的报应主义观念起到积极的革新作用。

我国目前正处于社会转型时期，流动人口犯罪日趋严重，在许多地方外来少年违法犯罪的比例均已经超过了本地少年。由于这些少年往往缺乏较好的监护条件，因此大大提高了刑事和解适用的风险，这成为阻碍和解型少年司法广泛、平等适用的重大障碍。从目前刑事和解的实践以及

---

① 在实际办案过程中，犯罪人积极退赃、赔偿被害人、向被害人诚恳道歉寻求谅解等表现，一般也会被认定为认罪、悔罪表现，即便是在恢复性司法探索以前，也大都会对案件的处理产生有利于犯罪人的影响。只不过这样的规则虽然在相关法律法规中有所体现，但在实际操作上大体还是停留在"潜规则"和人之常情阶段，因此而容易滋生"不正之风"或者被误解为司法腐败的表现。

最高人民法院、最高人民检察院指导少年司法的司法解释来看,几乎无一例外地要求将良好的监护条件作为适用刑事和解的前提。这实际上剥夺了大部分触法少年进入刑事和解的可能性,其实际的不平等性是显而易见的,也大大限制了和解型少年司法积极作用的发挥。在今后的实践中,应当致力于为缺乏良好监护条件的触法少年建立一种替代监护体系,保证这些少年也能平等享有和解型少年司法的政策优惠,而不应以风险过高为名,机械地把他们排除在外。目前,上海采用青少年社工、"合适成年人"等具有"代理家长"性质的做法,是十分有益的探索,值得深入总结、广泛推广。

西方国家所推行的恢复性少年司法都十分重视社区的作用,甚至强烈依赖社区的支持,也特别注重对犯罪所侵害的社区安宁的恢复。这种高度重视社区的角色和利益是西方国家恢复性少年司法的重要成果经验,也与西方国家的社区发育较为成熟密切相关。正处于社会转型时期的中国,传统单位社会正在逐步瓦解,单位人逐步回归社会人、回归社区。但是与此同时,社区的发育还普遍很不成熟。大部分"社区"虽然有着一定地域的人口、相对稳定的地理空间等社区必备的形式要素,但却缺乏居民对社区的心理归属感、文化认同感、居民相互之间的互动与社区公共意识。这种发育不成熟的社区往往难以成为和解型少年司法的积极介入者和支持者,这将成为恢复性少年司法在我国深入推广的重大障碍。

必须认识到,社区的发育成熟难以在短期内完成,因此我国在探索恢复性少年司法时,应当对社区的角色与作用有着符合中国国情的定位,而不能照搬西方恢复性少年司法的经验与模式。我的建议是,在加快社区建设的同时,发掘中国的本土资源和社区司法的特点,重点发挥和整合我国丰富的青少年保护资源(如团组织、妇联儿童保护组织、关工委等),让它们替代社区的角色。

我国目前的贫富分化正在逐步加剧,触法少年及其家庭修复犯罪创伤的能力千差万别。对于以主观主义司法和个别化司法为特色的和解型少年司法而言,这可能带来同样罪责但却不同法律后果的不平等现象,也容易给公众形成"以钱赎刑"的不良印象,进而阻碍和解型少年司法的深入开展。为了解决这一难题,可以尝试建立犯罪人援助制度、按揭式补偿等新的补偿被害人、恢复犯罪创伤的方式,也应进一步发展社区公益服务等可以弥补修复犯罪创伤能力不一致缺陷的补偿方式。

目前的探索还有一个特点：将刑事和解作为一种将触法少年分流出正式司法体系或者采取非监禁化、轻刑化处遇的途径。如果做这样的定位，那么和解型少年司法的适用范围将会受到极大的限制，它将仅能适用于十分有限的案件。这只是应用了和解型司法的"形"，而未吸收运用其"神"。刑事和解不仅可以运用于轻微违法犯罪案件，还可以运用于严重犯罪案件。追求犯罪创伤的完全"和解"是理想的，但部分和解亦是值得追求的，和解并不意味着对恶性犯罪人给予惩罚的绝对排斥。此外，刑事和解还应当广泛运用于少年司法流程的全过程，包括侦查、起诉、审判、执行等各个环节。

目前实践中的探索较为注重将"恢复性司法"、"刑事和解"这些"时髦"的术语与已经有的做法相结合，这是值得深思的。刑事和解不应仅仅起到为现行、已有制度做进一步合理化的作用，更应当成为一种重要的少年司法政策，一种重新审视我国目前少年司法制度建设的宏观政策与理念。

我认为，未成年人刑事案件和解制度的探索，不同于以前少年司法领域的改革，它将引领中国的少年司法制度跳出福利与报应的窠臼，走出少年司法发展的第三条道路。

（本文系 2007 年 4 月 17 日在上海市人民检察院、上海市法学会未成年人法研究会主办的"未成年人案件刑事和解制度理论研讨会"上的演讲。）

少年司法的胸怀

各国少年司法有一些共性的东西：都是以少年审判机构为核心，都以罪错少年的矫治为核心，都是国家、社会对少年罪错的正式反应，核心的理念都是把孩子当孩子看。另一个共性是：司法的被动性、消极性从来都是针对成人司法的，而少年司法从来都是积极的、主动的、非中立的，少年法官从来都是充满爱心和耐心的，可以说少年司法是能动司法的典范。

最近一些年，少年审判系统很多法官都在讨论少年司法制度发展所面临的困境。对这个问题应当如何看待？我认为可以打一个比方，中国少年司法制度是一个怀了"26 年"的胎儿，虽然还没有生出来，孕育的时间的确有些久了，但是总的来看发育得很好，要使他发育、成长得更好，不必拔苗助长急于让他生出来。

对于少年司法制度的未来发展提三点建议：一是优化少年司法机构形式，建立多元发展的少年审判机构体系。当前，尤其是要加强省级法院独立机构建设。二是苦练内功。少年法庭实践中的很多机制都是差异明显，很不完备。"创新越来越难"的观点值得商榷。有些省市，例如河南法院在全省范围内出台了规范化建设的若干措施，这样的做法很好，从一个层面上加以提炼，对于推动立法具有积极作用。三是少年犯罪是社会病，少年司法工作是在为社会治疗疾病。我们每一个人应当有这样的胸怀和社会责任。

（本文系 2010 年 7 月 22 日在中国审判理论研究会少年审判专业委员会成立大会暨首届全国少年审判论坛上的点评摘要，根据记录整理，感谢河南省高院刑一庭韩轩副庭长提供。）

对未成年人权益的细微关怀
——谈涉罪未成年人心理矫护体系

长宁区检察院首创的未成年罪犯心理矫护体系,具有里程碑式的意义。这个体系的建立意味着心理学的专业资源在司法制度内的有效全方位融合。之前也有过一些零星尝试,但缺乏体系。而在这里,一个未成年犯罪嫌疑人的心理信息,就像病历卡,在整个司法过程中为每一个环节都提供了宝贵的参照,也最大限度减少了重复调查的资源浪费情况。

同时,在体系的完善过程中,也不断提高心理学与司法结合的科学性。这套体系所体现的司法改革精神是对未成年人身心权利的细微关怀。只有通过这些切实的举措才能真正做到对未成年犯罪嫌疑人的感化,并对这一特殊群体产生影响,尽可能杜绝他们的再犯罪。

虽然该体系的运作范围还仅仅局限于未成年人刑事案件中,但它的意义在于,作为实践样本,它为今后在整个司法体系当中扩大心理学知识的相关运用奠定基础。司法改革,成功的往往是从下而上的推进,正是这些体现社会主义司法理念的基层制度载体,在司法体制创新中有其不可磨灭的作用和地位。

然而,刚刚处于起步阶段的矫护体系仍有其亟待改进之处。比如,是否能把体系运作的起点再前移到公安侦查阶段呢?此外,我国少年司法制度尚未完善,尤其是在侦查环节显然还是薄弱区域。还有,整个矫护制度的科学性还有较大的提高空间。令人欣喜的是,长宁区的相关部门已经着手共同尝试这项探索,共同建立了矫护体系。

(原载《法制日报》2010 年 2 月 25 日)

未成年人维权与检察机关的使命

未成年人,作为成人社会主宰下的弱势群体,既是明日之成人,与国家、民族乃至整个人类社会的未来密切相关,同时其权益也最容易遭受外部力量尤其是成人社会的漠视与侵犯。联合国秘书长安南在《世界儿童状况2000年》中满怀深情地说道:"人类最神圣的信念是世界对儿童的信念,人类最重要的义务是确保儿童的权利受到尊重,儿童的福利得到保护。"自19世纪以来,未成年人权益保护始终是国际人权保障运动中最引人注目的领域,各国无不把儿童权利保护作为该国人权保障领域的重心。迄今为止,《儿童权利公约》依然是为世界各国最广泛认同,签字国最多的国际公约,充分表明了各国高度重视未成年人权益保护的共同理念。我国有着悠久的恤幼传统,这种优良传统为新中国所承续,并赋予了新的内涵。中华人民共和国成立后,高度重视未成年人权益保护工作,未成年人权益保障水平不断提高。从1987年上海市制定全国第一个专门的未成年人保护法规——《青少年保护条例》,到1991年《未成年人保护法》的颁布,再到2004年新宪法明确规定"国家尊重和保障人权",三十余年来,未成年人权益保护工作取得了重大进展。

有违法犯罪行为以及遭受非法侵害的未成年人,是未成年人权利保护工作中最需要给予关注的群体。这不仅仅是因为这些未成年人中特殊群体权益保护的艰巨性,也因为他们时刻警告成人社会,如果漠视未成年人权益保护将会带来什么样的恶果。随着未成年人观念的逐渐确立,自19世纪末以来,各国均致力于建立一套不同于成人的独立法律制度——少年司法制度,以专门保护和挽救那些与法律发生冲突或者遭受非法侵害的未成年人。尽管百余年来关于少年司法制度的争论从来就没有停止过,但在今天,把少年司法制度建设水平作为衡量一国法治文明程度、人权保护状况重要标志已经成为国际社会的共识。

美国著名法学家庞德曾经把少年司法制度称为"英国大宪章以来,司法史上最伟大的发明。"我国最高人民法院副院长祝铭山曾经这样评价少年司法制度:"少年司法制度是国家整个司法制度中不可缺少的有机组成部分,占有特殊的地位;少年司法制度是人类文明进步的标志之一,从一定意义上讲,是衡量一个国家司法制度发展水平的标准之一。"联合国第六届预防犯罪大会则将少年司法制度誉为现代法律制度的"王冠",1998年联合国经济及社会理事会制定的《联合国预防犯罪和刑事司法标准和规范》又再次"重申少年司法仍应为国际预防犯罪中心工作的高度优先事项之一。"少年司法制度赢得如此高的赞誉和强调并不奇怪,因为它体现和追求的是对人权细微关怀的基本理念。

未成年人检察制度无疑是少年司法制度中的重要组成部分,如果把1986年上海市长宁区人民检察院建立全国第一个未成年人检察专门机构"少年刑事案件起诉组",视为我国未成年人检察制度的起点,那么从"生理年龄"上说,中国的未成年人检察制度则刚刚"长大成人"。二十余年来,未成年人检察制度从无到有,从稚嫩趋向成熟,不仅仅推动了检察制度乃至整个司法制度的发展,更重要的是大大提升了我国未成年人保护水平,推动了我国人权保障事业的发展。

检察机关在未成年人维权工作中有着十分突出和重要的地位,就未成年人司法保护工作而言,它前承警察维权后启法院维权,在整个未成年人司法保护工作中起着中心和纽带作用。从某种程度上说,未成年人检察工作的好坏决定了未成年人司法保护工作的成败,而未成年人司法保护工作又在未成年人保护工作中居于保障性的地位。可喜的是,在未成年人警察制度和审判制度面临各种困境,呈现萎缩态势的情况下,近些年来未成年人检察工作仍然保持了一种蓬勃发展的态势。尤其是1998年以来全国性的创建优秀"青少年维权岗"活动的启动,全国检察机关在未成年人维权工作中进行了诸多新的探索,创造了许多新的经验。与此同时,我们也应该看到,当前未成年人检察维权工作也面临着诸多困难与挑战,例如如何处理"儿童最大利益原则"与社会保护的关系,如何有效、深入开展未成年人维权工作而又不妨碍检察机关基本职责的履行,等等。从理论研究的高度总结检察维权工作经验,理性思考和探索所面临的困难与挑战,是当前未成年人检察维权工作中迫切需要解决的课题。

（原载张利兆主编:《检察视野中的未成年人维权》,中国检察出版社2004年版前言）

理解未成年人检察制度

作为少年司法制度的重要组成部分,我国未成年人检察制度远远还没有完善到只需墨守成规的时候,当前,必须加快未成年人检察制度的探索与改革。可喜的是,最高人民检察院在《关于进一步深化检察改革的三年实施意见》(2005年9月)中规定"在检察机关实行未成年人犯罪案件专人负责制,有条件的地方逐步设立办理未成年人犯罪案件工作机构",对未成年人检察改革作出了重要的规划。

任何一次人类社会的进步,本身就是一次"越轨"。越轨肯定有风险,有风险才有价值,两者之间是成正比的。回首我国二十余年的少年司法改革,可以发现两个特点:一个是实践先行——实践先行后才有法律和制度的改变,另一个是地方先行——地方先行之后才有自上而下的改革。探索不外乎有两种方式,一种是良性探索,另一种是恶性探索。必须肯定的是,20余年来我国在少年司法领域所进行的绝大多数改革都是良性探索。

然而,最近一些年来,少年司法改革中出现了一种主要基于"西方法治"话语的左倾、机械法治主义倾向,例如暂缓起诉叫停、社会服务令叫停、要求降低刑事责任年龄、指责少年司法太宽容放纵犯罪等等。未成年人检察制度的发展应当警惕"右",但主要是防止"左"。仅仅从"合法"、"正义"的角度机械地理解少年司法改革,是片面的,是一种"机械的、左倾法治主义"。目前,我国未成年人检察制度和少年司法制度所面临的最核心的问题是突破以理性的成人为假设对象所制定的规则的束缚,突破报应主义和重刑主义的传统,走向宽容和教育刑主义。我国的少年司法制度所面临的问题并不是对未成年人违法犯罪太过宽容,而是太过严厉;不是制度完善得只需墨守成规,而是应当不断地探索和创新。

1986年上海市长宁区人民检察院所建立的我国第一个"少年案件起诉组"是我国未成年人检察建设的起点,在我国未成年人检察制度建设史上具有标志性的意义,也有力地证明机构改革先行是促进未成年人检察制度发展和完善的可行路径和成功经验。重视和理解未成年人检察机构的探索,对于未成年人检察制度,少年司法制度,乃至整个司法制度的完善都有着深远的意义。不过需要指出的是,机构改革一般较为敏感、很难,也容易被误解。因此,往往需要借助程序进步的积极效应来推动未成年人检察专门机构的建立,这是一种更为现实和可行的路径,也是成功的经验。尽管20年来未成年人检察程序有很大改善,但总的看来,仍与成人刑事司法程序大同小异,仍是一种僵硬的程序。未成年人检察程序改革的宏观方向是应当"弯下身"来与孩子对话,走向弹性化与儿童化。

在未成年人检察制度中,未成年人检察机构和检察官应当淡化其追诉犯罪的"国家公诉人"身份,而应突出其"国家监护人"的身份,突出其作为触法未成年人以及其他风险未成年人的保护者、教育者的角色。再精美的未检程序,也要未检机构和检察官去执行。在实践中,触法少年往往不是被我们的少年刑事司法制度所感化,而是被我们具体的检察官所折服。司法往往意味着中立和冷漠,但是少年司法应当将情感融入其中,未成年人检察机构和检察官的角色不能等同于普通检察机构和检察官。淡化"国家公诉人"身份,突出"国家监护人"的身份,并不是淡化检察机关的职能,而是完善了其职能。

目前,"未成年人刑事检察制度"的提法和定位,不能适应未成年人检察制度完善和发展的需要。这不仅仅是基于避免"标签效应",淡化少年司法的惩罚色彩和报应色彩的考虑,还是革除我国少年司法制度刑事单一化弊端的要求。尽管革除少年司法刑事单一化的弊端并不意味着全面扩充少年司法的干预圈,但少年司法干预范围适当扩充的趋势已经成为我国少年司法改革的趋势。我国目前一些省市的未成年人刑事检察科(处)的名称宜改为少年检察科(处),或者未成年人检察科(处),这不仅仅是基于科学性的考虑,亦可为未成年人检察制度的发展预留必要的空间。

必须承认,我国未成年人检察制度的发展总体上落后于未成年人审判制度的发展。回顾未成年人检察制度20年的发展历程,可以发现它基本上遵循了审判促动下发展的路径。当然,检察和法院的互动是很好的,但是未成年人检察制度在少年司法一条龙体系中居于前承未成年人警察制度、后启未成年人审判制度的"脊梁骨"地位,有着广泛的发展空间和更高的角色期待。当前,未成年人刑事检察制度应当适应我国少年司法改革的需要,向内涵更为广泛的未成年人检察制度发展,在未成年人保护中扮演更为积极的角色。

〔本文系在"上海市纪念未成年人刑事案件检察制度创建20周年大会"(2006年11月8日)上的演讲,原载《青少年犯罪问题》2007年第2期,感谢研究生尤丽娜对本文整理所做出的贡献。〕

未成年人检察改革的进展与期待

1986年6月,上海市长宁区人民检察院在起诉科内设立了一个特殊的小组——"少年起诉组",这是我国检察机关第一个专门办理未成年人刑事案件的办案小组,也是我国未成年人检察制度之滥觞。在我看来,二十余年来,未成年人检察改革逐步成为检察改革乃至司法改革中成绩斐然的领域,取得了显著的进展:

一是未检专门机构从无到有,从依附到日益独立,呈现星火燎原之势。经过二十余年的发展,独立的未检机构至少已经在上海、江苏、浙江、河南、黑龙江、贵州、广东、天津、湖北、安徽、陕西、河北等十余个省市设置,而以办案组、指定专人办理等半独立形式的未检机构则更加广泛地被采用。2009年,上海市人民检察院及第一分院、第二分院均设置了专门的未检处,成功实现了三级未检专门机构的协调设置,将我国未检机构建设又向前推进了一大步。

二是初步形成了"捕诉防一体化"的未检基本模式,并开始出现向"未检一体化"模式发展的趋势。"捕诉防一体化"模式的特点是,未检机构集未成年人刑事案件的批捕、起诉以及未成年人犯罪的预防职能为一体,而"未检一体化"的特点则是进一步将未成年人民事、行政检察、监所检察、被害人为未成年人的刑事案件等纳入未检机构的职能范围。

三是特殊检察制度创新不断、引人注目,未成年人检察制度日益从成人检察制度中分离出来,初步形成了适合未成年人特点的未检办案规则。这些特殊检察制度包括社会调查制度、心理矫护制度(心理测试制度)、非羁押措施可行性评估制度、刑事和解制度、法律援助制度、合适成年人参与制度、分案审理制度、亲情感化制度、诉前考察制度、观护制度、法庭教育制度、量刑建议制度、简案快审制度、刑事污点限制公开（前科消灭）制度、以未成年人保护为核心的诉讼监督制度等。

四是立足检察职能，放大办案效果，初步形成了检察机关参与未成年人犯罪预防及未成年人权益保护的社会化格局。通过未成年人检察这一制度载体，检察机关已经成为我国未成年人犯罪综合治理及未成年人权益保护多部门合作机制中的重要组成部分。

五是保护未成年人的自然情感在检察制度中逐步得以具体化，未检司法理念日趋成熟。上海市检察机关曾经将未检司法理念总结为四点："少年优先，平等保护"的价值理念；"非监禁化，非刑罚化"的处置理念；"权利保障，寓教于审"的程序理念；"全面调查，从速简约"的审查理念。这些未检司法理念的共同特点是，确保"儿童最大利益原则"在检察制度中得以切实贯彻，体现了对未成年人权益的细微关怀和未成年人身心特点的尊重。

尽管如此，我们仍应当注意到，作为未成年人司法制度重要组成部分的未成年人检察制度的发展相对而言仍较为滞后，目前未检改革基本上还停留在自下而上的阶段。除上海市外，在大部分省市未成年人检察总体上还只是被视为创建优秀青少年维权岗的一项"活动"，而不是检察制度建设的重要组成部分，无论是未检机构建设、未检办案程序、未检特殊办案制度等均有待进一步规范和发展。

从检察机关在未成年人司法体制中的角色来看，它前承公安维权、后启法院维权，同时对公安机关具有侦查监督权，对法院有审判监督权，在理论上居于未成年人司法之"脊梁骨"的地位，未成年人检察制度的完善对于我国未成年人司法制度的完善有着重要的意义。从这个角度来看，目前未检制度的发展现状仍是值得反思的。此外，由于未成年人检察改革易于引起社会关注，也因此容易出现"形式"重于"实质"的风险。今后未检改革应进一步坚持依法、理性、"儿童中心主义"的原则，避免未检改革的异化，尽快推动独立未检制度的建立，让未成年人真正成为改革的受益者。

（本文系应《检察日报》之约为"中国司法改革报告·检察篇（十三）"所作评论，载《检察日报》2010年3月4日）

一体化是未成年人检察改革的基本方向

根据传统的检察理论,未成年人主要是以"犯罪嫌疑人"的角色走进检察视野中的,而检察机关则主要是犯罪的追诉机关。在这样一种传统观念中,检察机关往往看到的只是需要追诉的"犯罪嫌疑人",而不是需要教育、感化和挽救的"未成年人"。"未成年人"被当作了"小大人",其特殊性难以——也没有必要得到检察机关的应有尊重。

随着未成年人保护观念的进步,特别是《未成年人保护法》、《预防未成年人犯罪法》的颁布,我国少年司法制度建设日益受到重视。检察机关这样一种只见"犯罪嫌疑人"不见"未成年人"的狭隘视角,日益显得不合时宜。

1986年,上海市长宁区人民检察院建立了我国第一个少年起诉组,率先将"未成年人"案件办理作为检察机关一个"专门"的职能来对待,这是我国未成年人检察制度创设的开始。经过近二十五年的发展,全国检察机关中已有超过40%的公诉部门内设了专门的小组或者指定专人办理未成年人犯罪案件,有的省市还建立了独立建制的未成年人(少年)检察科(处)。但一个必须正视的现实是,迄今为止未成年人检察还远没有能够发展成为检察制度中的一个独立组成部分。总的来看,除了上海等少数省市外,我国未成年人检察制度尚处于发展的初级阶段。

与此形成鲜明对比的是,少年审判一直居于引领我国少年司法制度发展的地位,并逐步在法院工作中获得了较为独立的地位,最高人民法院已经主持召开了五次全国少年审判工作会议。截至2006年2月,全国有2219个少年法庭,7018名少年法官,基本上做到了所有的未成年人刑事案件均由少年法庭审理。2006年下半年,最高法院还统一部署在全国试点独立建制未成年人案件综合审判庭工作,将未成年人刑事案件和民事、行政案件统归少年法庭受理。这一试点改革大大提升了人民法院在未成年人保护工作中的地位,也提升了少年审判工作和少年法庭在法院体系中的地位,同时也强化了少年审判制度的独立性。

与国外司法制度不同的是,我国检察机关具有作为法律监督机关的宪法地位,而并非单纯的国家公诉机关。其在少年司法体系中居于前承公安,后启法院的脊梁骨地位,在少年司法制度建设与未成年人司法保护中可以发挥更加积极的作用。这样的脊梁骨作用之所以没有体现出来,既有制度设计的因素,更有观念上的偏见。需要清醒认识到的是,在面对未成年人,尤其是那些处于困境状态(包括犯罪、权益受到侵害两大基本类型)的未成年人时,检察机关应当凸显其"国家监护人"的角色,履行国家监护职责,积极且充分地发挥检察职能,去保护他们、挽救他们,而不应单纯地体现为犯罪追诉者或者消极法律监督者的角色。

完成这样的角色转变,需要制度的保障。近二十五年来,未成年人检察制度发展的最大障碍是传统检察职能的配置将未成年人保护职能肢解到了不同的内设职能机构中。例如当一个涉嫌犯罪的未成年人进入检察视野后,将分别得到侦查监督、公诉、监所检察等部门的分别"关照",但在任何一个部门中,涉罪未成年人都不是主角,其所享受到的待遇是按照理性的成年人为假设对象而设计的制度模式,"未成年人"的特殊性并没有(也难以)受到应有的尊重。这样的制度设计显然不利于发挥检察机关在未成年人司法保护中的优势,也不利于未成年人权益的保护。

未成年人保护应当成为检察机关的一项独立、基本的职能之一,而改革的基本方向是实现"未成年人检察一体化"(简称"未检一体化")。未检一体化的目标是"提升专业能力,集聚资源优势;形成挽救合力,填补保护真空"。具体来说,未检一体化的核心内涵应包括以下三个方面:

一是未检机构职能一体化。即参考法院少年综合审判改革的经验,打破检察机关内设机构分割办理未成年人案件的壁垒,至少将以下五大基本职能统归未检机构:(1)未成年人刑事案件的批捕、起诉职能;(2)未成年人监所检察与社区矫正监督职能;(3)未成年人犯罪预防职能;(4)被害人为未成年人的刑事案件办理职能;(5)未成年人民事行政检察职能。

二是未成年人司法一体化。即充分发挥法律监督职能,积极推动公安机关落实未成年人案件专办机制,促进公、检、法、司均提高专业化素能,实现未成年人司法保护的无缝衔接。不久前,中央综治委预防青少年违法犯罪工作领导小组、最高人民法院、最高人民检察院等六部委颁布了《关于进一步建立和完善办理未成年人刑事案件配套工作体系的若干意见》。检察机关应当充分发挥法律监督职能,积极推动未成年人司法一体化的建立和完善。

三是社会支持一体化。即集聚国家力量(民政、教育、文化、工商、妇联、共青团等)和社会力量(专业社工、志愿者、非政府组织、企业、社区等),将较难为检察职能所容纳,但又为挽救失足未成年人及保护未成年人权益所必需的工作,交给社会支持体系去承担。

回顾未检制度近二十五年的发展,并参考少年审判改革的经验,我们认为推动未检一体化的关键是应首先在检察机关内部打破由不同职能部门分割办理未成年人案件的格局,实现未检机构职能的一体化。在此基础上可以发挥检察机关的优势,进一步促进未成年人司法一体化及社会支持一体化的建立和健全。

在我国检察机关现行的内部评价机制下,未检一体化意味着未成年人检察机构的独立设置具备了必要性和可行性,可以有效改变未成年人检察依附于成人检察的状况并获得相对独立的地位,更意味着未成年人保护力量中将增设一支专业化、高素质和稳定的检察官队伍。这既是检察制度的一大发展进步,更是我国未成年人保护事业之大幸。

[本文主要观点曾作为"未成年人权益保护"专题研讨会(北京—2010年10月)上主题演讲的基本内容,主要内容以同一标题刊于《检察日报》2010年11月1日。]

救助未成年被害人的新机制

【按语】近年来,江苏省如皋市人民检察院所开展的司法救助工作引人注目,尤其在未成年被害人救助领域进行了卓有成效的探索。近日,如皋检察院将其在检察环节开展司法救助的成功案例编成实录,包括对特困刑事被害人的救助、特困上访人的司法救助、特困未成年被害人的救助、罪犯未成年子女的救助四个方面,并盛邀我做若干评语,难以却托,匆草几点认识如下:

尽管刑事被害人救助已经引起了国家的高度重视,中央政法委、最高人民法院、最高人民检察院等单位均制定了有关刑事被害人救助的指导性文件,但是就未成年被害人(尤其是其中的特困群体)而言,如何对其开展司法救助还没有形成成熟的经验。

近年来如皋市检察院在未成年被害人司法救助领域取得了引人注目的成果,形成了自己的特色。我认为以下经验和做法值得赞赏和推广:

一是建章立制,将未成年被害人救助作为高度优先事项。如皋市检察院与华东政法大学青少年犯罪研究所联手,建立了江苏首家青少年犯罪研究基地,并先后制定了《检察环节对未成年被害人实施特殊司法程序保护的实施意见》、《未成年被害人司法救助实施意见》等文件,初步建立了未成年人司法救助体制,未成年人司法救助工作思路和特色方法初步成型。这种将未成年被害人救助单独建章立制的做法,是对我国未成年人保护法所规定的特殊、优先保护原则的贯彻,值得肯定。

二是注重被害人的真正需求,追求全面修复的实质正义,契合了现代恢复性司法的精神。如皋市检察院对特困未成年被害人的救助采取了修复身心创伤、避免"二次伤害"、实施"特殊、优先、全面"保护的路径,这样一种"经济救助+心灵抚慰与善后安置"的"1+2"式的司法救助模式,充分考虑到了特困未成年被害人作为"弱者中的弱者"的生理心理特征和需求,司法机关并不是以"施恩者"的角色出现,这体现了被害人本位主义,契合了现代恢复性司法的理念。

三是通过对未成年被害人的司法救助,将司法关怀传达给弱势群体,是对"三项重点工作"的深入贯彻。我注意到,如皋市检察院所倡导的"1+2"式的司法救助模式所体现的并非"花钱买平安"简单维稳思路,而是从预防的角度出发,将潜在的社会矛盾消除于未发状态,是社会管理创新的重要体现。同时,这一模式将司法关怀的温情传达给了社会最弱势的群体,让公众通过检察机关救助未成年被害人这一具体生动的做法,感受到了司法的实质公正。其实践效果显著并不会让人感到意外。

少年司法常常发挥了引领刑事司法进步的先驱者作用,从这个角度来看,如皋市检察院在特困未成年被害人司法救助制度上的探索对于如何建立和健全整个刑事被害人救助体系亦不无引领和促进价值。正因为如此,如皋市检察院的实践值得进一步关注和研究。

2010 年 4 月 15 日

于苏州河畔·滴水阁

附:如皋检察院未成年被害人救助工作实例

未成年被害人是弱势群体中最无辜、最需要救助的对象。他们在遭受身心创伤后,原有的生存状态可能发生重大转折,成为其顺利成长的极大障碍。如果修复、保护不到位,极有可能对其生长发育及心灵造成"二次"伤害。面对繁复的诉讼环节和漫长的诉讼期限,如何做到《未成年人保护法》所要求的"特殊、优先、全面"保护原则,"经济救助+心灵抚慰与善后安置"这种"1+2"式的司法救助是重要路径之一。

案例一:救助被害人智障留守儿童王某

案情回放:

12 岁的王某自幼无母,精神发育迟滞,智商仅为同龄孩子的一半。光棍父亲常年在外打工,对半傻的女儿懒得过问,王某与 70 多岁的祖母一起靠亲戚的接济维持生活。2009年4月,王某被邻居杨丙成两次强奸,怀孕五个多月被其祖母觉察报案而案发。杨丙成被绳之以法,但民事赔偿分文未给。王某住院引产期间,其祖母无力为孩子买上一星半点营养品,连医药费都是向亲戚借的。

救助过程:

检察院在审查起诉杨丙成强奸案的过程中,案件承办人依法对主罪主证进行复核,目睹了满脸幼稚的王某贫病交加、其自己却乐呵呵傻笑的惨况,主动为王某申请了司法救助,并给其在外地打工的父亲寄去了一封信,劝导他应该承担起做父亲的责任,多给孩子一些温暖和关爱。当检察官将3000元司法救助款送到王某祖母手中时,满头白发的驼背老人手在不住地颤抖,连声念叨着:"有钱给我家孙女买牛奶了,有钱给我家孙女买牛奶了。"

本案启示:教育孩子、监护孩子是做父母的应承担的责任。然而在农村,父母外出打工,将孩子留给老年人照顾的现象比比皆是,导致留守儿童的教育、监护或缺失、或不到位,使留守儿童成为"社会问题"。检察机关发现了一个王某的不幸,救助了一个王某,但还有多少"王某"式的留守儿童让人担忧呢?留守儿童的父母,应当警醒。

案例二:救助被害幼女丽丽

案情回放:

2008年的国庆节,是年仅8岁的丽丽一生不敢回忆的噩梦。10月1日,她随父母到姨夫家访亲,却遭到姨夫的残忍猥亵,致其受伤,而姨父却拒付丽丽的医药费。丽丽本是弃儿,是其父母在外打工时捡的,但却视若亲生。丽丽患有脑积水,第一次手术已花费3万多元,其父母正在筹借第二次的手术费,不料丽丽又遭此伤害,这无论对于打工的父母还是年幼的丽丽都无疑是雪上加霜。

救助过程:检察院在审查起诉郭某猥亵儿童罪一案的过程中,其父亲谢永平提出靠自己每月打工的收入承担丽丽的医疗费用,十分困难,为丽丽申请司法救助。案件承办人调查了解到丽丽的双重不幸,检察院确认谢永平申请司法救助的理由成立,经如皋市司法救助工作委员会办公室审批后,对丽丽发放救助款人民币4000元。案结之后,检察院主动与谢永平打工的某物业公司联系,希望他们为谢永平提供收入相对稳定的工作,以减轻这对爱心夫妻的经济负担。

本案启示：

不幸的丽丽有一对善良的、有爱心的父母，谢永平夫妇把所有心血都倾注在捡来的弃儿丽丽身上，并不惜为此背上承重的债务。检察机关对丽丽的司法救助既是维护未成年被害人的合法权益也是匡扶正义、对谢永平夫妇的法律支持。

案例三：救助被害孤女张某

案情回放：

13岁的幼女张某既是刑事案件的被害人，又是犯罪嫌疑人的女儿。被光棍养父张桂元强奸后怀孕引产。张桂元涉嫌强奸罪被依法逮捕，张女没有了生活来源，医药费一直拖欠着。

救助过程：

2008年3月，检察院在审查批捕张桂元涉嫌强奸一案的过程中，13岁的张女正在医院接受手术，孤零零的病床前无人伺候、无人陪伴，更是无人监护。承办案件的检察官了解到这一情况，立即为其寻找生母。经多方查找，在另一个乡镇找到了其生母。但其生母家有三个孩子，经济拮据，表示如将张女带回收养监护确有困难。检察官一面耐心细致地做张女生母的思想工作，动之以情、晓之以理，一面启动司法救助程序救助张女4000元。张女的生母看到与自己女儿毫不相干的检察官如此关心女儿的生活和未来，自觉惭愧，终于将张女领回监护。

本案启示：

检察机关在履行法律监督职能的过程中，坚持打击犯罪与保护被害并举，在办理这起案件时，坚持打击与保护并举，不仅帮助未成年被害人找到了监护人，而且根据实际情况给予了司法救助，使被害人能够在一个健康、和谐的环境中开始新的生活。

案例四：对未成年被害人宗某的司法救助

案情回放：

2009年6月27日，如皋市康西数控学校学员宗某与施某在学校浴室洗澡时因琐事发生争吵。年轻气盛的两位年轻人都未能控制好自己的情绪，很快由争吵发展为打斗。在冲突过程中，宗某脸部受伤，右上门牙脱落，左耳鼓膜穿孔。经法医鉴定，宗某伤情属轻伤。更不幸的是宗某因此引发幼时的抑郁精神病复发，无法继续求学。案发时，行为人施某17岁、被害人宗某16岁，双方父母都是农民，经济条件都不富裕。宗某受伤后共花费医疗费1.5万元,一直休学在家由人照顾,其父母平时靠打工维持家庭生计。

救助过程:

由于本案是一起轻伤害刑事案件,双方当事人均为在校未成年学生,该案由本院的检调对接办案中心办理。案件承办人在接到案件后,便找来双方当事人的家长,就民事赔偿问题进行调解。但由于双方家庭都不富裕,双方在赔偿数额上一直争执不下,调解一时陷入了僵局。眼看一个未成年人就要因为得不到及时的赔偿而面临失学,另一个未成年人却要因为一时的冲动而受到法律的惩处,检察机关在关键之时决定启动司法救助程序,通过对被害人的适当经济救助来缩短双方差距,尽最大可能挽救两个孩子。于是,承办人再次找来当事人双方,不厌其烦释法说理,并告知被害人家长检察院决定司法救助宗某2000元,说服双方在可能的范围各让一步。就这样,双方在承办人的不懈努力下,最终达成了和解。目前,宗某已彻底伤愈返回了学校,重新开始了他的求知之旅;而施某最终也得到了相对不起诉的处理,带着轻松的心情重新开始了他的人生之路。

本案启示:

十六、十七岁作为人生中一段从懵懂走向清醒,从幼稚走向成熟的过渡时期,豆蔻少年们在生理、思想、性格等方面有着很大的变化,冲动、逞强成为一部分孩子青春成长过程中的"副产品"。本案中的两位当事人就是在这样的阶段里,没有控制好自己的情绪,选择用暴力的方式来解决矛盾冲突。虽然案发后,两位年轻人都很后悔,但是一人受伤,一人面临刑事处罚的结局还是让未曾经历人生风雨的他们措手不及。民谚有曰:"年轻人犯错误,上帝也会原谅的。"对于这样一个犯罪嫌疑人、受害人都是年轻人的案件,应该尽最大的努力,给年轻人一个改过自新的机会,不要让一个小小青春浪花影响到年轻人的一生。所以,给予被害人一定司法救助一方面是帮助被害人积极治疗,早日康复,回归校园;另一方面也有着钝化双方矛盾、促进和解,挽救失足青少年的积极意义。

对少年司法社会调查报告的几点认识

社会调查制度在中国的发展,有个规律——从单一到多元的发展趋势,当少年法庭只是个别现象的时候,所采取的社会调查方式肯定是非常单一的。在早期,是由少年法庭承办法官亲自去做调查,后来大家觉得这种方式缺乏中立性,于是有的地方就改为由专人负责调查工作,也就是由不办理具体案件的特别法官去做社会调查。

随着少年司法改革的发展,结果我们发现从东到西,从南到北,各个地方社会调查报告的发展很不平衡,有的时候社会调查报告的写法也完全不一,社会调查报告如何应用在各地也都有很多区别。这种多元化现象的一个合理解释是:每个地方都采取了与本地少年司法发育状况、特点相适应的制度形式,当然,你也可以说这种现象有些乱。今天研讨会的主题是中美社会调查报告制度的比较,我需要强调的是,在研讨的时候应当注意中美少年司法制度的重大差异性:中国的少年刑事司法制度实际上是一个小刑事司法制度,而美国的少年司法采取的是少年司法与刑事司法二元分立的体系,两者之间可以说有着天壤之别。

讨论社会调查报告制度,首先应当明确一个前提:社会调查制度肯定主要不是为了追求定罪量刑的准确性,因为社会调查的内容与案件事实本身没有太大关系。例如涉罪未成年人的家庭情况怎样、父母有没有离婚之类的因素与案件本身的法律定性并没有多大联系。需要注意的是,社会调查报告制度的产生有一个非常重要的理念上的变化——它的目的不是为了精确惩罚,也不是为了追求惩罚的平衡性。少年司法是主观主义刑法理论指导下的改革,社会调查的主要目的是为了寻求最佳的适合于矫治失足未成年人的方案。

在这样一个前提下,我再谈几点关于社会调查制度的基本观点:首先,社会调查报告的性质。社会调查报告到底是什么东西,在应用的时候争议最多的是它是不是证据,到底是什么类型的证据。我觉得需要明确的是,这种观念确实看到了社会调查报告运用中非常重要的一个方面,但是一种把社会调查制度和成人刑事司法理论具体制度硬性结合在一起的想法,我认为这种观点是非常值得商榷的。社会调查报告不一定非要说是什么证据,实际上它就是少年司法制度中特殊的制度之一。当然,社会调查报告有证据的功能,我们可以借鉴证据制度有益的地方去完善社会调查制度,但绝不能把社会调查报告仅仅认同为是一种证据。

我认为社会调查报告主要不是为了量刑服务的,社会调查报告首先是一份诊断报告,就像是医生对病人最后出具的诊断报告:得了什么病,有什么病因,病情怎样,疾病的未来发展趋势是什么。其次社会调查报告应当是一份治疗的方案,它包括对量刑的一些事项,比如说是否适合采用非监禁刑等。很多人认为这就是量刑建议,我觉得可能有所偏颇,量刑建议是求刑权的行使方式。我们可以根据这份社会调查报告提出一些量刑方面的建议,但是有一些矫治方案的内容,你很难归入量刑建议的范畴。这是我想说的社会调查报告的性质——它是一份诊断报告。

其次,关于社会调查主体。这是争论最多的问题。社会调查有两种基本的方式,一种是自行调查,比如说公、检、法自己去调查;还有的是委托调查,即公、检、法委托社会主体进行调查。有一点可以明确,现在由公安司法人员直接进行调查的方式已经在实践中被多数人认为是不合适的。至于委托调查,由谁委托我个人认为并不重要,关键是委托对象,要特别注意委托的调查员有没有这个资质。社会调查员需要有什么资质?我认为需要三个基本要求:专业性、激情、敬业心。在条件成熟的时候,可以通过资格认证,进行考试等方式确定社会调查员的资格。在上海,现在开始针对合适成年人形成了一个初步的类似的做法,即由上海市级公、检、法、司机关对各个区县上报的合适成年人名单采取一定的标准进行审核,这个标准大体包括专业标准、年龄标准、性别标准、职业标准等,这实际上已经初步具有了走向资格证制度的雏形。在社会调查员的资质中没有什么比专业更重要,我发现现在有些地方的很多社会调查员缺乏基本的法律知识,也没有社会调查的基本知识,有的甚至连少年法庭是什么都不知道,这种情况就很糟糕了。社会调查员的敬业心也很重要,没有敬业心、热情和激情,肯定做不好社会调查工作。在有些地方的实践中发现,志愿性的社会调查员比专职的社会调查员调查的效果更好,原因可能就在于此。还有一点也很重要,那就是社会调查员的品行。社会调查员的品行一定要是非常高尚的,因为你做的是人的工作。此外,社会调查员要有阅历,没有相应的社会阅历,是没有办法做好这个工作的。

第三关于社会调查报告的内容。应当包括三个方面:一是病因,即犯罪原因是什么;二是病情,即人身危险性和再犯可能性;三是治疗方案,可以包括量刑建议以及其他矫治方案。社会调查报告不应当是一个表格,我的主张是应当是一份综合性的书面报告。表格式的社会调查报告填起来固然方便,但是不利于综合分析、判断。社会调查报告应当包括以下内容:司法机关的询问和讯问笔录;在校情况;工作单位;社区情况;非羁押措施的风险评估报告;心理测试报告;在羁押期间的表现;社区帮教小组的意见;被害人受害后的意见和反应,等。

第四个问题是关于社会调查的启动阶段问题。美国少年法院法官对少年案件具有"先议权",但在中国,少年司法仍走的是传统的的刑事司法程序,少年法庭没有"先议权"。因此社会调查应尽早启动,以尽早为原则。具体来说,我提一个方案,"以侦查阶段调查为原则、检察阶段为补充,法院阶段调查为例外"。应当原则上由侦查机关去做,到审判阶段再去启动社会调查已经太晚了。社会调查报告对于被告人是否构成犯罪,应否逮捕,应否起诉,应否判刑,判后如何矫正等,都有参考作用,其运用应当是贯穿于少年司法程序的全程。

第五、社会调查的方法。我曾经总结了望闻问切四个经验。"望"——调查员必须与少年接触,要对他(她)进行观察;"闻"——通过书面材料了解被告人的情况;"问"——询问被告人及其他相关人;"切"——运用科学的技术进行调查,比如经过相关专业如心理测试。

最后,我要强调,在外来未成年人犯罪日益严重的背景下,如不能解决外来涉罪未成年人的社会调查问题,那么社会调查制度将会日渐被架空。

作为社会调查报告制度的未来发展趋势,我认为它不仅可以在未成年人刑事案件中适用,还可以逐步拓展到18—25周岁的青年刑事案件中。

〔本文系2010年8月29日在"中美未成年人量刑前程序比较研究专题研讨会"(西南政法大学中国南方刑事法律研究中心、美国耶鲁大学法学院中国法律中心主办)上的演讲概要,根据录音整理,感谢沙坪坝区人民检察院研究室检察官薛海明检察官提供。〕

未成年人刑事案件审查逮捕程序改革的价值

大家注意到,凡是有关少年司法、未成年人刑事案件改革的研讨会,都有一些非法律界人士的参与,这恰恰是少年司法的一个重要特色。因为少年司法是由两条龙体系组成,一是少年司法一条龙,另一个是社会支持体系一条龙。如果少年司法离开了社会力量的支撑,将与普通刑事司法没有任何区别,同时少年司法也将寸步难行。

美国著名法学家庞德讲过一句话,少年司法制度是1215年英国大宪章以来司法制度上最伟大的发明。为什么庞德会把少年司法和英国大宪章相提并论?庞德是把少年司法作为刑事司法改革的先驱和试验田来看待的,甚至是把少年司法作为整个司法制度改革的实验田。如果从这个角度出发,少年司法有其特殊意义。

沙坪坝区检察院所倡导的未成年人刑事案件审查逮捕程序改革有一条很重要的思路,就是通过未成年人刑事案件打开诉讼程序改革的缺口,特别是在侦查讯问程序方面。所以,我认为,沙坪坝区检察院所倡导的这项改革不仅会推动中国少年司法改革,也会在更大程度上推动整个刑事司法改革。

沙坪坝区检察院所推行的审查逮捕程序律师介入,律师的角色非常有特色。他不仅仅是一个律师,还是一个代理家长,同时还是一个教育者,一个社会调查员。把讯问阶段的非司法机关第三方的角色融为一体,这样的做法非常富有沙区特色。

[本文系2010年5月10日在"社会管理创新与未成年人刑事案件审

查逮捕程序改革"研讨会(中国青少年犯罪研究会、沙坪坝区人民检察院、西南政法大学诉讼法与司法改革研究中心主办)主持人发言摘要,原载《人民检察》2010 年第 12 期,标题做了修改。]

谈谈附条件不起诉制度

2013年正式施行的新刑事诉讼法增设了附条件不起诉制度,这一制度的特点是给未成年人悔过的机会,含而不露,隐而不发,如悬在未成年人头上的一把剑。客观上说,这个制度最大的效果是利用刑罚的威慑力促使未成年人改正,如当头棒喝,非常适合未成年人身心发育不成熟的特点。

但是目前新刑事诉讼法规定的附条件不起诉制度的"教育效果有局限性"。原本大家都希望附条件不起诉制度的适用条件是可能判处三年有期徒刑以下刑罚的涉罪未成年人,考验期为三个月到一年。但是立法机关比较保守,新刑事诉讼法规定的条件是可能判处一年有期徒刑以下刑罚,而且限定在触犯刑法分则四、五、六章的罪名,考验期为六个月到一年,适用空间非常有限。例如,"在校生的一学期约为五个月,刑事诉讼法规定至少考验六个月意味着对涉罪未成年人学业的影响至少一个学年,这个时间太长,不适合于未成年人的特点。"目前适用的附条件不起诉案例中,已经出现涉罪未成年人及其家长主动要求直接判刑,希望尽快从司法程序中脱离出来的现象,没有达到预期的教育效果。需要注意的是,附条件不起诉不仅具有考察的功能,客观上还有惩戒的效果。尽管没有给以刑罚,但在考验期中涉罪未成年人所受到的限制与影响在某种程度上并不亚于管制、缓刑的执行。

新刑诉法把附条件不起诉考察的责任主体设定在检察机关,但是检察机关的优势在于办案,不具备亲力亲为进行考察的优势,因此更需要专业社工、心理学家、社会学家、教育专家,甚至是医学专家的参与。很多少年司法发育比较成熟的国家,在少年法院内设立观护人专门负责对罪错少年的考察，同时，对观护人的资质要求很高，选拔方式也非常严格。

考察责任主体设定为检察机关有一定的合理性，因为这样可以保持考察的威慑力，但具体考察工作可以委托给社工等专业力量，这样的效果更好、更恰当。有些地方考察帮教主体过于社会化，没办法保障专业性，考察具体措施的落实和监督也有所欠缺。这是目前最大的问题。

在新刑事诉讼法增加附条件不起诉制度之前，很多地方检察院试点了如诉前考察等工作，并借用了相对不起诉的形式。根据修改后的刑事诉讼法的规定，附条件不起诉和相对不起诉主要有两个区别。其一，"相对不起诉"的本质是"微罪"不起诉，"附条件不起诉"的本质是"轻罪"不起诉。在立法上，两者行为的社会危害性是能够讲清楚的。前者不需要判处刑罚，而后者有一定的社会危害性，原本应当判处刑罚，但通过一定的考察帮教，如果人身危险性消除则可以给予避免受到刑罚处罚的机会。其二，相对不起诉主要考虑客观行为，只要行为的社会危害性属于轻微犯罪不需要判处刑罚的程度，即便犯罪嫌疑人的主观表现不佳仍应不起诉。附条件不起诉则侧重考量犯罪嫌疑人的主观表现，要重点看是否有悔罪表现，即便在客观行为上社会危害性比较大，甚至属于再犯，如果在审查起诉阶段确有悔罪表现仍可以做附条件不起诉。

虽然二者在立法和理论上容易区分，但是在司法实践中针对个案有时候是模糊的。什么是微罪、轻罪，有时候并不容易区分。相比之下，主观悔罪表现和客观社会危害性的区分则相对容易。例如，上海市某检察院曾经试点过一起案件，一个即将面临高考的未成年人二次涉罪，用砖头砸别人脑袋抢劫，虽然没有造成严重后果，抢劫的财物数量也较少，但属于再犯，手段恶劣，行为的社会危害性也很明显。这一案件作相对不起诉可以说是不可能的。但是该涉罪未成年人在审查起诉阶段非常懊悔，确有悔罪表现，有挽救的可能性，检察机关综合考虑后作出了附条件不起诉决定，实际效果也很好。这一案例对于如何区分相对不起诉和附条件不起诉较有参考价值。

必须注意的是，新刑事诉讼法施行以来附条件不起诉的适用率低而且出现被附条件不起诉的未成年人及其监护人求判的现象，在某种程度上反映出附条件不起诉制度设计上存在问题甚至是硬伤，但同时可能也和检察机关对案例的选择有关系。比如，如果经过附条件不起诉之后最坏的后果也就是判缓刑，加上新刑事诉讼法所规定的犯罪记录封存制度，对涉罪未成年人来说和不起诉效果差不多,那他们为什么不要求直接判缓刑呢,还考察那么长时间干什么?按照相关法律规定,判处三年以下有期徒刑的可以判缓刑。当事人会朝着最有利于自己的方面判断,出现这种情况是很正常的。

司法实践中对于附条件不起诉案例的选择需要进一步完善,可以选一些不经过附条件不起诉考察则可能判实刑的案例,只要涉罪未成年人及其监护人有了"可能判实刑"的认识与担心,则肯定会选择附条件不起诉,并积极配合考察帮教。还有一点很重要,即要对涉罪未成年人及其监护人做好法律解释工作,他们可能片面理解犯罪记录封存制度,误以为判刑也没有大的影响,但实际上前科记录仍会对涉罪未成年人产生不利影响的。此外,检察机关还应完善附条件不起诉的考察帮教方式,所设定的具体考察条件、帮教方法要尽可能照顾到外来涉罪未成年人需求的特殊性。

(本文为接受《中国妇女报》记者采访时的主要观点,见《给犯错的孩子一个机会》,载《中国妇女报》2013年4月24日)

刑事普通程序简易审不应排斥未成年人犯罪案件

最近,一些地方法院所推行的普通程序简易化审理改革,是深化审判方式改革、合理配置刑事司法资源、提高刑事诉讼效率的重要举措。但遗憾的是,均把未成年人犯罪案件排除于简易化审理之外。这种做法是值得商榷的。

普通程序简易审排斥未成年人犯罪案件是对审理未成年人犯罪案件所必须坚持的迅速简约原则的违背,不符合保护未成年被告人身心的要求。迅速简约原则是指人民法院在审理少年犯罪案件时应尽可能简约迅捷,尽早让未成年被告人从刑事司法程序中脱离出来,以避免诉讼可能给未成年被告人所带来的伤害及种种不利影响。它是联合国少年刑事司法准则所确立的少年刑事审判的基本原则。《联合国少年刑事司法准则》第二十条规定:"每一案件从一开始就应迅速办理,不应有任何不必要的拖延。""在少年案件中迅速办理正式程序是首要的问题。否则法律程序和处置可能会达到的任何效果都会危险。随着时间的推移,少年理智和心理上就越来越难以(如果不是不可能)把法律程序和处置同违法行为联系起来。"《联合国保护被剥夺自由少年规则》第十七条也规定:"在不得已采取预防性拘留的情况下,少年法院和调查机构最优先给予最快捷方式处理此种案件,以保证尽可能缩短拘留时间。"

在我国,审理少年犯罪案件是否应当贯彻迅速简约原则,存在一定程度的争议。反对的观点主要认为,我国有关法律对未成年人实行特殊保护,强调审理的迅速简约不利于未成年人权益的程序保障。因此,体现迅速简约原则的简易程序不应适用于少年犯罪案件。各地在最近实行的刑事普通程序简易审改革中,将未成年人犯罪案件排除于简易化审理之外,也主要是基于这种考虑。但是,如果考虑到未成年被告人的身心特点,从保护未成年被告人权益及其健康成长的角度出发,则迅速简约应该确立为少年刑事审判的基本原则。庭审的迅速简约可以缩短未成年被告人审前羁押时间,减少冗长诉讼对未成年人身心所造成的伤害,是对未成年人实施司法保护的需要,也是减少司法干预原则在少年审判阶段的体现。任何事物都具有两面性,迅速简约也可能带来一定的弊端,但是其弊端完全可以通过其他方式弥补,而不应成为否定迅速简约原则的理由。在经过多年争论后,迅速简约原则已经为大多数学者所认同,并得到我国有关少年法的确认。2001年4月发布的《最高人民法院关于审理未成年人刑事案件的若干规定》第三十五条明确规定:"少年法庭应当根据刑事诉讼法第一百七十四条及《解释》的有关规定,确定未成年人刑事案件是否适用简易程序。"2002年4月最高人民检察院印发的《人民检察院办理未成年人刑事案件的规定》第二十三条也规定:"人民检察院对于符合适用简易程序审理条件,有利于对未成年被告人教育的,应当向人民法院提出适用简易程序的建议。"既然关于未成年人犯罪案件是否能适用简易程序的争论已经得出了肯定性的结论,迅速简约原则也已经为我国少年审判实践和有关法律所确认,普通程序简易化审理还排斥未成年人犯罪案件,着实令人费解。

普通程序简易化审理方式,较简易程序更符合少年犯罪案件审理特性的需要,能更好地贯彻教育、感化、挽救未成年人的方针。反对简易程序适用于未成年人犯罪案件的观点所持有的一个重要论据是:如果对未成年人刑事案件适用简易程序,过去行之有效的审判方式、方法,如陪审制、法庭审理中的"合力教育"等都无法实施,也容易侵害未成年被告人诉讼权利,因而不利于对未成年人的教育、感化、挽救。这种担心并非没有道理。因此,《最高人民法院关于审理未成年人刑事案件的若干规定》特别规定,适用简易程序审理的未成年人犯罪案件,仍然应当通知未成年被告人的法定代理人、辩护人出庭。法庭教育阶段不能省略,人民检察院应当协助人民法院落实法庭教育工作。一些学者在坚持简易程序应当适用于未成年人犯罪案件时,也特别强调应当坚持几个不能省:社会调查不能省、法庭教育不能省、法定代理人、辩护人出庭不能省等。少年法庭在对未成年人犯罪案件适用简易程序时也大都坚持了这几个不能省。可见,未成年人犯罪案件简易程序实际上并非严格意义上的简易程序,而是一种试图融合简易程序与普通程序的优势,又试图避免两者不足的特殊的庭审模式。也就是说,它带有很强的普通程序简易审理的色彩。当前一些法院所推行的刑事普通程序简化审理方式,是在保持现行刑事诉讼法制度的基本框架完整有序的前提下,采取强化庭前、简化庭中的部分程序,快速审结案件的一种刑事庭审模式,这样一种庭审模式完全可以适用于未成年人犯罪案件。从某种程度上,它也更适合于未成年人犯罪案件,更容易做到既不损害未成年人诉权,又能迅速简约。

(原载《人民法院报》2003 年 1 月 10 日)

少年法庭的发展愿景

少年司法制度是衡量一个国家司法文明、现代化程度的重要标尺,而少年法庭无疑是少年司法制度中的"标志性建筑"。从某种程度上说,少年法庭的建设状况决定了一个国家少年司法制度的发展水平。近些年来,我国少年法庭工作有较为显著的进展。例如,2006年最高人民法院在全国选择了17个中级人民法院开展少年综合庭试点工作,有力推动了少年法庭工作的发展,明显提升了少年法庭在法院体系中的地位。但显然,我国少年法庭工作仍然有着诸多不完善的地方,总体上看,其在体制内的"小儿科"地位并未得以有效改变。

近期,最高人民法院下发了《关于进一步加强少年法庭工作的意见》(简称《意见》),对今后一个时期如何加强少年法庭工作提出了七个方面的要求:

一是要提高思想认识,高度重视少年法庭工作。《意见》明确指出,当前和今后一个时期,少年法庭工作只能加强,不能削弱。各级法院应当充分认识加强少年法庭工作的重要性和必要性,切实贯彻好"坚持、完善、改革、发展"的工作指导方针,把少年法庭工作摆到重要位置。

二是要加强组织领导,建立健全少年法庭机构。《意见》要求各级法院应当进一步加强对少年法庭工作的组织领导和业务指导,切实关心和支持少年法庭机构建设,为少年法庭工作全面、健康发展创造良好条件。同时,《意见》还对四级法院少年法庭机构的设置提出了具体的要求,这些要求严格而兼具务实,硬性而不失理性。我们希望各级法院能够领会《意见》的"良苦用心",而不是将这种务实和理性的规定变成虚化少年法庭机构设置的借口。

三是要注重队伍建设，提升少年法庭法官的整体素质。《意见》根据少年审判工作的特殊性，要求各级法院应当高度重视少年法庭法官队伍建设，着重选拔政治素质高、业务能力强，熟悉未成年人身心特点，热爱未成年人权益保护工作和善于做未成年人思想教育工作的法官负责审理未成年人案件。同时对人民陪审员的选任、少年法庭法官培训，也做了明确的规定。

四是要完善工作制度，强化少年法庭的职能作用。《意见》提出，各级法院应当总结完善审判实践中行之有效的特色工作制度，强化少年法庭的职能作用，提高工作的实效性。《意见》还对社会调查报告制度、分案审理制度、圆桌审判方式、法庭教育、非监禁刑的运用、判后回访工作等具体制度提出了规范化的要求。

五是要深化改革探索，推动少年法庭工作有序发展。《意见》鼓励各级法院积极开展少年司法改革探索，要求各级法院积极开展少年司法理论成果和工作经验的交流活动，进一步深化少年司法改革。

六要积极协调配合，构建少年法庭工作配套机制。《意见》指出，各级法院应当积极建立和完善"政法一条龙"与"社会一条龙"两条龙工作机制，推动制定本地区少年司法规范性文件，加强未成年人保护的法制宣传教育等工作。

七是要完善考核保障，夯实少年法庭工作基础。《意见》针对能够对少年法庭工作产生切实影响的内部考核机制，提出了应考虑少年法庭工作特殊性的要求。明确规定应将少年法庭庭审以外的延伸帮教、参与社会治安综合治理等工作作为绩效考核指标。同时还要求各级法院应为少年法庭工作提供必要的保障。

《意见》实际上描绘了我国今后一个时期内少年法庭工作发展的愿景，我们期待能够引起各级法院的积极回应。

（原载《青少年犯罪问题》2010年第5期卷首语）

中国为什么需要少年法院
——简单而又容易被忽视的理由

是什么决定了少年司法应当是特殊的和独立的

少年司法最基本的特殊性是什么？是否特殊到需要建立独立的少年司法体制？我认为，决定少年司法应当是特殊的和独立的原因中，最根本的有两个：

第一，少年司法所针对的群体是特殊的，成人是理性的人，而未成年人是非理性的人。

这首先是一种事实。经常有人对少年是否真的是非理性的人提出质疑，持这种观点的人能够非常轻易地找出许多似乎很有说服力的"个案"来支持他们的质疑。但我很遗憾地告诉他们，即便是在今天，生理学、心理学、教育学、社会学等现代科学仍然大多数都提供了支持少年与成人在理性程度上存在差异的观点。而且这种观点日益得到了科学证据的支持。一个最近的例证是：2005年美国联邦最高法院对洛普诉西蒙斯（Roper v. Simmons）一案作出裁决，禁止对不满18岁的未成年人判处死刑。美国许多科学家和律师均认为，对未成年人大脑和行为的研究进展，在这个决定的产生过程中起到了重要的作用。大量神经科学和行为学的当代研究成果表明，大脑的发育一直持续到25岁左右，那时候最后一块发育的区域是前额叶，而前额叶具有阻止人们作出轻率、冲动决定的作用。

认为"成人是理性的人，未成年人是非理性的人"更是一种社会观念，是人类社会长期进化，特别是近200年以来逐步形成的一种社会观念。

这样一种长期形成的社会观念，绝不会仅仅因为几个少年恶性案件、营养水平提高导致生理发育"缓慢"提前等因素而立即改变——如果改变是可能的，也将会是漫长的。

第二，少年司法所针对的行为是特殊的，如果说成人犯罪是一种"恶"，那么少年犯罪则是一种"错"，一种社会之错、成人之错，一种孩子在成长道路上难以完全避免的错，也是需要宽容、爱心、甚至是"放任"去纠正的"错"。

现行法律制度最大的悲哀莫过于"错"、"恶"不分，把"错"当成"恶"来对待，用对待"恶"的方式对付犯了"错"的孩子。很多同志习惯于用"研究恶"的刑法学思维考究少年犯罪，我们的法律体制实际上是在用以理性的成人为假设对象而制定和设计的刑法典、刑诉法典、刑事司法体制去处置犯了错的孩子。

自 1984 年 11 月大陆第一个少年法庭建立以来，我们一直在努力避免法律制度中"错、恶"不分的悲哀，但直到今天，它仍是需要我们继续以一种把它当作事业而非职业的方式去努力追求。

儿童医院与少年法院：一个简单但却容易被漠视的理由

有一种非常有代表性的意见认为，我们现在有了少年法庭为什么还要建少年法院？在这里我想请持这种观点的同志做一个选择题，并思考为什么会做这样的选择？

你的宝贝孩子病了，你会选择到什么地方去就诊？

A 普通医院的普通科室

B 普通医院的专门儿科

C 专门性的儿童医院

我想每一个真正，而不是"口号"式的把孩子当成宝贝的成人，都会选择 C——专门性的儿童医院。

同样的道理，当一个地方，比如说上海，已经有条件、能力和水平建专门性的儿童医院的时候，我们为什么不建呢？为什么我们要满足于普通医院的专门儿科，而无视这种成人社会对待孩子的自然情感和普通百姓的热切期望呢？

什么是少年法院的价值？以及少年审判机构完全从普通法院中分离出来的必要性

独立、专门性的少年法院最大的价值在于追求和相对具有——"挽救最大多数孩子最大可能性"。那可能并不是绝对的事实，但却是值得尝试、选择和期望的。正像当孩子病了，我们大都会选择到儿童医院就诊一样。

少年审判的价值绝不仅仅在于单纯地追求对犯了"错"的孩子定罪量刑的准确性和等价报应。我认为，少年法官所肩负的社会责任，要远大于他们所担负的法律责任。正像当你把重病的孩子交到一位医生手中，你并不希望他是一个只知道冷漠、机械而又严格执行医疗规章制度的医生一样。

要实现"挽救最大多数孩子最大可能性"这一价值诉求，必然要求建立个别化的少年司法模式，少年法官的角色及其运作必然是富含感情的、积极主动的，使得少年审判机构和少年法官出现"社会化"和"非中立"的特点，这是与传统的以消极、中立为特征的所谓"现代"司法相矛盾的。

附属于普通法院的少年审判机构一方面难以实现"挽救最大多数孩子最大可能性"这一价值目标，另一方面也很可能对普通司法体制造成损害。简单来说，现行将少年审判机构附设于普通法院的做法，难以避免少年司法与普通司法"两受其害"的结局。

一位著名法学家的下意识判断与少年司法的稳定健康发展

前一段时间，我有一次机会和国内一位著名法学家"讨论"少年法庭。他下意识地认为，素质差的法官才到少年法庭。我冒着极大的风险、小心翼翼地谈了一些自己的想法后，他对自己的观点进行了修正：少年法庭里的法官政治素质应该不错，但"业务素质差"估计都不行，其他案件办不了，才到少年法庭。

由于目前少年审判机构附属于普通法院中，在其他法庭"办案能手"和"现代"法官衬托下的少年法官总是最容易被误解。在其他法庭衬托下的少年法庭，在口号上总会是最重要的，但一有风吹草动，却往往最容易被牺牲掉。例如，1994年统计，全国建立有3369个少年法庭，但在法院机构改革的背景下，目前仅剩2400多个。少年审判工作人员曾经一度超过1万人，目前仅剩7000人左右。

尊重少年司法特性加强其独立性是少年司法稳定、健康发展的需要，少年司法不能仅凭爱心和热情运作，还应当有健全的组织保障。

少年法院常常是最后出现的,但是它一定会出现,即"前途是光明的,道路是曲折的"

从许多国家(地区)少年审判机构的历史发展中我们都可以发现:从依附趋于独立是少年审判机构进化的重要特点——少年法院总是最后才出现的,但它总会出现——尽管在这一过程中总是充满着激烈的争议。

例如,经过近10年努力于1899年在美国伊利诺伊州所建立的世界上第一个"少年法院",实际上"不过是巡回法院的一个有特殊管辖范围的部门",类似于我国的少年合议庭。但在其后的少年法院运动中,逐步发展出独立性的少年法院。我国台湾地区自1955年少年法草案提出建立少年法院以来,虽然多次被否决,而长期采取了在地方法院附设少年法庭的组织形式,但经过40余年的努力,1997年10月2日通过的新《少年事件处理法》仍终于有了设置少年法院的规定,高雄少年法院也随之建立。

孩子总要长大成人,离开父母的怀抱,虽然父母总会舍不得,很担心,甚至会很害怕……

〔本文系2006年6月在"耕耘·展望——中国特色少年司法制度与少年审判组织机构理论研讨会"(上海市高级人民法院主办)上的演讲,刊载于《青少年犯罪问题》2006年第5期。〕

少年法院受案范围的设想

笔者认为,应该体现世界各国少年司法制度的共性,坚持少年司法制度的基本理念,遵守联合国少年司法准则,结合我国国情,科学地确定未来少年法院的受案范围。为此,有必要明确以下几个基本理论前提:

其一,少年司法制度是"少年"的司法制度,不是婴儿、儿童也不是成年人的司法制度。少年的主要特性在于其处在容易发生偏差越轨行为的从儿童向成人过渡的时期,因此应着重"教育和保护",也需要一种特殊的司法制度来处理其偏差越轨行为。婴儿、儿童则因身心远未成熟,应着重"养护"。养护婴儿、儿童的责任完全没有必要(也不应该)由"少年司法制度"来承担。"少年"年龄范围的前伸与后延均不能脱离这一前提。无论是以什么名义漠视这一点,都会有害于少年司法制度的完善与发展。

其二,少年司法制度是"特殊"少年的司法制度,不是所有少年的司法制度。从国外少年审判机构的受案范围来看,所谓特殊少年,主要包括三大类:第一类是违法犯罪的少年;第二类是有违法犯罪之虞的虞犯少年,这是基于预防主义对第一类特殊少年范围的扩充;第三类是确实需要司法力量介入的、需要保护的少年。对第三类少年,各国往往根据本国实际予以确定,其范围主要集中在成年人刑事犯罪侵害的少年、无人管教少年和需要抚养的少年三种。少年司法制度强调对少年的保护,保护的也主要是"特殊少年"。因此,要特别注意不宜把这种司法保护做任意的扩大性解释。

其三,虽然治理少年犯罪不应是少年司法制度的唯一价值所在,但是,在绝大多数国家,治理少年犯罪仍然是少年司法制度的首要目标,少年司法制度的主要价值仍在于预防、处理少年的偏差越轨行为和保护有偏差越轨行为的少年。从这个层面上说，可以认为少年司法制度的本质是刑事性、预防性和保护性的。确立少年法院的受案范围不能脱离这一前提。

其四，少年司法权是有限的，少年司法制度仅仅属于综合治理少年犯罪的一个环节，它对于保护未成年人的意义虽然巨大，但其力量毕竟有限。少年司法制度是把双刃剑，少年司法的触角也是应当受到限制的。因此，试图通过建立少年法院以对未成年人进行全面司法保护，或者把所有有违法犯罪之虞的行为均纳入少年法院管辖范围的做法，都是不科学也是不理性的。

其五，我们这里讨论的少年司法制度是中国的少年司法制度。各国少年司法的对象有着很多差异，这些差异的存在主要源于各国传统习惯、政治、经济、文化、法律制度等各方面的差异。对于我国少年司法对象的选择必须充分考虑我国法律制度、经济、政治、文化等的发展水平与实际需要。我国少年司法制度尚处于发展的初级阶段。确立少年法院的受案范围，应该遵循制度生成的规律，不能急于求成，不能超越我国少年司法制度发展积淀的承受能力，以免拔苗助长。因此，少年法院的受案范围不能太广，否则可能因此而有害于少年司法制度的发展。

因此，笔者建议未来少年法院的受案范围宜确定为以下四类：

其一，少年刑事犯罪案件。对于成年人与未成年人共同犯罪案件，应做到分案起诉。对于可能判处无期徒刑的少年犯罪案件，亦应由少年法院审理。

其二，18周岁以上22周岁以下在校学生犯罪案件。把这一部分小年龄成年人犯罪案件纳入少年法院受案范围，是《联合国少年司法最低限度标准规则》"应致力将本规则中体现的原则扩大应用于年纪轻的成年罪犯"的要求，也是出于"按少年法之潮流及社会实况之演进，少年之年龄有逐渐提高之势"的考虑。

其三，少年严重不良行为案件，即严重危害社会，尚不够刑事处罚或者因不满十六周岁不负刑事责任的少年案件。它包括两种案件：一是因为不满十六周岁而不承担刑事责任的触法少年案件；二是虽然达到刑事责任年龄，但行为的社会危害性尚未严重到承担刑事责任程度的案件。这类案件具体包括：纠集他人结伙滋事，扰乱治安；携带管制刀具，屡教不改；多次拦截殴打他人或者强行索要他人财物；传播淫秽的读物或者音像制品等;进行淫乱或者色情、卖淫活动;多次偷窃;参与赌博,屡教不改;吸食、注射毒品;其他严重危害社会但尚不构成刑事犯罪的行为。这类案件大致相当于国外的部分轻罪案件和部分虞犯案件。对于我国预防未成年人犯罪法所规定的大致相当于国外虞犯的"一般不良行为"案件,笔者认为不宜进入少年法院审理,而应倚靠非司法力量来处理,以避免产生"标签"效应,否则反而有害于这些少年的健康成长。

其四,未成年人作为被害人的成人刑事犯罪案件。这并非单纯地从保护未成年人角度出发的考虑,还因为未成年人受到犯罪侵害后,很容易发生恶逆变,从被害人向违法犯罪人转化。因此,应把这类案件纳入少年法院的受案范围。

这一方案接近于中国台湾地区、日本等与我国大陆地区有着最近似的历史、文化、地理环境背景的国家(地区)的少年法院(或家庭法院)所受理的少年案件范围,也与其他大陆法系国家(地区)以少年刑事案件、虞犯案件为少年审判机构主要受案范围的做法相一致,同时又吸收了近二十年来我国少年法庭探索的经验,不失中国特色。

(原载《人民法院报》2003年7月25日,原标题为《关于完善少年司法制度的建议》)

少年司法社会工作的前景与希望

我曾经于2007年在《法学杂志》发表《少年司法与社会工作的整合》一文,以少年法官(其他少年司法人员也是如此)备受争议的"非审判事务"为例提出了如下观点:

中国现行少年司法制度的"小刑事司法"结构设计,不允许少年法官的过度"社会工作者化",但是少年法官吸收社会工作的理念与方法是十分必要的,而在公民社会尚不发达的情况下,基于"教育、感化、挽救"罪错少年的需要,少年法官从事"非审判事务"也有其合理性和必然性的一面。不过,中国少年司法与社会工作整合的方向应当是建立以专业性的社会工作为主体的少年观护体系,由专业性的社会工作者和完善的志愿者队伍,分担少年法官的非审判事务,为少年司法实现"教育、感化、挽救"的价值诉求提供专业性的社会支持。

尽管长期兼任上海市青少年事务社会工作专家督导委员会委员、上海市社工协会青少年专业委员会委员、上海市阳光社区青少年事务中心理事,但社会工作研究与实务并非我的专长,这篇文章更多的是基于对少年司法实务产生"焦虑感"后的感悟。

我国的少年司法改革正式始于1984年上海市长宁区人民法院建立的第一个少年法庭,迄今已经走过了三十余年的历程。从形式上看,这些年来无论是少年司法理论研究还是实务工作都进入了一个"上升期",日益受到方方面面的重视。但是,一个不可否认的事实是,总的来看我国少年司法制度的发展仍处于一个较低的水平。这不仅仅体现在立法的滞后、顶层设计的缺位等宏观方面,也体现在具体制度亦多存在硬伤之上。其中一个长期困扰性问题是,少年司法社会工作的缺位,而"将社会工作的理念与方法引入并贯彻于少年司法的全过程,用以教育、矫正罪错少年,改变传统报应型刑事司法的机械与冷漠,正是现代少年司法制度诞生的重要标志,也是少年司法不同于成人刑事司法的重要方面。"

上海不仅是我国少年司法的发源地,也是青少年事务社会工作的发源地,在"政府主导推动,社团自主运作,社会多方参与"的思路下,自2003年以来就培养了专门的青少年事务社工队伍并逐步介入少年司法并取得了较好的成效。例如,承担庭前社会调查职能、具体负责采取非羁押性措施而交付社区考察教育的违法犯罪少年的观护、作为合适成年人参与对未成年人的讯问和庭审教育,等等。尽管如此,在客观上说,上海的少年司法与社会工作的整合仍处于探索之中,尚未形成成熟的模式,也还缺乏认真的总结。由于青少年社会工作事务涉及的面较为广泛,上海市迄今为止似乎也并未将少年司法社会工作作为一项独立的议题与事务,这不能不说是一种遗憾。

小华教授是我多年的老朋友,初学法律后转入社会工作领域,其专业背景本身就是少年司法与社会工作整合的范例。2010年7月,小华教授创办了我国首家专门服务于少年司法需求的社工专业机构——"首都师范大学少年司法社会工作研究与服务中心",中心团队致力于推动少年司法社会工作的发展,成效显著,已经形成了与北京少年司法实务部门全面合作的态势,对于推动北京市少年司法制度的发展与健全产生了有目共睹的积极作用,而且正在产生辐射全国推动中国少年司法社会工作发展的积极作用。在社会工作尚处于发展时期,少年司法制度还很不健全的背景下,这样的成绩是来之不易的。因为一个无须讳言的客观事实是,目前我国少年司法社工可资利用的资源是十分有限的,在某种程度上社工本身也还是弱势群体。

编写司法社工帮教精品案例并进行专门的研讨,不仅仅是总结、提高司法社工经验的好方法,也是记录少年司法社会工作发展轨迹的好形式。在我国少年司法社会工作尚处于探索时期的时候,这样的做法更显其特殊价值与意义。在阅读由小华教授及其团队组织编写的《走出迷失的世界——司法社工帮教精品案例集》的过程中,你绝不会仅仅感动于社工的专业与敬业,更会感动于社工的信念与坚守。在案例中,你看到的是一个一个鲜活的、迷失的少年如何迷途知返,你也能发现社工在少年司法制度的运作中具有怎样关键的作用。

通过小华教授及其少年司法社会工作研究与服务中心,你看到的不仅仅是挽救失足少年的希望,更有中国少年司法社会工作的前景与希望——我对此充满信心与敬意。

〔本文为应首都师范大学少年司法社会工作研究与服务中心主任席小华副教授之邀为《走出迷失的世界——涉罪青少年社会调查与帮教精品案例评析》(中国人民公安大学出版社2012年版)所作点评。〕

第六辑
立法之期：
有一种底线是否值得建构

对未成年人保护立法的一点期待

这是一个儿童安全普遍受到关注的时代，一方面时代的发展为我们的孩子制造了越来越多的不安全因素，另一方面现在都是独生子女家庭，成人社会对儿童受害的承受能力也变得日益脆弱。所以，儿童保护法律政策的制定必须放在这样一个社会背景下来考量。

根据联合国《儿童权利保护公约》、我国《未成年人保护法》的规定，儿童的受保护权利是一种十分特殊的权利，这种权利的实现有赖于成人社会的帮助，不能靠儿童自身来实现。与儿童的受保护权相对的是成年人的监护权，这不仅是一种权利更是一种责任和义务。只强调家长的监护责任是片面的，其中还应该包括国家监护权，它是高于家长监护权的。当家长不能或者不宜行使这些权利时，比如在家长严重侵害儿童的权益时，国家有权利剥夺家长的监护权。但是我国还缺乏这方面的有效机制，实践中很少有剥夺父母监护权的先例。当父母不尽职或没有监护能力的时候，我们往往没有办法改变这种情况，致使一些问题突显，比如吸毒子女的监护问题。儿童保护的国家监护责任虚置，是目前急需引起重视的问题。

发达国家儿童保护的立法主要是用来约束成年人的，社会对于儿童遭受成人侵害的"零容忍原则"也在越来越多国家的儿童保护立法中确立起来。而我国儿童保护的立法针对儿童有太多限制性的内容，但是对于成人社会侵害儿童权益的惩罚却过于宽容，对于疏于履行保护儿童责任的成年人也缺乏有力的制裁和督促机制。此外，我国儿童保护立法中还存在另一个突出问题——对儿童平等保护的重视不够，对于许多弱势儿童而言，法律对儿童进行特别保护的规定实际上很难得到落实。这些问题都急需通过完善我国儿童立法来解决。

(原载《检察日报》2011年6月2日,原标题为《对儿童保护立法的一点期待》)

三鹿事件后的未成年人保护立法

随着河北高院全案驳回田文华等人上诉维持原判裁定的做出，喧嚣一时的三鹿毒奶粉事件正在逐步淡出人们的视野……

三鹿毒奶粉事件受害婴儿人数之多，受害面之广，令人震惊。截至2008年12月底，中国已累计报告因服用问题奶粉而致病的患儿29.60万人，其中有52898名患儿接受住院治疗，尚有316名患儿未能康复出院。我们注意到，对三鹿毒奶粉事件的反应与反思主要围绕三个方面展开：一是"产业"影响。各界舆论高度关注三鹿事件对中国乳业的影响，相关政府部门高度关注如何消除其对乳制品产业的影响，尽快让乳业恢复和振兴；二是救治与善后。尽管患儿健康也被强调，但明显具有如何尽快平息事态，防止矛盾激化，维持社会稳定的考虑；三是食品安全。注重的是如何完善对食品安全的监管以及政策、法律的完善。

令人费解的是，近30万婴儿所遭受到的严重伤害并没有使得中国儿童保护机制，尤其是儿童保护立法所存在的严重漏洞本身成为舆论关注的核心议题。

世界上签字国最多的国际公约——《联合国儿童权利公约》第三条第一款规定："关于儿童的一切行动，不论是由公私社会福利机构、法院、行政当局或立法机构执行，均应以儿童的最大利益为一种首要考虑"，这一规定即被视为儿童保护最高准则的"儿童最大利益原则"。与这一原则相适应的是，各国的儿童保护立法具有以下典型特征：一是儿童被视为人权保障的精选人权，儿童保护立法也被作为高度优先事项；二是普遍对儿童保护采取与成年人分离的专门立法，并且具有显著的"例外性"立法的特征。例如，即便是在那些支持色情业合法化立场的国家，仍然严厉禁止儿童色情;三是对侵害儿童权益的违法犯罪行为规定严厉的法律责任,甚至普遍性施以重刑,儿童权益具有犯罪"高压线"的显著特征。

三鹿事件折射出中国儿童保护立法存在着严重的硬伤。一方面,一部未成年人保护法涵盖了家庭保护、学校保护、社会保护、司法保护,在表面上构建了一张对儿童予以全面保护的法律网,但实际上这部法律既没有明确确立儿童最大利益原则,也是一部缺乏严格法律责任条款的"没有牙"的法律,难以为儿童提供有效的法律防护。另一方面,儿童保护专项立法严重缺乏,儿童保护法律体系还远未构建起来。

我们希望,三鹿事件可以成为中国儿童保护立法进步的一个转折点。如果近 30 万儿童的健康仍然警醒不了成人社会,那将是何等的悲哀?

首先,应当明确将儿童最大利益原则确立为儿童保护的首要原则,并以此原则指导儿童保护工作。2006 年未成年人保护法的修改仅规定了儿童优先、特殊保护原则,没有勇气直接规定儿童最大利益原则,这不能不说是这次修订未成年人保护法的败笔。

其次,应当破除未成年人保护法所构建的表面严密的儿童保护网的错觉,高度重视儿童保护的专项立法。例如针对三鹿事件所反映出的儿童食品安全问题,应当专门制定《儿童食品安全法》,对儿童食品安全予以特别立法,而不是仅仅去修订儿童与成年人不分的《食品安全法》。

再次,必须让侵害儿童权益的违法行为承担最为严重的法律后果,让儿童权益成为违法犯罪的高压线,贯彻重刑主义。我们是死刑废除论的倡导者,但对于严重侵害儿童权益的行为则是一个例外。正是从这个意义上看,我们很遗憾三鹿集团董事长田文华最终没有像郑筱萸一样作为一个象征处以死刑。

(原载《青少年犯罪问题》2009 年第 3 期卷首语)

从控制走向尊重：
新《未成年人保护法》的进步

2006年12月29日,十届全国人大常委会第25次会议表决通过了《未成年人保护法(修订草案)》,修订后的《未成年人保护法》(简称新法)将自2007年6月1日起施行。在法律制定、修订频繁的今天,尽管《未成年人保护法》的修改远不如宪法、物权法、刑事诉讼法等所谓重大法典的修改、制定那样引起社会各界的广泛关注与热烈讨论。然而,若从法典精神的提升角度宏观评价此次修法,毫无疑问,新法将在我国未成年人立法史上产生里程碑式的意义。

旧《未成年人保护法》的制定有着浓厚的治理青少年犯罪的背景。回顾立法的过程,并不难发现控制青少年犯罪是制定这部法律的原动力,《未成年人保护法》正是基于青少年犯罪是因为青少年没有得到有效保护,以及应采用综合治理刑事政策的认识下出台的。尽管隐蔽而又迂回,旧《未成年人保护法》对这一立法思路的体现仍是十分明显。例如总则部分强调未成年人保护的共同责任;法典结构上采用家庭保护、学校保护、社会保护、司法保护的综合"保护"体系,并在这四大保护体系中重点对于与未成年人违法犯罪有重要关联的环节进行了规定,其中尤其以司法保护采用狭义为突出。

在这样的背景下,旧《未成年人保护法》体现了浓厚的强化未成年人控制的意图。在诸多打着"保护"旗帜的条文下,未成年人作为权利主体以及独立个体的人格、思维、行为等特点并没有得到应有的尊重。例如旧法第一条即毫不掩饰地宣称要"把他们培养成为"有理想、有道德、有文化、有纪律的四有"完人"。虽然名为"未成年人保护法",但却在没有确立未成年人基本权利,特别是权利特殊性的情况下,即在第三条中直接将未成年人确立为被教育的对象。在第四条确立保护未成年人工作应当遵循的原则中,又规定了"教育与保护相结合"的原则,再次对未成年人是成人教育的对象进行了强调,然后才在第五条中规定了未成年人保护是成人社会的共同责任。

虽然未成年人身心发育不成熟、社会化还没有完成,需要成人社会的保护和净化其成长的环境,但这并不意味着未成年人是没有独立人格、尊严、心智、思想的客体,也并非成人社会任意"保护"、"塑造"的对象。成人社会在承担起保护未成年人、净化未成年人成长环境的时候,应当对未成年人权利的特殊性、身心的特殊性、人格尊严、思想、意见等给予应有的尊重,这样的"儿童观"才是应当贯穿于未成年人保护立法中的现代儿童观。

新法在儿童观的革新上所取得的进步可谓革命性的。首先,增加和确立了未成年人最应享有的四大权利——生存权、发展权(基于未成年人阶段的特点,将受教育权单独作了强调)、受保护权和参与权,以及国家对此四大权利的保障义务和非歧视性义务,并在条文顺序上,将之列为第三条。而旧法没有明确未成年人享有哪些需要特别保护的权利。在今天看来,作为未成年人权益保护法典竟存在这样的缺失是十分令人费解地。

其次,尽量祛除"塑造论"的痕迹,体现了尊重未成年人成长自然规律和身心特点的思路。例如在立法目的中删除了"把他们塑造成为……"(第一条)的话语、增加了"学校应当与未成年学生的父母或者其他监护人互相配合,保证未成年学生的睡眠、娱乐和体育锻炼时间,不得加重其学习负担"(第二十条)的规定等。

再次,将尊重儿童权利和独立个体的新儿童观贯穿于各章的修改之中,其中最显著的体现莫过于对未成年人参与权的保障条款的增设上。例如在家庭保护章中,新增第十四条规定"父母或者其他监护人应当根据未成年人的年龄和智力发展状况,在作出与未成年人权益有关的决定时告知其本人,并听取他们的意见",在礼制传统实际仍根深蒂固于家庭领域的中国,这样的规定具有"颠覆"性的意义。社会保护章中,新增"全社会应当树立尊重、保护、教育未成年人的良好风尚,关心、爱护未成年人"(第二十七条)的规定统领全章,"尊重"显著地摆在了"保护"和"教育"之前。司法保护章中则增加了"人民法院审理离婚案件,涉及未成年子女抚养问题的,应当听取有表达意愿能力的未成年子女的意见"(五十二条第二款)的规定。

可见,新法体现了尊重未成年人身心特殊性,规定特殊保护、优先保护,同时并不因为未成年人相对不成熟而抹煞未成年人的独立人格、思想,而是尊重未成年人作为独立个体的存在的思路。从这个意义上来看,《未成年人保护法》的修改的确可以称为"我国未成年人保护立法新的里程碑",是我国法治建设的重大进步。

新法最后一条选取了6月1日国际儿童节这样一个特殊的日子作为正式施行的时间,表达了立法者希望未成年人保护法能够给孩子带来安宁和快乐的美好祝愿。然而,孩子决不会仅仅因为未成年人保护法的修订而快乐,侵害未成年人权益的现象也并不会仅仅因为《未成年人保护法》的修订而自动减少。《未成年人保护法》所要求和倡导的尊重孩子、净化孩子成长环境的精神,以及要求成人社会担负起未成年人保护的职责、禁止侵害孩子权益的规定还需要从法条转化为切实的行动。祝愿新法的施行能够促进"尊重"未成年人的社会环境早日形成。

(原载《为了孩子》2007年试刊号)

纪念《未成年人保护法》实施二十周年

1991年9月4日,七届全国人大常委会第二十一次会议通过了《未成年人保护法》,自1992年1月1日起正式施行。

2011年是《未成年人保护法》颁布20周年之际,吊诡的是,在这样一个特殊的年份,无论是官方还是民间,均没有按照惯例举行任何形式的纪念或者研讨活动。一个可能的解释是,这部由全国人大常委会通过的法律是一部容易且可以被忽视的法律,而且似乎是一部越来越不重要的法律。或许,另一个合理的解释是,我们没有颜面去纪念。

不可否认的是,《未成年人保护法》颁布实施二十年来,我国的未成年人保护事业取得了重大进展。但是,在总结成绩的时候,成人社会仍可能难免愧疚。因为这二十年来,在未成年人成长环境得到可圈可点改善的同时,未成年人受害事件,甚至是群体性、恶性受害事件却是层出不穷。阜阳大头婴儿事件、三鹿奶粉事件、儿童血铅事件、拐卖儿童事件、中学女生援交事件、校车安全事件、校园暴力事件、父母虐童事件……一次又一次地冲击着人们的感官与心灵。"中国儿童"这样一个新近出现的、意味深长的名词,在某种程度上正成为我们这个时代耻辱的象征。

《未成年人保护法》编织了一张涵盖家庭保护、学校保护、社会保护、司法保护的未成年人保护网络,试图给予未成年人全面的保护,但毫无疑问这一网络是疏漏的。徒法不足以自行,能够给孩子提供最佳保护的首先是一种观念,一种深入成人社会每一个人心中的观念——"关于儿童的一切行动……均应以儿童的最大利益为一种首要考虑",此即《联合国儿童权利公约》所确立的"儿童最大利益原则"。遗憾的是,即便是《未成年人保护法》本身,在2006年修订的时候,仍只是规定了"特殊、优先保护",

而并未明确将"儿童最大利益原则"这样一个为国际社会所公认的儿童保护原则明确转化为我国国内法的规定。观念的确立是需要时间的、潜移默化的过程,但我们的孩子不能等待……

《未成年人保护法》所编织的似乎无所不包的未成年人保护网络,容易给人以错觉式的安慰。近些年来,由于未成年人受害事件的频发,很多人批评这部法律缺乏可操作性、强制力不足,是一部"中看不中用"的法律。在任何一个国家,法律都是未成年人的守护神,尽管它不是万能的,但却是未成年人保护的核心武器。而试图依靠一部无所不包的法律来为未成年人提供完善的保护,显然是一种幼稚的观点。

《未成年人保护法》仅仅类似于一部未成年人保护的"小宪法",要为未成年人提供强有力的法律保障,还有待于建构完善的未成年人保护法律体系来实现,而其中的立法重心应当是将"未成年人"确立为违法犯罪与侵权行为的高压线,给予那些胆敢将黑手伸向孩子者以最严厉的惩罚。当然,这更需要不仅仅限于执法者、专职未成年人保护工作者们基于良心和信念的实际行动。

2012年是《未成年人保护法》实施二十周年的年份,或许我们没有颜面去纪念,但是绝不能再错过。纪念不是为总结成绩,而是一种反思、一种反省,也是促进"改变"的一种载体和方式。

(原载《青少年犯罪问题》2012年第2期卷首语)

纪念《预防未成年人犯罪法》颁布十周年

1999年6月28日,第九届全国人大常委会第十次会议通过了《预防未成年人犯罪法》。《预防未成年人犯罪法》与1991年颁布的《未成年人保护法》共同构成了我国未成年人法律体系的两大支柱,也是我国法律体系中独具特色的组成部分。

制定《预防未成年人犯罪法》的渊源,可以追溯到1979年。时年8月17日,中共中央转发了中央宣传部等八单位《关于提请全党重视解决青少年违法犯罪问题的报告》(中央58号文),这是党的历史上首次就青少年犯罪问题治理发出的专门性文件,也是首次就犯罪治理问题向全党发出的通知。20年后,《预防未成年人犯罪法》的出台将执政党重视解决青少年犯罪问题的刑事政策转化为了国家立法,这是国家犯罪治理工作体系的重大进展。

十年来,在社会转型加速期治安形势日益严峻的背景下,《预防未成年人犯罪法》对于保护未成年人健康成长,促进未成年人犯罪的防治,发挥了重要的积极的作用。正如全国人大常委会副委员长兼秘书长、中央综治委副主任、中央综治委预防青少年违法犯罪工作领导小组组长李建国在《预防未成年人犯罪法》十周年座谈会上所言:《预防未成年人犯罪法》的颁布实施为依法开展预防未成年人犯罪工作提供了法律保障,有效遏制了未成年人犯罪的势头,促进了齐抓共管的预防未成年人犯罪工作格局的形成,为未成年人健康成长营造了良好社会环境。

自20世纪70年代末以来,青少年犯罪一直被公认为一种严重的社会问题。在上世纪70年代末80年代初,青少年犯罪在刑事犯罪中所占的比重一度超过70%。随着我国对青少年犯罪防治工作的重视，青少年犯罪出现了好转的趋势，其在整个刑事犯罪中所占的比率持续下降。例如在1990年，人民法院所判决的不满25周岁青少年占刑事罪犯的比率为57.31%,到2006年已经下降到34.15%。但是，值得注意的是，近些年来未成年人犯罪又出现了严重化的趋势。例如，从绝对数来看，1990年人民法院所判决的不满18周岁的未成年犯人数为42033人，到2006年已经增长到83697人。从比率数来看，1990年不满18周岁未成年犯占青少年罪犯的比率为12.64%,到2006年这一比率增长到27.57%。这些统计数字表明，我国预防青少年犯罪的任务仍然十分严峻，当前仍然必须高度重视青少年犯罪(尤其是未成年人犯罪)的防治工作。

在《预防未成年人犯罪法》十周年座谈会上，中央综治委预防青少年违法犯罪工作领导小组组长李建国强调，深入贯彻实施《预防未成年人犯罪法》，推进预防未成年人犯罪工作要把握四项要求，这些要求对于我们进一步有效预防未成年人犯罪有着重要的指导意义：

一要以完善配套法规规章推进法律实施。要围绕预防未成年人犯罪工作的重点难点问题深入调研，制定或修订相关地方性法规。有关部门也要在各自职责范围内制定和修订配套的规章、司法解释和有关政策等。

二要以解决重点难点问题推进法律实施。要解决社会关注的未成年人沉迷网络、社区闲散未成年人管理等重点难点问题，改进对流浪未成年人、"网瘾"青少年等重点群体的教育、管理和服务，发展职业教育、专门教育，加强对未成年人的司法保护。

三要以营造良好社会文化环境推进法律实施。要继续加强行业管理，遏制违法有害信息的传播，加强未成年人精神文化产品的生产推介和未成年人活动阵地建设。

四要以改进法制宣传教育推进法律实施。要进一步加强对未成年人的普法教育，积极开展未成年人喜闻乐见的法制宣传教育活动，营造学法守法用法的良好社会氛围。

(原载《青少年犯罪问题》2009年第4期卷首语)

关于制定《校车安全条例》的几点建议

2011年11月27日,国务院总理温家宝在第五次全国妇女儿童工作会议上要求在一个月内制订出校车安全条例。制定《校车安全条例》(以下简称条例)的时间十分紧迫,同时也是在甘肃特大校车安全事故的背景下启动的,制定条例的难度之大是显而易见的。

我们认为,学生安全具有超越政治、文化等特殊性,条例的制定应充分吸收国外校车管理的立法与实践经验。欧美国家,尤其是美国校车立法与运营经验十分丰富,应当尽可能吸收借鉴,不宜过分强调国情的差异。对条例的制定试提出如下几点建议:

1. 条例所界定的校车宜限定于接送未成年在校生的专用车辆,而不宜扩大,这有利于充分体现对未成年人的特殊保护政策,也有利于这些特殊政策的执行。

2. 条例的制定应体现政府责任原则,政府的角色应从对学校自用或租用校车的管理者,向保障校车安全的责任主体转变。事实上,地方省市如山东、上海等已经出台了地方性校车管理法规、规章,但是这些法规、规章对政府角色的定位是值得商榷的,即过度强调了政府的行政管理者角色,而非校车服务提供与安全保障者角色,这是制定条例需要注意的误区。

3. 条例应当明确校车的法律地位与资金来源,一是明确将校车列入党政机关公务用车,纳入公车保障范围。二是至少应赋予校车与警车、消防车、救护车同等地位,列入特种专业技术用车的范围。考虑到我国目前还有大量学校自备校车及租用校车的现状,以及财政保障的难以一步到位,可以规定一定的过渡期。校车资金来源,应由中央和地方两级财政保障。我们认为,条例不能回避校车的资金保障,不能将校车的配置责任交给学校。否则一方面校车的安全管理仍然难以在短期内有明显的改善,另一方面也会造成因学校、地域等的差异导致校车服务的不平等性。政府购买服务是政府遵循市场的基本原则最有效地满足社会公共需求的重要途径,建议条例明确政府应当通过购买服务的方式,引入市场化运营机制。

4. 条例应当明确校车的硬件配置安全技术标准,但是考虑到条例作为国务院颁布的行政法规的特性,可以将校车硬件配置的安全技术标准授权国家标准委员会制定。国家标准委员会已于2010年制定发布了《专用小学校车安全技术条件》,条例可以责成国家标准委员会在此基础上拟定《专用校车安全技术条件》。

5. 条例应当明确校车的专用外观与标识。校车适用专用外观与标识是国外校车安全管理的重要经验,值得我国借鉴,建议将黄色明确作为校车的专用外观。

6. 在赋予校车特种专用公务用车法律地位的同时,条例应当进一步细化校车的优先权。校车具有特权是保证校车安全的一项重要措施,未成年人是需要社会特别保护的群体,校车不仅仅是一种交通工具,更重要的它还是未成年人短暂而流动的"庇护所"。给予校车优先权是社会重视、保护未成年人群体的重要表现,是儿童利益最大化的具体举措。通过给予校车路上特权,如视"超越正在停靠和上下学生的校车"为严重的交通违法行为,是被国外实践证明了的提高校车安全的有效规定。建议条例明确将超越正在停靠和上下学生的校车的行为界定为严重交通违法行为,处以1000元以下罚款,并记12分。

7. 条例对校车司机资质应予特别要求。例如可以规定校车驾驶人应当符合下列条件:(一)具有相应准驾车型的机动车驾驶证;(二)工作责任心强、技术熟练、驾驶经验丰富;(三)身心健康;(四)具有五年以上驾驶准驾车型车辆的经验。有连续三年以上良好驾驶记录。未发生过负有责任的交通死亡事故。最近三年内任一记分周期内累积记分未满12分。(五)按照规定,接受相关培训并取得公安交通管理部门或客运主管部门颁发的合格证。考虑到校车司机是校车安全的阀门,条例可以借鉴美国经验,在对校车司机提出高要求的同时,也给予校车司机较好的职业保障,例如可以明确校车司机应为学校事业编制工作人员。

8. 条例应当规定校车安全的配套制度，主要包括：

（1）家长衔接制度。对于不满十二周岁儿童，家长应该在校车停靠地接送，做到车到手的对接。

（2）交通安全教育制度。各地教育部门和学校应重视加强对学生的安全教育，每个学校至少应该配备一名法制副校长或任命、委派安全指导员、巡视员，开办安全知识讲座。学校讲授和宣传自我防护、交通安全方面的知识等，培养和提高学生的安全意识。各教育部门应联合交通管理部门等机构每个学期至少组织一次安全演练。

（3）校车管理员制度。学校应当指定专人负责校车的安全管理、安全检查、安全教育工作，并设立管理人员随车负责学生上下车及行驶期间的安全，低年级、幼儿园学生乘坐的校车应当配备不少于 2 名以上照管人员。校车接送学生前，管理人员应当查验校车安全状况、接送学生人数和驾驶人员状况。

（4）应急预案制度。学校应当制定校车突发事件应急预案，落实安全预警机制。明确发生校车交通事故后应急预案的启动、对伤亡人员的救治、责任追究以及上报制度等。校车发生造成学生伤亡的交通事故，学校应当及时报告上级主管部门和公安交通管理部门；发生重大以上事故，学校主管部门应当按照有关规定立即逐级上报，并与其他部门共同做好事故处理及善后工作。

（5）校车安全动态监控制度。公安机关与教育行政部门为校车动态监控责任主体，通过 GPS 系统、信息上报制度等，做到对每辆校车的行驶路线、停靠站点、接送学生人数、驾驶人和随车管理人员等情况实行动态监控。

（原载《青少年犯罪问题》2012 年第 1 期卷首语）

未成年人犯罪立法亟待加强

近些年来,我国未成年人犯罪立法虽有进步,但进展缓慢。据说有一种观点认为刑法、刑事诉讼法、监狱法等法律中均有关于未成年人的相关条文,已经足以应付少年司法实践的需要。这样的观点颇有影响力,例如近期刑事诉讼法修订草案中拟增设未成年人刑事诉讼程序专章就遭到了不少反对意见。我们认为,这样的主张是值得商榷的。

各国关于未成年人犯罪的立法模式可以归纳为三种:

第一种为附属立法模式,其特点是并不专门制定少年法法典,也不在刑法、刑事诉讼法、监狱法等刑事法律中设置专门的未成年人犯罪章节,而只是以少量、零散、不成系统的附属性条文对未成年人犯罪做出规定。这是一种最为古老的关于未成年人犯罪的立法模式,在独立的少年法出现以前,世界各国均采用的是这种立法模式。如国外《十二铜表法》、《查士丁尼法典》、《撒利克法典》,我国古代《周礼·司刺》、《法经》、《魏书》、《唐律》等,均有关于未成年人犯罪的专门条款。由于这种立法模式与未成年人应予以特别保护的社会思潮、未成年人应与成年人分开的现代儿童观、未成年人犯罪与成年人犯罪本质不同的现代刑事法理论相背离,因此自19世纪"拯救儿童运动"、"少年法院运动"兴起后,已为越来越少的国家所采用。今天,这种立法模式也常被国际社会视为少年司法制度发育落后、儿童人权保护滞后的重要标志。

第二种为独立立法模式。在启蒙运动和近代科学的推动下,19世纪西方国家兴起了"拯救儿童运动"。在这样的历史背景下,1899年美国伊利诺伊州制定了世界上第一个专门的少年法法典——《少年法院法》,并在库克郡建立了世界上第一个少年法院。这一做法得到了广泛的赞赏,各国纷纷效仿,由此形成了 20 世纪著名的少年法院运动。今天,世界上大多数发达国家和地区——无论是大陆法系还是英美法系,均采用了针对未成年人犯罪制定专门法典的独立立法模式。

第三种为半独立立法模式。这种立法模式折中于附属立法模式和独立立法模式之间,在普通刑法、刑事诉讼法、监狱法等中以专章(专节、专篇等)立法的形式,对未成年人犯罪做出规定。采用这种立法模式的,往往是那些少年司法制度发育还不十分成熟、法治基础有所欠缺的国家或者人口较少的国家,例如俄罗斯、越南、瑞士等。

总的来看,我国目前关于未成年犯罪人保护的立法模式尚属于第一种——附属立法模式。这种立法模式与我国改革开放 30 年来法治建设已经取得重大进步的状况明显不相适应,也与我国少年司法实践发展的需求严重不相适应。

我国作为联合国安理会常任理事国,自 20 世纪 90 年代初期以来就积极推动联合国少年司法规则的国内法化,1991 年制定了与《联合国儿童权利公约》对应的《未成年人保护法》,1999 年制定了与《联合国预防少年犯罪准则》(利雅得准则)对应的《预防未成年人犯罪法》,但是唯独欠缺与《联合国少年司法最低限度标准规则》(北京规则)对应的专门法律。而在发达国家和地区大都制定有专门的少年法,如日本有《少年法》、德国有《少年法院法》、加拿大有《青少年审判法》,我国台湾地区有《少年事件处理法》、香港有《少年犯条例》、澳门有《关于未成年人司法管辖的法例》。

我国在现阶段至少应当做到在刑事诉讼法中设未成年人刑事诉讼程序专章,在刑法中也应当设未成年人刑法专章。据了解,刑事诉讼法修订草案拟增设未成年人刑事诉讼程序专章,但现有内容仅包括实行"教育、感化、挽救"方针和"教育为主、惩罚为辅"的原则等内容。总的来看,这些内容还很单薄,对近 30 年来我国少年司法实践中所形成的成熟经验吸收还不够,应当开展更为系统、深入的研究后,将简案快审、分案审理、圆桌审判、法庭教育等成熟做法吸收进刑事诉讼法中。当然,从长远来看,我国应向制定一部统一的司法型少年法努力,这部少年法可以采取组织法、实体法、程序法合一的模式,还可以参考发达国家和地区的立法经验,把对严重不良行为的教育矫治措施与程序(如工读教育、收容教养等)等纳入其中。

(原载《预防青少年犯罪研究》2011 年第 6 期)

新刑事诉讼法设置未成年人专章的意义与遗憾

2012年3月14日,第十一届全国人民代表大会第五次会议表决通过了《关于修改〈中华人民共和国刑事诉讼法〉的决定》,对刑事诉讼法进行了较大幅度的修正,其中一个引人注目之处是增设了"未成年人刑事案件诉讼程序"专章。专章共十一个条文,初步构建了我国未成年人刑事诉讼程序的基本框架,其主要内容包括"教育、感化、挽救"方针、"教育为主、惩罚为辅"原则、社会调查制度、严格限制适用逮捕措施、羁押未成年人的三分别制度(分别关押、分别管理、分别教育)、合适成年人参与制度、附条件不起诉制度、不公开审理制度、犯罪记录封存制度等。

刑事诉讼法未成年人刑事案件诉讼程序专章的设置对于我国少年司法制度建设乃至整个刑事司法制度的发展均具有重大的意义,具体而言可以概括为以下方面:

一是专章的设置使长期处于边缘状态的少年司法制度正式"登堂入室",少年司法制度不仅仅在刑事诉讼法中而且也在整个刑事司法制度中终于获得了一席之地。

二是专章的设置将大大提高我国未成年犯罪嫌疑人、被告人司法保护的力度,尤其是将大大提高未成年人犯罪嫌疑人、被告人司法保护的平等性,缩小司法保护的地域差别性。

三是从立法内容来看,专章的内容基本上是对近三十年来我国少年司法实践探索经验的确认,是对三十年来大量、长期在少年司法领域默默开拓、耕耘"少年司法人"的最大肯定,具有稳定和发展少年司法队伍、机制的重大意义,这也将意味着今后少年司法制度建设将走向常态。

四是刑事诉讼法的先行设置专章将带动刑法、预防未成年人犯罪法等相关法律的修订，由此产生推动我国少年司法改革发展的积极作用，也很可能开启我国少年司法改革的黄金时期。

五是专章的设置具有刑事司法改革试验田、先行者的特点，该章所规定的目前仅仅适用于未成年人的附条件不起诉、犯罪记录封存等制度将通过在少年司法领域的实践逐步拓展适用于成年人，由此促进整个刑事司法制度的完善。

当然，此次刑事诉讼法所设置的未成年人刑事诉讼程序专章也还存在诸多遗憾，其中最为核心之处是离现代少年司法的理念还有较大的差距，还没有跳出刑罚中心主义的思路。现代少年司法的一个显著特点是主张"以教代刑"，以福利性干预措施（保护处分）替代刑罚，刑罚是一种不得已的最后手段。尽管专章明确规定了"教育、感化、挽救"方针、"教育为主、惩罚为辅"原则，但是却没有规定非刑罚处罚措施（保护处分）的适用程序。耐人寻味的是，这次刑事诉讼法修正案规定了精神病人的强制医疗程序，但是却并未对未成年人犯罪的非刑罚处罚措施进行规定，这是立法的一大疏漏。当然，这也可能与刑法的不完善有较大的关系。

另一个显著不足之处是，专章对少年司法实践中所形成的较为成熟的经验并没有充分吸收，未成年人刑事诉讼特别程序的建构还不完整。例如法庭教育程序、圆桌审判制度、心理测试制度、简案快审制度等，在专章中均没有规定。专章中已有的规定，例如社会调查制度、附条件不起诉制度等，也还过于谨慎，没有对少年司法实践较为成熟的经验予以充分尊重。

当然，刑事诉讼法增设未成年人刑事诉讼特别程序专章只是我国少年司法法典化的开始，而实践先行积累经验，立法再选择性筛选固定的少年司法改革路径仍应成为今后我国少年司法改革的主要路径。

（原载《青少年犯罪问题》2012年第3期卷首语）

刑法增设未成年人特别刑法篇的建议

近些年来,侵害未成年人的恶性案件时有发生,尽管社会影响恶劣、社会危害性严重,但因刑法规定的漏洞而无法予以应有的惩治。另一方面,刑法对严重危害社会但因未满十六周岁而不予刑事处罚的未成年人以及有严重不良行为的未成年人也缺乏完善的干预措施,造成"养大了再打,养肥了再杀"的困境。同时,刑法对于构成犯罪的未成年人所规定的刑事责任承担方式过于单一,实际仍以惩罚为主,"教育、感化、挽救"方针缺乏落实的载体,不利于犯罪未成年人的矫正。

上述问题的频繁与重复性出现,在近些年引起了社会各界的强烈反响,也暴露未成年人的刑法保护存在制度设计上的硬伤。刑法作为未成年人保护的底线与最重要的武器,应当更加具备儿童意识与儿童观念,体现儿童最大利益原则与国家亲权原则,在未成年人保护中发挥更加重要的作用。具体而言,一方面应严密法网从严从重打击侵犯未成年人的犯罪。另一方面,应参酌各国立法例,在完善未成年人刑罚的同时增设"保护处分",以体现以教代刑的观念。

鉴于此,针对刑法的完善提出三点建议:

第一,建议制定加强未成年人刑法保护的专门修正案。

自1997年以来,已经颁布了八个刑法修正案,在多个修正案中也有未成年人的条款。但是,刑法一直缺乏对未成年人保护的系统考量,不能适应未成年人保护的需要,因而不宜再采取零敲碎补的立法形式。

出台未成年人刑法保护专门修正案有助于从顶层设计的层面对刑法进行完善,也有助于加强未成年人的刑法保护和针对性的解决我国少年司法制度建设中的瓶颈性问题。

第二，专门修正案宜采用在刑法中增设"附编　未成年人特别刑法"的立法形式。

从国外立法来看，未成年人刑法有三种立法模式：一是附属条文模式，二是专章（篇）模式，三是独立立法模式。2012年刑事诉讼法在修订时增设了"未成年人刑事案件诉讼程序"专章，作为实体法的刑法也应尽快采用专篇模式以为对应。

从修正案立法技术来看，由于"未成年人特别刑法"的条文数较多，采取附编形式立法，也能保持刑法形式上的稳定性而不会打乱刑法原有条文与结构。

第三，附编"未成年人特别刑法"宜包括"未成年人犯罪与特殊处遇"及"危害未成年人罪"两大基本内容。

现行刑法是以理性的成年人为假设对象制定的，而未成年人恰恰被认为是非理性的、不成熟的人。无论是犯罪的未成年人还是被侵犯的未成年人，都具有不同于成年人的特殊性，应当予以特殊对待。专门修正案需要重点解决的问题有二：一是完善未成年人犯罪的特殊处遇；二是严密法网以从严从重打击侵犯未成年人的犯罪。因此，附编"未成年人特别刑法"也宜包括"未成年人犯罪与特殊处遇"及"危害未成年人罪"两大基本内容。

（本文系2014年7月受团中央委托起草的立法建议摘要）

第七辑
法域之思：有一种思忖是否有些忧伤

所谓法律信仰

西方法治传统的形成与其宗教信仰传统之间有着极为密切的关联,其法律信仰的形成直接源自宗教信仰的传统。伯尔曼指出:在作为整体的西方人看来,过去两千年间历尽艰辛建立起来的西方法学的伟大原则,例如公民不服从的原则,旨在使人性升华的法律改革的原则,多种法律制度并存的原则,法律与道德体系保持一致的原则,财产神圣和基于个人意志的契约权利的原则,良心自由原则,统治者权力受法律限制的原则,立法机构对公共舆论负责的原则,社会和经济行为的法律后果可以预知的原则,以及较晚出现的国家利益和公众福利优先的社会主义原则,都主要产生于基督教会在其历史的各个阶段中的经验。

从西方法律信仰传统的培育过程中我们不难看出,培育法律信仰的根基在于信仰传统,尤其是宗教信仰传统的存在。要想在一个没有宗教信仰传统的国家建构公众对于法律的普遍信仰,无异于在沙滩上建高楼,其艰难性可想而知。

整体而言,中国是一个没有信仰传统的国家。任何一种宗教都未曾在中国获得一种哪怕是在短期内为普通民众所真正信仰的地位。中华民族是一个按照实用主义原则行事的民族,没有一种宗教,哪怕是所谓长期奉为正统的"儒教"也并未获得公众普遍信仰的地位。而儒教文化的源远流长,并不是有利于信仰传统的形成,相反,它使得"历史上建构神圣论述的努力都无一例外地失败了"。

可以想见,在没有信仰传统的中国,法律信仰的培育将会是怎样一个艰巨而长期的过程。而任何忽略中国宗教信仰传统缺失的背景去谈论法律信仰,都将使法律信仰成为一句没有任何实践价值的空洞口号。

法律信仰的培育,绝不可能仅仅靠牧师般的精神说教就能实现。人具备趋利避害的本能,法律要赢得公众的信仰必然要求一个基本的前提,那就是法律首先是良法——能够给公众正义的预期,并确实地实现正义。博登海默曾经指出:"当民众从现行法律中找到公平、安全和归属感时,就会对法律充满信任、尊重,觉得自己有法律人格,他就会自觉守法、衷心拥护法乃至以身捍卫法。而当民众从法律那得到的只有压抑、恐惧、冤屈、暴力、显然的不公平,他又怎会信任、自觉服从并且衷心拥护与他利益相悖的法律条文或命令呢?"尽管我认为,高层级的法律信仰并非良法的信仰,但是要培育公众对法律的普遍信仰,法律必须是为了人民的利益而制定(对立法者的要求),并且得到良好的执行(对执法者的要求),法律成为给以民众公平、安全和归属感的善良之法,或者简单地说,通过法律能够实现正义,这是培育普通公众对于法律的感情,乃至信仰法律所必不可少的前提。惟其如此,法律信仰才有可能从初级阶段过渡到高级阶段,也就是从良法的信仰过渡为无选择的信仰。

我曾经有幸在西南某劳教戒毒所工作,在海拔900多米的高山上,我得以以一个基层司法者的思维冷静地审视法律,那种体验也许是片面的,但绝对是深刻的。在离开劳教戒毒所的时候,我在日记本上写下了这样一句话:"如果在中国连法律都可以被信仰,那么还有什么不可以被信仰的呢?"当收容遣送、恶性拆迁、超期羁押、司法腐败……一次又一次地刺痛国人心灵的时候,法律如何可能成为公众普遍的信仰?

法律信仰是有成本的,当法律并未获得哪怕是形式上至高无上的权威地位时,当法律处于被任意践踏的情境时,当权力始终凌驾于法律之上时,法律信仰的成本是高昂的,法律信仰者的命运几乎只能是悲剧性的。

如果把创建和初步发展中国近代法学的第一代法学家称为中国的第一代法律信仰者,我们可以发现,他们的命运几乎都带有悲剧性的色彩。这种悲剧性主要表现为肉体与精神上的几乎毁灭性打击。

当法律的地位仅仅获得了一种形式上至高无上的地位时,法律信仰者的命运也同样是悲剧性的,尽管这种悲剧并不表现为肉体与精神上的毁灭性打击。如果把20世纪70年代末期以来,复兴中国法学的第二代法学家称为中国的第二代法律信仰者,我们也可以发现常常摆在他们面前的三条悲剧性命运:一是受"招安","痛苦的人"出任政府官员或者司法官员,而后逐渐褪去、失去信仰者的本质;二是成为"御用法学家",留在高校和研究机构为每一项法律与法律制度拍案叫好;三是成为"朦胧法学家",写着一些连自己都看不懂的论著。

杰弗逊曾经说过:"自由之树必须时常以爱国者和专制者的鲜血使之更新常青,这是它的天然肥料。"法律要赢得至高无上的地位,也需要一批又一批信仰者的悲剧性命运来逐渐触动和改变,去改变我们贫乏的、缺乏法律信仰的土地,尽管这一过程必然是漫长的。

培育法律信仰,首先必须使法律真正获得至高无上的地位,降低法律信仰的成本!

某种程度上说,法律是否成为公众普遍的信仰是评判一个国家法治化程度的重要标志。法律信仰是一个需要逐步培育的过程,从中国语境出发,我把这一过程称为法律信仰的三个层次:

第一个层次:法律获得普遍的尊重。最为重要的是,权力必须尊重法律,而不能玩弄法律于股肱之中,任意凌驾于法律之上。对于普通公众而言,他们并不一定虔诚地信仰法律,但是必须尊重法律,表现为守法、对法律人的尊重、对法院判决的尊重等。

第二个层次:法律获得普遍的信任。我们的现实是,普通公众并不信任法律,"打官司就是打关系"的民谚颇能代表这样的心态,即便是在法学院中长期熏陶于法律信仰教育的大学生也难以信任法律。不久前华东政法学院发生了一起餐馆老板殴打女大学生的事件。事件之初,警方并未对打人者施以任何处罚,在事件处理过程中还采取了打人者乘坐警车前往派出所,而要求女学生自己打的前往的方式。悲愤之余的女大学生采取的是张贴大字报,号召同学不去该餐馆用餐的反抗方式。法律要赢得普遍的信任,要求法律的制定及其执行都是良好的,公众通过法律能够实现正义。

第三个层次:法律获得普遍的信仰。在这一层级状态下,法律信仰获得了三个基本特征:一是普遍性。法律信仰是公众的普遍性行为,而不只是法律精英者的表率。二是内化性。法律内化为公众内心的信念,信仰者自然地,而非寓于外部力量强制地把法律作为其行事的准则。三是无选择性。主体对于法律的信仰并不进行所谓良法与恶法的选择,而是表现出一种宗教般的虔诚。停留在所谓良法阶段的信仰,不是完全意义上的法律信仰。

法律信仰的培育是一个逐级"修炼"的过程,公众如此,个人也是如此。

(2004年5月26日晚演讲于华东政法学院博士生论坛,原载《河南政法管理干部学院学报》2004年第5期)

我所理解的法学家
——获评上海市优秀中青年法学家后的几点感言

感谢上海市法学会授予我"优秀中青年法学家"这样一个沉甸甸的荣誉,这不仅仅是我个人的荣誉,更是我目前所服务的上海政法学院的荣誉,也是支持我的亲朋好友、教诲我的老师长辈、培养我的学校与曾经工作过的单位的荣誉。

我遇见一些文学界的朋友,他们会在名片上印上"作家"的名头,全国也有作家协会的组织,但是迄今为止我还没有见到一个把"法学家"头衔印在名片上的法律人——即便他获得了全国十大优秀中青年法学家的称号,国内也只有"法学会"而还没有发现"法学家协会"这样的组织。

自改革开放以来,我国法学研究成果丰硕、人才辈出,但是仍然有人把法学视为一个"幼稚的"学科。三十余年来,我国法治建设的成就有目共睹,社会主义法律体系也宣布形成,但是建设法治国家仍然任重而道远。评价法学家不能仅看在什么样的刊物发表了什么样的论文、在什么样的出版社出版了什么样的著作,更要看其对社会尤其是国家法治建设的贡献与担当。正因为如此,我更愿意把"中青年法学家"这个称号看作"鞭策"而非"荣誉"。

什么是法学家?《元照英美法词典》解释为"非常精通法律的人……可能是法官或职业律师,但更多是指著名的法学学者、法学著作家"。我个人觉得,法学家除了应精通法律外更应是学有所成、术有专攻的人。尽管在总体上我的学科归属是刑事法学,谋生也靠的是讲授刑法学、犯罪学、青少年犯罪学、毒品犯罪、金融犯罪对策等课程,但最近十年来我把比较多的精力放在了青少年犯罪、少年司法、儿童权利的研究上,并希望通过"未成年人"这一支点打通刑法学、刑事诉讼法学、犯罪学、监狱学等刑事法学科界限,将"刑事一体化"转化为一种个人可以践行的学术之路。

法学家不应当自命清高,甚至刻意与社会保持距离,而应当积极参与和投入司法实务与法治建设之中。我很庆幸自己曾经有过作为警察和副检察长的工作经历,这让我能够对中国的法治感同身受。即便身处高校我也一直将比较多的时间放在了直接参与司法实务、防控犯罪实践、热点疑难案例研讨、培训讲学等方面。尽管这分担了我相当的精力,但也让我能够时刻体验到国家法治建设的"脉动",并为自己能够有所付出而感到些许自豪。当然,在不少时候我也会产生一种无力感,比如在我国的未成年人法制建设领域,但这也许正是一名学者的价值所在。

法学家应当是理性的人,但也应当是具有人文情怀的人。作为法学家,如果从事的是法律实务工作,则不应是只知机械办案的"恐怖的"法官、检察官、警察;如果从事的是教学科研工作,则不应成为课堂上的愤青或者埋头名利的势利之徒。而无论你从事的是什么样的职业,既然有了"法学家"之名就应关注中国的法治进程,感知民众的疾苦,不随波逐浪、不麻木不仁,也不与周围的世界格格不入。

我注意到,在本届评选出来的十位中青年法学家中,我好像是最年轻的一个,也可能是长得最"青年"而不像法学家的一个。即便获得的是"中青年"法学家的名称也的确甚感惶恐,但我会为缩短差距而继续努力——从形象到内涵。

(部分内容以《积极参与国家法治建设》为题发表于《解放日报》2012年12月13日)

维稳"海啸模式"的出路

当前我国正处于社会矛盾凸显期,以群体性事件为代表的社会冲突日益突出,"维稳"成为各级党政机关尤其是基层党政机关所面临的最为棘手的难题。

社会冲突是一个很宽泛的概念,当我们把它与社会稳定联系在一起的时候必须要思考一个问题,那就是什么样的社会冲突会对社会稳定造成影响?《水浒传》里面有两对矛盾很典型,一是高俅与林冲的矛盾,二是牛二与杨志的矛盾。高俅和林冲之间是阶层仇恨与对立,牛二和杨志之间的矛盾属于街头冲突,大体可算"人民内部矛盾",这两者之间是不一样的。前者肯定会影响社会稳定,而后者属于街头犯罪,一般来说不会对整个社会公共安全机制造成重大影响。

具体来说,目前和今后较长时期内影响社会稳定的社会冲突类型主要有以下一些:

一是官民冲突,这实际上就是国家与社会之间的冲突。这一冲突在当前日益突出,在一些地方甚至可以说到了"水火不容"的地步。

二是劳资冲突,按传统的观点,这已不再是阶层冲突而是阶级冲突了。这一冲突现在也日益突出,而且出现了从"自发"到"自觉"阶段的演变趋势。

三是贫富冲突,即贫富之间的矛盾。我国贫富之间的差距已经到了十分危险的地步,其给普通民众所带来的"相对剥夺感"正成为容易被偶发因素引发群体性事件的导火索。

四是成人社会和青少年群体之间的冲突,这是容易被忽视但却是各种威胁公共安全冲突的基础性矛盾,也是我们需要特别考虑的。

从公共安全机制角度来说，这五类冲突大体都属于林冲与高俅之间的冲突类型，也是对我国社会稳定威胁最大的冲突类型。我国目前对于社会冲突的解决方式，被形象地概括为"维稳"，而且被提到压倒一切的高度。从其实际运作来看，日益具有类似于"海啸"的特征，因此我把目前的维稳机制概称为"海啸模式"。

在这样一种维稳模式下，无论是维稳的哪一方，都会感到有种无法喘息的压力。由于一旦维稳出了问题，对维稳责任者而言就意味着严重的后果，所以他们往往"被迫"并逐步习惯采用各种制度内外的手段去对付那些胆敢挑战稳定的人。所谓"水平就是摆平，搞定就是稳定，无事就是本事"，就是这种"目的正当化手段"的生动描述。

除了"目的正当化手段"外，维稳海啸模式的第二个突出特点是"传导性"，只要在我的任期、我的部门、我的岗位、我的地方不出事，哪管他身后、其他领域、其他地方"洪水滔天"，于是能推则推、能转则转、能耗则耗、能挂则挂，能现在用"人民币"解决就用人民币解决。

维稳海啸模式的第三个特点是"累积与放大效应"，矛盾、冲突越积越多，并且逐步、逐级被放大……如果不能得到有效的疏导，最后就可能变成一个无法抗拒的灾难。

来自国家统计局的数据显示，从 2000 年开始，我国的基尼系数已越过 0.4 的警戒线，2006 年升至 0.49，这表明我国目前的贫富差距已经到了容易引发社会动乱的阶段。于是最近有一个讨论引人关注——我国还能稳定多少年，为什么贫富差距这么大还没有发生社会动乱？这可能有一个制度惯性的因素在里面，并不意味着我国目前的维稳模式是有效和值得肯定的。

现在流行"风险社会"的提法，很多人会感到缺乏安全感。当前我们所面临的一个严峻挑战是——对于一波一波传导、放大的社会冲突、矛盾，能否在其形成灾难性的"海啸"之前将其阻止下来、疏散掉？

要想阻止"海啸"灾害的发生，必须对我国目前的维稳模式进行反思，建立新的公共安全机制。在我看来，新的公共安全机制有三个核心的组成部分：

第一是释放机制或者表达机制，这主要是指应当建立一种诉求表达的机制、不满情绪的无害化疏解途径，在这个方面我们目前存在很大的问题。例如，刑法所规定的非法经营罪、寻衅滋事罪、妨害公务罪、聚众冲击国家机关罪、编造虚假恐怖信息罪等罪名存在被滥用的现象,一些地方已经出现了用这些罪名打击作家、记者、钉子户、举报人、"发牢骚人"甚至以不适当方式向权力部门求助者的案例,这是一个很糟糕的现象,应当引起重视。

第二个是利益分享机制。目前,不同阶层之间的利益分享机制很不健全。《南方周末》曾经有一篇文章已经指出了这个问题,这篇文章对于我国的八万亿财政收入怎样流向底层民众进行了反思。再比如,我国目前用巨额外汇储备买了美国国债,却为什么不用于改善本国民生。在老百姓眼中所看到的一个客观存在的现象是,既得利益者为了维护自己的利益把现有的资源占用到了极致,这是个很糟糕的情况。

第三个就是上下阶层的流通机制。学术界已经公认科举制的存在是中国封建社会能持久的重要原因,而现在已经出现的让我感到很危险的现象是高考机制所发挥的类科举制的功能正在丧失。以前高考是大部分底层孩子改变个人命运、家族命运的方式,但现在毕业即失业,大学生连就业都难,甚至大学生本身也成了维稳的对象。对于大部分底层民众而言,现在读大学大体上只能产生加深家族贫困的后果,这种情况是非常可怕的。另一个原本可以发挥上下阶层流通功能的通道——公务员考试机制在实际运转中也存在很大问题而基本上发挥不了阶层流通管道的功能。对于农民工、穷二代等底层民众而言,基本上连参加考公务员考试的资格都没有。在我看来,阶层流通的管道有多大并不要紧,关键是要有——而且公平、公正。如果缺乏这样一条管道,对阶层之间冲突的影响将会是灾难性的。

解决社会冲突需要划条底线。实际上目前缺乏底线是一个较为普遍的现象。当贪官当得没有底线,混黑社会混得没有底线,就连发泄不满也没了底线——近些年连续发生的屠童事件就是一个例证。

我在戒毒所工作的时候,曾经有一个朴素的做法,当时被我的师傅批成没有阶级立场的表现之一。我对自己管教的学员说,我知道你们这些人出去基本上要复吸的,出去后过不了多长时间肯定还要回来的,回不来的大都吸毒过量死了。在外边的时候你们大都是靠偷抢弄毒资,你们要有底线,实在要抢东西就去抢青壮年、富人,但不要抢老太婆、小孩、穷人。当时这段经历给我留下了深深的烙印。正义凛然地教他们做好人是没有用的,而且好人做起坏事来后果往往更严重。教他们"做个有底线的坏人"是两害相权取其轻。

做坏人要有底线,做好人要有底线,社会冲突双方也要有底线,双方都没有底线的冲突是无序的冲突,结果只能是两败俱伤,对谁都没有好处。需要特别指出的是,政府作为一种必要的"恶",更要做一个有底线的"坏人"——有良知的"坏人"。

如何确立有序的、有底线的冲突,我觉得有几个标准冲突双方都可以而且应该认同:

第一个底线是行为方式的非暴力。在现代社会,暴力手段的合理与合法性已经被降到了最底线,甚至可以说,没有任何暴力是合理与合法的。

第二个底线是不挑战现行政治结构。没有任何一个国家会允许挑战现行政治结构的社会冲突的存在,而挑战现行政治结构的"革命"或"拔苗助长"行为,都会带来两受其害的后果。

第三个底线是"儿童"。我注意到一个特别的现象,很多国家在社会转型期都出现了社会矛盾加剧、腐败严重化、伪劣商品横行等问题,但是儿童底线的存在成为了解决这些社会问题的支点和突破口。说得简单些,你卖伪劣商品可以,但是不要连婴儿奶粉都弄成"三鹿";你要杀人放火可以,但是不要屠童;你要嫖娼、强奸可以,但不要连幼女都不放过;你要冲击政府也可以,但不要把儿童往前推而成年人在后面鼓掌。

现阶段,我们应该高度倡导儿童神圣化观念,将儿童确立为"高压线"与"底线",由此为解决其他社会问题确立一个切入口。

(原载《民主与法制》2010年第24期,原标题为《海啸模式:一种维稳新思路》)

司法生态与陈卓伦的悲剧

从安徽阜阳司法腐败窝案,到北京西城法院原院长郭生贵受贿案,再到陈卓伦案。近些年来,律师行贿司法官的案件频频曝光,令人触目惊心。"打官司就是打关系"似乎成了一种大行其道的司法潜规则,律师与司法官之间的关系如何已然是当事人权益能否得到维护的决定性因素。震惊全国的陈卓伦案件,将这样一种畸形的司法生态状况暴露无遗。

美国犯罪学家格雷沙姆·塞克斯与戴维·马茨阿的研究发现,犯罪人在实施犯罪行为的时候,大都会使用一种独特的合理化和辩解技巧来为自己的犯罪行为辩护,以消除心理上的罪恶感。值得注意的是,如同所有落马的律师一样,明星律师陈卓伦也十分有渲染力地使用了"中立化技巧",将其行贿法官归结为司法生态的破坏与体制的压迫:"腐败是社会的普遍现象,在法官队伍中也不例外,律师只能适应环境,无法改变环境……每一次送钱给法官都感觉是一次对心灵的侮辱,是失去人格尊严的表现,但也是一种无奈。"在其"很郑重、很理性、很无奈"的感言中,陈卓伦成功地从一个行贿犯罪人转变成了一个被畸形司法生态系统裹挟的"被害人",等待判决的陈卓伦亦笼罩着悲剧性的色彩。

一位曾经与陈卓伦有一面之缘的律师在回忆与其的交往经历后也这样感慨道:"在社会上做了两年律师之后,亲身体验到做律师的不易,方方面面、左左右右都有为难之处,做大与做好总会遇到许多法里法外的矛盾与冲突。陈主任在业界做得这么大这么好,忠孝不能两全。"而在安徽阜阳司法腐败窝案中落马的另一行贿律师董卫东则更加凛然地说:"如果不送礼的话,我就没有能力为当事人维护正当权益"。

深谙司法"潜规则"的陈卓伦以及其他"圈内人"的感言当然具有客观

性,司法腐败甚至严重的司法腐败,是我们不得不直面的现实。但是,如果我们轻易地被绝大多数犯罪人都会使用的"中立化技巧"所迷惑,甚至产生共鸣,而忽视对犯罪行为本身的谴责和严重危害性的认识,其后果才是致命的。

律师行贿所造成的最大恶果并非是对个案司法公正的妨碍,而是对司法公信力的破坏。当律师与司法官组成司法权寻租的"黄金搭档"时,正义的底线是没有抵抗力的,公众对司法正义的期待也将轻而易举地彻底崩溃。

事实上,律师行贿司法官并非因为环境逼迫使然,而更主要因为它是一种最简单、最直接,且往往是最有效地在司法生态系统中占据"食物链"顶端的途径。民谚以"一起同过窗,一起扛过枪,一起嫖过娼"来形容"关系"的非同一般。一些犯罪组织在巩固犯罪团伙的时候,也往往使用类似"一起嫖过娼"的"罪之链"技巧。律师与司法官之间通过行贿与受贿所组成的"罪之链",同样可以牢牢地链接成寄生系统,轻易缠绕、腐蚀司法体制而恣意养肥私欲。

要求律师保持底线的职业操守,做到不行贿司法官,并非不具有"期待可能性"。以司法生态逼迫使然作为为行贿司法官辩解的理由,应当受到严正地谴责。我们有理由相信,也应当坚信,我国的司法生态系统尚未至"逼良为娼"的地步。对司法腐败的认同要比司法腐败行为本身的破坏力更大。保持对司法的信念,才能促进司法生态的良性发展。

不持有这样信念的人,也会在无形中成为司法生态系统的破坏者之一。因为,当所有的人都认为司法腐败已到"逼良为娼"地步的时候,即便是再良好的司法系统也将会朝着被"标签化"的方向堕落。这就是犯罪学理论中所谓的"标签效应",或者经济学理论中的"劣币驱除良币规律"。从这个角度来看,陈卓伦在罪行暴露后所发表的诸种感言是对司法生态的二次伤害,更应该受到鲜明且坚定地批判。

事实上,律师行贿司法官时在"度"的把握上是娴熟而富有技巧性的。正如陈卓伦所言,律师影响司法官的空间是可左可右的"灰色地带",或者仅仅是为了创造好的执业环境,使司法官能够对自己所代理的案件尽职尽责、不被刁难。对于通过行贿与受贿所形成的寄生链的另一端,也应该进行深刻地反思。

无规范化的司法运作和自律的司法官,就难以有自律和自重的律师。

法谚云"公安是做饭的,检察院是送饭的,法院是吃饭,律师是要饭的",在现行司法权力格局中,律师显然是弱者。如果在司法生态系统中,权力一枝独重,而知识权威不被尊重,那么律师也就难以通过提高执业技能、追求专业权威性的方式去安身立命。一旦律师与司法官之间通过姻缘、血缘、业缘等稳固而安全的方式组合,为司法权力寻租提供载体的现象也就会层出不穷。而那些与司法官之间无法建立姻缘、血缘、业缘关系的律师,也就会通过行贿司法官这样一种"罪之链"的方式,去与司法权力结合为寄生系统。

司法环境如同生态系统,它是脆弱的,破坏容易,恢复难。尽管司法生态系统恢复难,但修复司法生态系统的方式却可能非常简单。例如,保障和尊重律师的权利,让其可以有尊严的执业。再如,给司法官公正执法足够的底气,保障其可以独立行使职权;"蒙上司法官的眼睛",限制其社会交往,让司法官成为法治社会的孤独者。近些年来,一些地方开始建立律师与法官、检察官之间的防火墙机制,例如禁止律师与司法官之间存在姻缘、血缘关系。但据说这样的改革竟然也备受争议,难以推行,着实令人不可思议。

修复受损的司法生态系统需要从细微之处做起,容不得妥协,也需要我们每一个人的参与——保持对司法公正的信念。

(原载《检察风云》2010 年第 24 期)

社会敌意的提法要慎重

我曾经在劳教戒毒所做过管教,也做过基层检察院分管公诉、未成年人检察、研究室的副检察长,处理过很多案件,接触过很多违法犯罪人。我的直观感受是,大部分犯罪就是一种生活方式,或者是一种冲动——一种能量释放方式,没有一些学者讲得那么深刻、那么理性、那么有高度。有的学者使用"社会敌意"这一概念分析普通犯罪事件,我认为这个提法是值得商榷的。敌意的反义词是善意,社会敌意事件是与社会善意事件相对的,既然社会事件是敌意而非善意的——那么就有了打压,甚至镇压的理由。

社会敌意是一个太容易被利用和滥用的概念,尤其是容易被强权部门所利用的概念。我注意到,目前大多数学者在使用社会敌意事件一词的时候,更多的是把视角集中在群体性事件和极端暴力犯罪这样一些特定的类型之上。在我看来,当前所频发的群体性事件甚至恶性暴力犯罪绝大多数都仅仅是一种社会底层人士或者弱势群体的诉求表达方式,或者说就是表个态度,只不过所采取的表达方式不为主流社会特别是国家和政府所接受。说不定将来的哪一天,适用这一概念的教授会为提出这个概念而感到内疚。

我国目前的公共安全机制,通俗地说即维稳机制,可以称为"海啸模式"。这种维稳模式的特点是,把社会矛盾一波一波往后传导及往其他部门、领域传导和扩散,并且越来越多、越来越严重、越来越难以控制,最后形成类似海啸式的灾难。这种公共安全机制应该进行反思。

如何反思呢?我觉得可以从三个方面着手:一是利益表达机制,也就是诉求的释放方式。二是利益的分享机制。三是阶层的流通机制。现在这三个机制都是不健全的。我个人有一个很深的体会,现在的既得利益者——或许也包括在座的诸位,很多时候为了维护既得利益是无所不用其极——形象地说是"为了煮熟自己的鸡蛋,不惜点燃别人的房子"。可能这个说法不太恰当,但这种客观存在的现象当引起充分的重视和反思。

［本文系在"社会冲突与公安安全机制建设研讨会"(2010 年 7 月 10 号上午,北方工业大学)上的点评,根据录音记录整理。］

与储槐植教授小榷

最近北京大学法学院储槐植教授提出一个命题,认为目前已经从自然犯时代进入了法定犯时代,这个命题的提出对我确实非常有启发。但这一观点是值得商榷的,我的观点正好相反——从"法定犯时代到自然犯时代"才是犯罪演变的趋势。

这里首先有一个对法定犯和自然犯的界定问题,否则争论是毫无意义的。而且需要指出,对于自然犯与法定犯概念界定的精确性,是命题是否成立的前提。按照自然犯与法定犯概念的最早提出者加罗法洛的观点,"自然犯罪概念据以建立的基础不是对权利的侵犯,而是对情感的侵犯",自然犯罪的实质要素是伤害怜悯感或正直感;法定犯之所以被认为是犯罪"主要在于违反了法律,行为人不表现为任何道德低下"。从加罗法洛的界定来看,自然犯与法定犯概念的区别的关键是人类情感这一主观性很强的标准。这一标准既是准确又是模糊的,不同国家、不同地域、不同时代的这种据以区分自然犯与法定犯的"情感"可能不同,甚至会发生冲突。储老师认为:"从原则上来说,自然犯就是被长期存在的人类道德观念所禁止的行为,而如果不是由长期存在的伦理观念判定行为是否被禁止,而是由法律规定行为是否被禁止的就是法定犯。"这一对自然犯和法定犯的界定基本与加罗法洛的界定是一致的,也是大多数学者认同的观点。当然,同样也会发生"准确而又模糊"的问题。

判断是否从一个时代过渡到了另一个时代,可以有两种分析进路。一个是从"量"的转变去判断,一个是从"质"的转变去判断。储老师的主要判断进路是从量的角度,认为当代社会各国刑法典中法定犯的量远大于自然犯的量,因此得出了自然犯时代进入了法定犯时代的命题。这样的分析进路是值得商榷的。因为,自然犯与法定犯的界限具有模糊性的特点。特别是农业社会和工业社会没有一一对应的具体罪名,在这种前提下,很难以根据罪名量的多少去比较而得出时代变迁的结论。如果一定要进行比较,只能从犯罪圈大小角度去比较。而总体上看,古代的犯罪圈要比当代更为弹性和宽泛。由于罪刑法定原则的确定,当代犯罪圈比农业社会犯罪圈的划定要小和精确得多,只不过当代对于犯罪圈内的罪名划分更为具体,因而罪名似乎要比古代多而已。

储老师没有从"质"的角度去分析。如果从"质"的角度分析,结论可能也是相反的。在农业社会、专制政体下,犯罪的定义权掌握在国家权力的持有者手中,他们有决定性的力量强制性地将某一不被普通公众排斥,不伤害怜悯和正直感的行为界定为犯罪。而且,也可以凭借强制性的力量将这种违反自然犯本质的"犯罪"强制维持为法定犯罪的状态,而不受公众情感的影响。因此,在农业社会可谓真正的"法定犯时代"。而在工业社会、民主政体下,主权在民,公众原则上掌握着犯罪的最终定义权。立法机关不可能再像专制社会那样,将并不违背公众情感的行为长期法定为犯罪。一种法律上的犯罪如果得不到公众情感的支持——不符合自然犯的本质,就迟早会被非犯罪化。从这个角度看,当代社会才是真正的自然犯时代。因此,我认为从法定犯时代过渡到自然犯时代才是犯罪演变的趋势。这是我的第一个观点,可能不成熟,请大家谅解。

第二个观点是受到了大家的一个启发,我自己也教犯罪学,我的学生也问过我学犯罪学究竟有什么用。我告诉他,在现在的情况下,不学犯罪学照样能从事法律工作,但是不学刑法学从事法律工作肯定不行。这就是一个很简单的道理:有用才有出路。因此,我也主张犯罪学应当广泛地介入刑事司法、指导刑事司法。在中国目前的社会背景下,犯罪学要有用还应当广泛地介入政治。在中国,对犯罪的评价不是个自然问题,而是一个政治问题,如果我们不和政治紧密地结合,犯罪学的出路是非常令人担忧的。为此,犯罪学研究要保持相对的价值中立,而不能片面强调绝对的价值中立。

第三个观点是,很多前辈强调要划清犯罪学和刑法学的界限,特别是要把犯罪学从刑法学的阴影下解放出来,但是我感觉到这样的一个问题,如果将犯罪学看成弱势群体的话,当我们向强势群体开刀的时候,就会不自觉地将我们这个弱势群体和其他的弱势群体混淆起来。比如说我们在将犯罪学和刑法学划清界限的时候,说犯罪学是诊疗科学,刑法学是手术刀,但是在这种情况下,我们如何和法医学、侦查学、治安学等一些和犯罪学一样的弱势学科区分开来?所以我主张在强调划清犯罪学和刑法学学科界限的时候,同时也不要忽略和其他弱势学科的界限区分。否则的话又会使犯罪学走入另外一个误区。就是说,我们不仅要挥刀向强者,同时也要挥刀向弱者。这样的话,才会使犯罪学获得一个独立的学科地位,它的前景才可能是非常光明的。

[本文系在"中国犯罪学基础理论高峰论坛"(2007年3月24日至25日,中国政法大学刑事司法学院和青少年犯罪与少年司法研究中心主办)上对储槐植教授观点的回应性发言,根据会议记录整理、修改,发表于陈兴良教授主编《刑事法评论》第21卷,北京大学出版社2007年版,第371—372页。]

两害相权取其轻

毒品曾经给中国带来了无尽的屈辱与灾难,令人痛心的是,这段惨痛的历史并未能阻止它在中国沉寂近30年后的再次泛滥。据国家禁毒委公布的数据,截至2004年底,我国现有吸毒人员79.1万,同比上升6.8%。这近80万吸毒人员涉及全国2102个县(市、区)。2004年,中国共破获毒品犯罪案件9.8万起,抓获毒品犯罪嫌疑人6.7万名,缴获海洛因10.8吨、摇头丸300余万粒、冰毒2.7吨、易制毒化学品160吨。对于有着13亿人口的泱泱大国,这些数据似乎还不会令人坐立不安,真正可怕的是其迅速而持续上扬的趋势。

屈辱与灾难的历史容易让国人在面对毒品问题时变得激愤和情绪化,而毒品就是鸦片、海洛因的过于深刻的印象又容易让国人对伪善的新型毒品丧失必要的警惕。弗洛伊德的精神分析理论认为,人有生的本能也有死的本能。毒品问题似乎可以看作是作为个体的人和作为整体的人类死的本能的体现,若果真如此,那么禁毒则可以看作是与人类本能之间的斗争,这正昭示了禁毒的艰难性和长期性。也许我们还怀念新中国成立之初三年即消除毒患的惊人成就,甚至还寄希望于重复当时疾风骤雨和群众运动式的模式来解决当代中国的毒品问题,这是一种美好而又危险的幻想。历史不会重复,忘记特定时代背景的转变而强行重复历史,不但不可能成功,而且还很可能付出惨重的代价。面对日趋复杂的当代中国毒品问题,我们需要耐心,更需要理性,任何急于求成的禁毒政策,都可能把禁毒工作引入歧途。

毒品问题是社会病态的综合征,也是慢性疾病,单纯地采取西医式外科手术、猛药治标的禁毒政策,容易在短期内赢得政绩、获取公众的支持,但绝非毒品问题治本之策,甚至还有可能加深毒品问题的严重程度。中国的毒品问题,似乎更适合于采取中医式疗法。中医理论认为,"治病必求于本",只有在某些情况下,标病甚急,如不及时解决,可能危及患者生命或影响疾病的治疗时,应采取"急则治其标,缓则治其本"的原则,先治其标病,后治本病。对于综合征、慢性疾病,则应采取"缓则治其本"的原则,注重调理。这些原则,同样适合于毒品问题的治理。

与毒品和谐共处、与吸毒者和谐共处,或许会引起诸多的抨击,但这也许是更为理性的禁毒政策。事实上,在人类社会诞生以来的大部分时间里,人类与毒品彼此之间都是相安无事。毒品成为严重危害人类社会的顽疾,主要不过是近一百多年来的事情,禁毒应当致力于回归与毒品和谐共处的状态。不管我们是否承认,吸毒人群已经发展演变成为一个庞大的群体。"正常人"——或许这些"正常人"同样具有吸烟或者酗酒的瘾癖,总习惯用道德化的和义愤填膺的目光审视和对待"吸毒者"。然而,戒毒高复吸率是我们不得不正视的现实,庞大且还在日益增长的吸毒群体的存在还将是一个长期的过程。吸毒者鲜有危害社会的直接动机,即便是那些为获取毒资而实施违法犯罪的吸毒者,也大多是身不由己。每一个吸毒者身后都有一个令人伤感的故事,吸毒成瘾者的生活已经充满了苦难,我们没有理由依靠增加他们的痛苦来获取社会的短暂安宁。让吸毒者也能快乐的生活,使吸毒者与社会和谐共处,应当成为我国禁毒政策的重要内容。

禁毒应当是一项公益性的事业——尽管并不能因此而完全排除市场手段的运用。但同时,禁毒也可能成为带来丰厚利益回报的"行业"。时刻警惕禁毒工作——尤其是戒毒工作的异化必须作为一个关键性的问题来对待。中国200多年的禁毒史时刻警示我们,毒品经济是禁毒成败的最关键因素。烟馆、鸦片税、毒品贸易、种毒农业、制毒工业、以毒养军……毒品经济的形成及其渗透程度,正是毒品问题严重程度的重要标志。尽管当代中国的毒品经济还没有重新形成,但是,从曾经一度混乱的强制戒毒所的设置与管理、罂粟种植的重现,到刚刚平息的"开颅术"风波,以及还在运行的戒毒收费等等现象,应当引起我们的深刻反思。禁毒收益——尤其是戒毒收益,的确可能在一定程度上有利于禁毒工作的开展,但是他更可能把禁毒工作引入歧途。在公益与功利之间,决不能仅仅依靠道德良心来约束人类逐利性的本能。

禁毒工作常常会面临许多重大立场性的抉择，这种抉择常常并非"利"与"害"之间的抉择，而是不得不在"两害"之间进行抉择。"两害相权取其轻"，应当成为在面临这些抉择时的基本立场。

（本文写于 2004 年）

撕开缓刑一条缝

《经济日报》2000年刊载的一篇文章指出"据统计,某市1997年判决经济犯罪分子104人,其中缓刑65人,有个基层法院判决21人,缓刑19人,占90%;1998年判决97人,其中缓刑63人,占65%;有个基层法院判决6人,全部为缓刑,占100%,这些还不包括免予刑事处分的案件。而判处缓刑的经济犯罪案件,95%是万元以上的大案。人们不禁要问:这样轻判,如何能遏制日益严重的腐败现象?"再如某省的统计分析表明:近年来经济犯罪、渎职犯罪这两类犯罪的缓刑适用率均保持了一个较高的比例。贪污贿赂等经济犯罪适用缓刑的比例在35%至45%之间;徇私舞弊、滥用职权等渎职犯罪的适用比例达50%以上。这是一种极不正常的现象。

缓刑如何被滥用,且撕开缓刑内幕一条缝:

一、缓刑被滥用为平衡各方关系的工具。有些案件,犯罪事实清楚、证据确凿充分,但被告人背景深厚,法院压力大。在判不是不判又不行的两难中,设法判缓刑,皆大欢喜。还有一些案件被告人并未构成犯罪,或者按照刑法第13条规定不认为是犯罪的,但迫于所谓民愤的压力,或者为满足受害人的不正当要求,或为迎逢某些权势人物的"指示"、要求,先定罪量刑再宣告缓刑,以求息事宁人。

二、法官法外恤情,滥用缓刑。有些案件,被告人其情可悯、可怜,群众亦要求轻判,但若严格依法处理,并不符合缓刑的条件,于是有些法官法外恤情,"设法"判个缓刑。我曾接触到这样一个案件:哥哥考上大学却为高额学费一筹莫展,已经因家境困难而辍学的弟弟为帮助哥哥圆大学梦,盗窃4万元。事发后,法官"大胆"判处弟弟有期徒刑3年,缓刑4年,并处罚金5000元。据最高人民法院司法解释,盗窃4万元属数额特别巨大,按照刑法第260条规定应在10年有期徒刑以上量刑,该法官的处理显属畸轻。但他的做法却受到人们赞赏。

三、所谓能人、有功之臣较一般老百姓更易得缓刑之垂青。这类人物往往有"人"关照,有单位作保、请求,缓刑考察监督似乎也容易落实,在"可适当多判一些缓刑"精神指导下,法院乐于判其缓刑。在以功抵过旧思想影响、外来压力和生产、科研急需的借口下,甚至有些并不符合缓刑条件的被告人也被适用缓刑。

四、缓刑待价而沽,成为一些法院创收的捷径。这是缓刑滥用中较为恶劣的现象。据《深圳特区报》披露,某法院以"在缓刑期间,我们有时要考察他,要出车用去汽油费等"(在记者质问后,法官的答复)为由要求被告人先交纳考察费2000元以及对原告的医疗费等各种赔偿6352.88元。原告在交钱就判缓刑、不交就判实刑的选择中,被迫交钱。

五、因关押场所有限,缓刑被滥用以减轻监管场所的压力。我国自1983年始推行"严打"以遏制犯罪增加的势头,每次"严打"监管场所的收容压力都很大。在关押困难,无法"消化"的情况下,缓刑条件常被迫人为放宽。

六、对于某些罪与非罪难断的疑案,某些法院的折中做法是先认定有罪,量刑后再缓刑。这种做法违背刑事诉讼的基本原则,亦属滥用缓刑之列。

七、缓刑犯放任自流。监督考察不力是缓刑适用中的老问题,1997年修订刑法,防止缓刑犯放任自流是缓刑修改的一个重要方面。但是几年的实践表明,实际效果难如人意。缓刑犯成为"最可爱的人"(参军)、官任原职、当上保卫班长、当上村干部等报道常见诸新闻媒体,影响很坏。

(原载《法制与社会》2002年第2期)

庆祝我们的幸运

1998年4月20日,昆明市公安局两名民警被人枪杀,昆明市公安局戒毒所民警杜培武被怀疑是凶手。杜在酷刑下承认自己杀了人,并于1999年2月5日被一审判处死刑。后杨天勇抢劫杀人团伙案告破,他们供认杀害了二警察。2000年7月6日,云南省高院宣告杜培武无罪释放。

杜培武在昭雪之日起就应当在昆明市中心广场至少连续燃放一个月的五彩烟花以庆祝自己的幸运,并于每年的7月6日推出隆重的纪念仪式。窃以为理由如下:

在昆明市公安局刑侦三大队办公室,秦伯联、宁兴华等办案人员采用连续审讯(不准睡觉)、拳打脚踢,用手铐将杜培武吊挂在防盗门、窗上,然后反复抽垫凳子或拉拴在脚上的绳子,让其双脚悬空全身重量落在被铐的双手上。杜难以忍受、喊叫,又被用毛巾堵嘴,还被罚跪,"背铐"用电警棍电击……在如此有"创意"的、系列的刑讯下,竟然能不死——此理由之一。

1999年2月5日,杜培武被一审判处死刑,出于求生的本能,杜于1999年3月8日向云南省高级人民法院提出上诉。同年10月20日省高院作出终审判决。这个判决说:"……辩解和辩护是不能成立的,本案基本犯罪事实清楚,证据确实合法有效,应予确认……上诉意见和辩护请求本院不予采纳",同时"根据本案的具体情节和辩护人所提其他辩护意见有采纳之处,本院认为在量刑时应予注意。"因此,改判杜为死缓刑,剥夺政治权利终身。1999年12月8日,杜被送到关押重刑犯的云南省第一监狱服刑。死定了的杜培武竟然能保住一条小命——此理由之二。

2000年6月,昆明警方破获了一个震惊全国的杨天勇杀人劫车特大团伙案,杨天勇等人供认曾经杀害三人,其中二人正是昆明市公安局两名民警。7月,已整整被关押了26个月的杜培武被无罪释放。冤情竟然"意外"地洗清了——此理由之三。

我们每一个人——似乎与杜培武案无关的每一个人,其实也应该,热烈庆祝自己的幸运。我就曾在第一次读到杜培武案的报道后特意去喝了两盅美酒以示庆祝。庆祝的理由在某哲人的名言中已经表达得淋漓尽致:只要这个世界上有一个人因饥饿死亡,每个人都有因饥饿而死亡的可能。正如这个世界只要有一个奴隶存在,那么每一个人都有可能沦为奴隶。因为这个让人饿死让人成为奴隶的制度还存在。杜培武的悲剧没有在你的头上降临,那只是因为你幸运,别以为你很"牛"!所以,只要司法制度的黑暗存在一天,我们就应该庆祝一天。

唯一倒霉的似乎只有昆明市公安局刑侦支队原政委秦伯联和原队长宁兴华了。2001年8月3日,云南省昆明市五华区人民法院以刑讯逼供罪,一审分别判处秦伯联、宁兴华有期徒刑1年缓刑1年、1年零6个月缓刑2年。虽然使用了"一点点"不恰当的方法,但毕竟"破获"了一起重大袭警案的两干警居然没有继续做成功臣,甚至还被判了缓刑,这似乎也有点"幸运",不过这种"幸运"对秦政委和宁队长而言似乎只能说是倒霉了。

杜培武沉冤已昭雪一年有余,人们正在庆祝冤案的制造者终被绳之以法,曾经也是西南某市戒毒所警察的我在庆祝一年有余之后,终于忍不住写下本文。但愿,我们每一个人都无须在"幸运"中生活。

(本文写于2001年)

书生、农夫与狼

记得小时候的语文课本里面有篇课文,讲的是个广为人知的书生、农夫与狼的寓言故事。南郭先生有颗仁慈的心,于是救了一只被追杀得走投无路的狼。结果狼以德报怨,露出豺狼本色。正在这紧急关头,幸得一老农夫赶到并略施小计,骗得恶狼重入布袋。农夫立即扎紧布袋挥锄杀之。这个寓言故事嘲讽书生的迂腐,赞美农夫的果敢、机智,深刻揭露狼的凶残本性,无非要告诉读者:对于坏人要像"秋风扫落叶",不能怜悯,否则必反受其害。年幼的我读此课文时,并没有任何恶狼被除的痛快,我所感受到的只是束缚于布袋内的狼,血肉四溅,被一锄一锄锄死的恐惧。这种感受是如此的强烈,直到今日依然是如此的清晰。

在我看来,书生固然迂腐,但总还不至于不知道狼会吃人的常识。救狼的动机,我想最主要的还是希望以此唤起狼的良知,促使其从此弃恶从善。遗憾的是,恶狼并没有被感化,反而恩将仇报,竟欲将书生化为美餐。若非农夫相救,想必书生必遭毒手。然而,我们是否就因此可以去嘲讽书生的"迂腐",彻底否定书生试图挽救狼的行为?甚至以此为鉴,对于任何狼,当然也包括穷途末路的狼都奋起而杀之?这个寓意故事所暗示的肯定性结论是很明显的。然而,仅以一只狼的恩将仇报就得出所有狼都会恩将仇报的结论,仅仅因其为狼甚至曾经为狼就放弃任何将其驯化的努力,实在不是一种明智之举。别忘了今天与人类相依为命的狗——宠物狗、导盲狗、猎狗、警犬、军犬……祖先都是狼!如果世界上没有了书生的迂腐,那将是件极为恐惧的事情。被追杀得走投无路的困狼完全可能出于对人类的报复而咬死书生甚至农夫,再从容"就义"。

饱经世事的农夫是很机智的,只是一个并不高明的谎言即诱得恶狼重新钻进书袋。事实上,狼虽然凶残,但在智慧而且掌握着诸种强大工具的人类面前,总是显得如此笨拙。我所诧异的是,狼既然已经钻入袋中,农夫也已经迅速而且安全地牢牢扎紧口袋,何以还要杀之。将狼遣送至属于狼的地方,或者安置于不会危及人类的地方,总之采取一种既不害狼性命也不危及人类安危的处置方式,是完全可行的。退一步而言,即便有万种杀狼的必要,何以竟要使用锄头锄杀之,毕竟那种一锄一锄,血肉横飞而毙命的死法,实在有些残酷。既然自称为人,也就应该体现一点人与狼的区别,或者通俗地说要行些"人道"而非"狼道",即便是在取狼之性命上。

今天,当我沉思于我国刑事法治中种种百革不去的弊病时,常常不禁想起这一寓言故事,类似的还有农夫与蛇的故事等等。这个寓言故事所公然倡导的所谓待狼的"正确方式",还在教育着下一代人。我们总是喜欢愤世嫉俗,高谈阔论,但却总是容易忽视这些事实上左右着我们实际行为的寓言故事。

(2002年7月11日晚于苏州河畔,原载《法学家茶座》第4辑)

捐的随感

我们中国人对于"捐",似乎情有独钟。希望工程捐、扶贫工程捐、英雄受伤捐、同学生病捐……捐献,的确无可厚非,它体现了中华民族"一方有难,八方支援"的优良传统,但是面对次数如此之多,涉及面如此之广的捐献活动,我们有的不应只是津津乐道、抚手称颂。每一事物都具有两面性,"捐"也不例外。

我国捐献活动的规范性还存在较多问题,这就使不少违法犯罪分子有机可乘,贪污挪用社会各界捐献款物的事件时有发生。同时,捐献也很容易被利用来作为一种沽名钓誉的工具,作为一种广告策略,甚至虚报政绩的手段。

"使老有所终,壮有所用,鳏寡孤独皆有所养",应当属于社会所应有的保障范围,保护扶助弱者更多的应当由政府、社会慈善机构去进行,这也是一个国家和政府所应尽的职责。当今世界有不少发达国家的社会保障制度相对来说较为完善。从"摇篮"到"坟墓"几乎都有福利保障。如果有谁在这些国家的大街上为某某募捐的话,定会让人觉得不可思议。我们承认有文化的差异在其中,但是动辄全校捐款、全厂捐款、全社会捐款……是不是也反映了我国社会保障制度不完善的一面呢?诚然,捐献活动在我国目前这样一个经济尚不发达的国家,对于扶助弱者的确起了不少积极作用,然而,这毕竟只能是救助极为有限的人,而且大都只能救助一时。因而,乐衷于以"捐"来达到扶助弱者的目的,并非明智之举。建立、健全我国的社会保障体制才是长远之计。

(原标题为《捐的思辨》,原载《重庆青年报》1997年)

参加高检开放日活动杂思

尽管已经不太常登陆和更新法律博客了,但仍然接到了作为法律博客博友参加最高人民检察院第八次检察开放日的邀请,这令我很感动。

7月11日下午二点,开放日活动正式开始。我作为第二组博友,参观了案件管理中心、"12309"举报电话办公现场、行贿犯罪档案查询管理中心、检察史陈列室、检委会会议室、观看了介绍检察职能的电视专题片,最后参加了高检职能部门负责人的座谈会。

在整个活动过程中,我虽然认真参与和观察,但基本上一言不发,没有提问也没有发言——这也许是因为"熟悉的陌生"的原因。

在政法机关中,估计检察院是老百姓最陌生的。据说某市有一区检察院毗邻妇幼保健院,于是经常有大肚皮孕妇跑到检察院去检查身体。此虽为笑谈,却也反映出公众对检察机关的陌生。

实际上,即便是圈内人也往往对检察院存在诸多不能理解之处。譬如学术界多有废除检察院的观点,但还没见过主张撤销公安机关、法院的。我曾经挂职某地检察院副检察长近三年。记得刚挂职的时候,正好和另一位院领导同乘电梯。于是就有了这样一段印象深刻的对话:

"对检察院印象怎么样?"

"想听真话还是假话?"

"当然是真话。"

"我觉得至少三分之二的内设机构可以撤销"

……

"观察深刻,观察深刻……"

在挂了三年职并分管公诉、未检、研究室后,我才逐步对检察机关有了更加理性的认识。结束挂职不久的一次研讨会上,我提出了检察权是"间接权",与老百姓有着天然距离的观点,而学术界也早有检察机关是未完成机关的判断。正因为如此,检察机关加强与专家学者、普通公众的沟通交流,也就具有了特殊的意义。

最近一些年检察机关推行的两项针对性制度值得肯定:一是学者挂职机制,二是检察开放日活动。前者意在加强与学术界的交流,后者主要是加强与普通公众的沟通。通过参加此次高检开放日活动,也让我对这两项制度都有了难得的亲身体验。

近些年来,检察制度有了很大的完善,检察职能、内设机构、权力配置等也有很大的发展。但总的来看,检察制度还需要在探索中不断完善和找准自己的定位。此次参加高检开放日活动,也让我对中国检察制度的未来有了更加坚定的信心。

(2014年7月17日)

中国青少年犯罪研究感想

2010年11月28日下午,借参加天津社科院法学所四五规划学科建设论证会之机,华东政法大学姚建龙教授来我院为法学所全体科研人员做了一场题为《中国青少年犯罪研究感想》的学术报告,报告会由法学所所长刘晓梅研究员主持。

姚教授学术研究兴趣主要为刑法、少年司法、青少年犯罪、中国犯罪学史、禁毒法、女性犯罪、矫正制度等。近年来,他对自清末至2008年以来的中国青少年犯罪研究进行了认真梳理。姚教授2000年前后进入青少年犯罪研究领域,当时中国的犯罪学研究正处于低谷期。青少年犯罪研究的意义何在?有没有价值?这些基础性的问题困扰着许多人。当时,他大胆作出推断:中国的青少年犯罪研究充满了契机,是一个非常重要的社会问题。就这样,他开始从事青少年犯罪研究,并在此基础上转向了一个更窄的研究领域——少年司法,事业也取得了巨大的成功——30岁担任《青少年犯罪问题》杂志主编,31岁挂职上海市长宁区人民检察院副检察长,32岁担任上海市法学会未成年人法研究会会长,32岁破格晋升教授,成为整个华政最年轻的正教授。

姚教授曾仔细比较了国外学者对于青少年犯罪研究的看法,例如,德国学者凯萨尔指出青少年犯罪研究是整个犯罪学研究的首领。美国学者指出,美国犯罪学90%在研究青少年犯罪。在此基础上,他提出了犯罪学最核心、最主体的部分是研究青少年(未成年)犯罪的论断。他还认为,青少年犯罪研究在中国的兴起和发展历程存在很多误解,过于想当然,其中有许多错误的表述。其实,在中国历史上,青少年犯罪从来就不是一个严重的问题。民国时期的少年犯罪就不是很严重的,当时的犯罪统计数据比现在还要完善的多;20世纪70年代末,并没有非常扎实的数据证明青少年犯罪已经占到全部犯罪的70%;1979年出台的《中央第58号文件》提出的青少年犯罪问题已经非常严重的结论,并没有任何的学术研究作支撑,非常感性;80年代未成年人犯罪占整个刑事犯罪略小于5%,而民国时期的数据是4.85%,实际上相差并不大。姚教授据此推断,20世纪70年代末,中国权力处于真空时期,政府处于一个失范的状态,整个社会失控,亟须重建新的社会秩序,当时需要把青少年犯罪研究放在一个重要的位置,以青少年犯罪问题为借口,来规范社会秩序。加之当时广泛的号召性,公众的认同性,青少年与犯罪相结合恰好迎合了这种需求。青少年犯罪研究官方色彩、政治色彩太重,青少年犯罪研究可以说就是一个政治问题。上述这些原因导致当时国内青少年犯罪研究处于一个非常低的层次。正是在做出这些初步推断的基础上,姚教授开始了他的主题发言。

当代中国青少年犯罪研究的发展历程大致经历了以下四个阶段。第一个阶段是20世纪70年代末到80年代末,这段时间是青少年犯罪研究的黄金、兴旺时期;第二个阶段是20世纪90年代,青少年犯罪研究转向衰落。1992年中国犯罪学会独立出来,是中国犯罪学研究逐步向成熟化发展的一个标志;第三个阶段是2000年以来,青少年犯罪研究基本淡出了法学主流,在法学学科下做犯罪学研究,始终难成主流,在法学下不具有优势;第四个阶段是最近的三五年时间,青少年犯罪研究正在复兴,正在回归主流。今后的五年到十年,将是青少年犯罪研究发展的繁荣期。犯罪学将成为整个刑事学科的基础学科。

就青少年犯罪研究的基本视域来看,犯罪学应当坚持理论犯罪学和应用犯罪学两分法。理论犯罪学强调思辨,在过去就是"没用的犯罪学"。应用犯罪学中有用的方法和背景,需要做进一步的论证。其在青少年犯罪研究中就是指少年司法。姚教授进一步指出,应当树立不学犯罪学案件就处理不好的观念,并要努力实现应用犯罪学对政治决策、对国家刑事政策、对地方政策的影响。

关于青少年犯罪研究的共性和反思问题。姚教授做的一个共性判断就是犯罪学主要研究青少年犯罪。青少年犯罪研究的理论贡献对整个犯罪学的创建有不可泯灭的价值。青少年犯罪研究的实践贡献则是促成少年司法制度的创生,包括有专门的未保法和大量相关司法解释出台,促成了一种观念——矫正的兴起,推动国家和公众对青少年犯罪的重视。当前的犯罪学研究还处于非常薄弱的地位,姚教授对于青少年犯罪研究进行了一些反思,主要包括:(1)学科独立性欠缺。青少年犯罪研究依附于官方,难以保持自身独立性。组织色彩、政治色彩太重。研究中既要与官方合作,但也必须要有自我定位;(2)研究对象界定的悖论。需要将青少年犯罪研究分为两类,一类是青年犯罪,一类是少年犯罪,两类应分开进行研究;(3)实证研究方法的缺陷。在青少年犯罪研究中过多的是研究者想象力和阅历的呈现,加之论述过于枯燥化,实证研究相当薄弱;(4)青少年犯罪研究专业槽太浅。不管什么人,不管什么专业知识背景都可以从事青少年犯罪研究,发表青少年犯罪论文;(5)犯罪学各分支学科之间的隔阂过于严重。针对这些问题。姚教授提出了一下建议:(1)逐步改变目前的刑事政策。青少年犯罪研究要加强中立性和独立性,坚持客观与中立;(2)青少年犯罪研究对象要重新划分。应以未成年人犯罪研究为主,兼顾青年犯罪研究;(3)要重视青少年犯罪的实证研究方法。特别是要提倡本土实证主义的研究方法;(4)要重视专业槽的建构;(5)要加强与相关学科的联系与整合,等等。

主题发言结束后,法学所丛梅副研究员围绕重新犯罪问题,刘志松就民国时期与当代犯罪学研究的实际状况,王焱就社会治安综合治理等问题与姚教授进行了交流与互动,姚教授也就天津市开展的犯罪学实证调查如何对相关部门的决策产生影响与刘晓梅、丛梅、王焱、张智宇、罗瑞芳等同志展开交流与探讨。最后,刘晓梅所长作总结发言,他号召大家要向建龙教授学习,学习他敏锐的问题意识,学习他的勤奋和执著的钻研精神。

(于阳整理,载天津社科院网站)

《青少年犯罪问题》杂志的使命与担当

王牧教授新作《犯罪学基础理论研究》(中国检察出版社 2010 年 12 月版)前言中有句感言:"本人热心于犯罪学基础理论研究,二十多年来有一些体会,但总感力不从心,有时似乎觉得自己选错了方向。可是,当对某个疑难问题有所顿悟的时候,其中的乐趣真是无以言表"(第三页),这句话可谓道出了一代犯罪学人的心声。

中国犯罪学发轫于 20 世纪 20 年代,复萌于 70 年代后期。算下来,当代中国犯罪学的历史已逾三十年。2009 年,中国犯罪学学会组织编写的"中国犯罪学研究 30 年综述丛书"正式出版,这套丛书系统梳理了中国犯罪学研究三十年来的成果。作为丛书的读者与编写的参与者,我们感受到的并非犯罪学研究成果丰硕的喜悦,而是一种对中国犯罪学命运的深深忧虑。

在今日科层——官僚式学科体系下,犯罪学几乎不可能摆脱边缘学科的地位。若作为一种谋生的职业,从事犯罪学研究亦将很难摆脱"选错方向"的阴影。事实上,一批颇具才华与学术潜力的学者已经或正在脱离犯罪学界,只是将犯罪学研究作为一种业余的爱好——尽管其中许多人的学术生涯开始于犯罪学或者对犯罪学有着深厚的感情。

令人敬仰的是,犯罪学界存在着一批坚守者,他们对犯罪学的情感纯粹而炽烈。但显然,仅有情感并不能促使犯罪学成熟与繁荣。在只认期刊不认文章的时代,犯罪学尤其需要标识为"核心期刊"阵地的支撑。

《青少年犯罪问题》杂志始创于 1982 年,历经徐建教授、肖建国教授两任主编之耕耘,迄今已近 30 年,是国内最早创办的犯罪学专业期刊之一,也是目前唯一获得正式刊号的青少年犯罪研究专业期刊。近些年来,杂志的学术影响力持续提升,在转载率、引证率、学界认可度、实践部门认可度等方面均有显著的进步。2008年首次进入CSSCI来源期刊行列,2010年再次入选。尽管尚处"扩展版"之列,但毕竟犯罪学学科终于有了一本具有CSSCI头衔的专业期刊,在科层式学科体系下实属不易。

青少年犯罪研究是我国犯罪学诞生之母体,其在犯罪学研究中"首领"作用之地位与功能亦为各国犯罪学发展历史所证实。这些年来,《青少年犯罪问题》杂志坚持犯罪学专业期刊的学科定位,同时将青少年犯罪研究作为核心内容,并为解决犯罪学的应用性困境而倡导关注少年司法、青少年权益等诸多实践热点问题;倡导研究方法的实证性、研究范式的去窠臼化,以促进犯罪学研究在"形式上"的首先成熟。

时下编辑学术期刊尤其是犯罪学期刊之艰辛非办刊之人不能体会,本刊仍存在诸多不如人意之处,但我们一直在努力。

我们致力于完善选稿用稿程序,以实现稿件质量为刊发决定性因素之准则;倡导学院派与实务派相得益彰,以实现理论深度与实践应用性之有机融合;既邀名家撰稿又尽力扶持青年学者,以实现学术刊物的厚重与生机之结合;为达致学术严肃性与思想奔放性的统一,新设"犯罪学茶楼"以汇聚更多犯罪学同仁;尽管编辑人力、办刊经费异常紧张,但始终尽力去做到善待每一篇来稿,坚持拒收版面费并以微薄稿酬表达对作者学术辛劳之敬意。

社会转型时期的中国,"犯罪"是一个较长时期内都会存在的严重社会问题,也是一个迫切需要学术界给予深入研究并及时回应的严重社会问题。使命与责任感始终萦绕于本刊,我们也期待着诸位同仁的进一步关注与支持,并为此深怀谢意。

(原载《青少年犯罪问题》2011年第1期卷首语)

第八辑
青春之光：
有一种朝气是否永远蓬勃

今天,我们如何做大学生
——在上海政法学院刑事司法学院2012级新生入学典礼上的寄语

同学们:

今天是一个特别的日子,11年前的今天本·拉登炸了美国世贸中心和五角大楼,也是在今天日本正式签约非法购买钓鱼岛,但我认为这两件事都没有我们刑事司法学院开学典礼重要。

刚才的视频很让人感动,毕业生的寄语真情、真心、真切,"假如上天给我重来一次的机会,我一定到上海政法学院刑事司法学院来做一次学生"。17年前,我和大家一样,带着无限的憧憬开始了大学生涯。还记得那一年因为高考失利,我考进了一所部属二本院校,转了两次火车还差点在火车站走失,终于来到了我的大学——看到了那个牌坊式的校门。后来我用了"前脚踏进校门,后脚就想跑回家复读"来形容当时的心情,我读的是成立不久的法学系设立不久的经济法专业。四年后我有两个感受:第一,毕业后最感激的老师是当年学生都在背地里骂的"名捕",第二,其实我喜欢的是刑事法而不是经济法。

人生有不同侧面,视角决定了心态

那一年的重庆特别热,和我同乘一列火车考入另一所学校的一个学生走进了大学,但是没有能参加开学典礼,因为他中暑死了。这件事情对我触动很大,于是我决定安心好好读书。我知道,在座的很多同学对于就读上政会有很多想法:有的觉得自己才高八斗应该读更为名牌的大学——尽管这些大学有着"集天下英才尽毁之"的美誉,也有的同学会为自己能考入上政而感到十分庆幸和自豪。我要说,不管你是什么样的心态,请静下心来读书。

和我的大学相比,你们是幸运的。刑事司法学院被校领导称为"上政的名片",从全国来看,我们可能不是最好的刑事司法学院,但我们有最用心和最有特色的教学与学术团队:专业教师中75%有教授、副教授职称,60%有博士学位,包括多位学识渊博、师德高尚、尽职尽责、在全国有影响力的正教授,一批出身名校、朝气蓬勃、富有潜力的中青年学者。更重要的是,我们的团队中很大比重的老师都有丰富的司法实践与警务实战经验,他们中包括曾经的副检察长、法官、特警、政法委干警、监狱人民警察、劳教人民警察、全国散打冠军,还有数位执业律师以及三位现职副检察长。我们的监狱学、社区矫正、刑法学、青少年犯罪学、犯罪学等学科在全国都有较大的影响力,有的还处于领先地位。我可以负责任地告诉大家,在这里你们可以接受正规和正统的刑事司法教育。

作为一名前大学生,我想和大家分享一些"过来人"的感受。送给大家三句话:

在竞争中赢得尊严

大学生在我们那个时代还被称为"天之骄子",但是现在随着大学多年扩招,大学生已经和民工兄弟相提并论了,甚至还不如民工兄弟们,据说现在有的人都不好意思说自己是大学生。我觉得扩招后的大学生是更令人值得尊敬的,因为他们需要通过自己的努力、通过自己的双手在竞争中重新获得尊严,而并非像从前那样更多的是依靠制度与政策的优势。

竞争无处不在,小到一个寝室、一个班级、一个学院,大到在学校、在上海乃至在全国。"从来没有什么救世主……全靠我们自己",我希望看到朝气蓬勃的刑司人,具有剑客精神、遵守"竞争规则"的刑司人,无论在什么场合、什么地方都能赢得尊严的刑司人!

蒙学经典读物《增广贤文》中曾经有"莫欺小"的告诫,因为青年人的未来一切皆有可能,因而也是令人敬畏的——当然不包括那些放纵、颓废,一眼就能看出没有任何前途的青年。我希望在座的诸位能够通过在大学四年中所展示的刻苦、向上的学风,成为无人可以轻视、也无人敢于小视的群体!

在激情中学会理性

大学是人生中最为美好的岁月,也是火红的岁月,激情燃烧的岁月。我不希望看到诸位的大学生涯是平淡的、乏味的,但我也不希望看到一群花天酒地、游戏人生的"嬉皮士",更不希望看到一群感性行事、遇事冲动、不辨是非的"愣头青"。

比如有些同学具有很浓厚的爱国主义情怀,这非常好,但爱国也需要理性的视角、理性的行为。给大家讲个故事,在五四运动中放火烧了赵家楼的学生领袖梅思平后来成了大汉奸,连他的女儿都羞愧地公开宣布脱离父女关系,而当年被骂汉奸的曹汝霖、章宗祥、陆宗舆却宁死不接受伪政权的职务。再比如,现在的大学有一种很不好的倾向,很多同学热衷于争当各种学生干部,对各种校园活动、社会活动的关心和热情远远高于读书。我常常会遇到学生因为参加社会活动而请假不来上课,每次我都会很生气,这是典型的本末倒置。还比如有些学生天天沉迷于网络、游戏、KTV,抽烟喝酒谈恋爱成为其大学生活的主题,大好年华在荒诞中耗尽。

这是个浮躁的时代,也是一个需要保持"宁静"之心的时代。"书桌"只有放在心里,才会"平静"。大学生的使命首先是读好书,读好书就是最大的尽孝,读好书就是最大的爱国。

在个性中懂得礼节

从教十余年,我有一种很深刻的感受,那就是现在的学生越来越有个性,个性得与周围的人、周围的环境格格不入:对迎面而来的老师视而不见,在公共场所肆无忌惮,因为挤牙膏、打开水等鸡毛蒜皮小事与寝室同学矛盾重重……

一个人,尤其是青年人,应当有自己的个性,但是必须在个性中懂得基本的礼节。在我看来,一个人的成功,至少 70% 靠情商。大学时代的一个重要使命是培养情商——培养与他人交往、合作的能力,学会尊重他人、包容他人。"海纳百川,有容乃大",大学生之大,大在胸怀、志气与修养,而这些都是大学时代需要完成的修炼。

如果你们做到了上述三点,也就可以说成熟了,可以毕业了。

最后,给大家一个私人的建议,在大学时代要"在恪守底线的前提下,抓紧时间犯错误"。请大家辩证理解我这句话的意思。刚才视频中有一位毕业的学长"坦白交代"了自己在大学时代做的不少"坏事",要知道在学生时代你做一些错事,老师、社会还会原谅你们,但是一旦进入社会,到了工作单位,是不可能再允许你们犯错误的。

　　大学时代最悲催的事情是"没有玩到",最最悲催的事情是"没有学到",最最最悲催的事情是"既没有学到,也没有玩到"。享受你们的大学生活,用热情、信念与踏实的脚步走过美好、难忘、精彩的刑司岁月和大学时光!

　　谢谢大家!

（2012 年 9 月 11 日根据记忆整理,有修改）

法律人应心存良善

——在上海政法学院刑事司法学院 2013 级
本科生师生见面会上的寄语

同学们：

下午好，欢迎你们加入刑事司法学院，从今天开始你们的一生都将与法律结缘。今天也可能是我们度过的最后一个 9 月 10 号教师节，因为明年可能要改为孔子诞辰了。

在这样一个特殊的场合，学院特别邀请了一位资深法律人——原长宁区、金山区人民检察院检察长严明华先生——为大家做了精彩的演讲也提出了殷切的希望。刚才，贾洛川书记也发表了慷慨激昂而又语重心长的寄语，还有其他老师、新生代表都做了很好的发言。

但其实，直到刚才我还在纠结，在今天这样一个场合，应该给大家讲点什么。也许我不应该去讲某高院的法官丑闻，不应该去讲某省警察摔婴，也不应该讲某某案中律师的丑态毕露，但我仍然要告诉大家，法律职业在中国也许还远没有发展到令民众尊重的阶段。而对此，作为培养法律人才的法学教育机构是有责任的。

在座的诸位，大多数都将在数年后从事法律职业，成为法律职业共同体中的一员。从今天开始，你们——还有我们——都应该去思考，也不得不去思考，如何让法律人赢得民众发自内心的尊重和敬仰，而不是因为制度设计的原因让百姓感到敬畏，甚至是其他复杂的情感。我觉得，这样一个过程，需要在大学里去完成，需要大家和我们老师一起去修炼，修炼一个法律人所应当具备的品性。因此，我想给大家提三个建议：

第一个建议：甘于寂寞，修身正心

这是一个浮躁的时代，大学也不例外。我常会向同学推荐一些书，但很遗憾地发现，其实难得有几位同学真的会读教科书以外的书，尤其是那些经典的学术著作。有时候我会禁不住怀恋我们那个时代的大学，同学们在一起还会真的做一些学问，真的读一些书，如果你没读过弗洛伊德、哈耶克、韦伯、孟德斯鸠之类人的作品，有时候都会被别的同学瞧不起。

我希望同学们能够在大学四年中保持内心的宁静，能够甘于寂寞，读一些书，一些经典的书——一些无用的书，做一些功利之外的纯粹的事——纯净的事。古代读书人极为注重正心与修身，尊崇"穷则独善其身，达则兼济天下"以及"正心、修身、齐家、治国、平天下"，这两句话也应当成为当代读书人的守则。在我看来，在大学时代保持内心的宁静与平和就是一个"慎独以修身"的过程，也是一个"善其身"的过程；而多做一些纯粹与纯净的事是正心的基础，也是成为一位法律人所必需的修炼。

第二个建议：心存良善，读懂正义

今天会场左右两边都是穿着警服的同学，学校在一些重要场合也常会安排我们干警班的同学担当象征性角色，以致一些同学以为警察是政法学院的象征。但我要告诉大家，警察、监狱这类暴力性的机器绝不是法律的象征。

公元1世纪初的罗马法学家塞尔苏斯说："法律是善良公正的艺术"，这句话很经典，请同学们记住，善良和公正才是法律的面孔，也应当是法律人最重要的品性。

还记得在任长宁区检察院副检察长时曾经和严明华检察长听庭评议过一个破坏电力设备罪的案件。被告人是位外地来沪人员，也属于典型的弱势群体，在上海艰难地养家糊口，却因为偶然的原因犯罪，法院最终根据公诉人的量刑建议判处了实刑，宣判后这位大男人与旁听的妻子痛哭失声。令我终生难忘的是，严明华检察长在旁听完案件后，面色凝重连说了数句"为什么不能判缓刑，为什么不能提出判缓刑的量刑建议？"案件本身我不想过多评论，但我看到的是一位从事政法工作那么多年的老检察长,在面对弱势群体的时候所依然保持的令人尊重的良善。

在座的同学中有很多是干警班学员,毕业后将从事监狱人民警察工作。建于 1597 年的阿姆斯特丹斯平豪监狱大门上方篆刻了这样一行字:"我手腕似铁,但我心中充满慈爱",希望你们也能记住这句话——记住法律人绝不能丢弃内心的良善。因为丢弃良善去追求公正,也只会成为酷吏。

从事法律工作这么多年,我做过警察、检察长还有多年的法律教师,也许时间还不算太长,但我已见过了太多冷漠而无情的法律职业者。我希望,我们刑事司法学院培养出的法律人,不是冷漠的人,而是内心充满良善的公正的法律人。

第三个建议:志存高远,胸怀天下

和同学交流时,我常常会问他们一个问题:毕业后有什么想法?绝大多数的同学的回答是:找一份好工作。也许大家还记得那样一个故事:12 岁的周恩来在回答校长"为什么读书"的问题时,掷地有声地回答:"为中华之崛起而读书。"在这样的场合竟然给大家讲这样的励志故事,也许有人会觉得搞笑,但我仍然要告诉大家,中国传统读书人一直有一种强烈的报国情怀。北宋哲学家张载说:"为天地立心,为生民立命,为往圣继绝学,为万世开太平",道出了传统知识分子的胸怀与担当。

读书为找一份好工作无可厚非,但我仍然要告诉大家,在大学这样青春飞扬的时代都没有一点理想主义,都没有一点志向与胸怀,你不觉得这样的大学时代太低俗了吗?如果连你们都不去关心这个国家、这个民族,那还有谁去关心呢?我希望在座的同学都能够有一点胸怀天下的豪情——趁你们还没有老去的时候。

最后,我要告诉大家,没有遗憾的大学生活,应当完成五件事。我当年带着遗憾离开了我的大学,我不希望在座的诸位也带着遗憾离开上政刑事司法学院:

读一本受益终身的书;

认识一个一辈子的朋友;

结交一位一生尊敬的师长;

来一次想走就走的旅行;

成就一段青涩而又美好的爱情；
祝愿大家,祝福诸位!

(2013 年 9 月 12 日根据录音整理,略有删改)

拒绝成为路西法:刑司人的面孔与底线
——在上海政法学院刑事司法学院2014级新生见面会上的演讲

同学们:

欢迎加入刑事司法学院,加入中国离监狱最近的大学——上政与上海市新收犯监狱共用一堵墙,而且地处著名的"劳改劳教一条街"——上海的西伯利亚!

听说你们这几天很忙,都在研究如何对付学院新推出的指纹考勤。有的同学对我说,这项措施太凶残了、太没人性了,以后总不可能带着室友的"手指"去上课吧。还有的学长学姐庆幸:"幸好,已经毕业了。"更多其他学院的学生在幸灾乐祸:"刑司的同学,你们还好吗?"当然,也有更加专业的点评:这项措施是否会侵犯学生的隐私权。

首日新生报到那天,我只是随手拍了几张照片发到网上,没想到会引起如此大的反响,中国青年网、青年报、新闻晨报等很多媒体都已经报道了,称之为"史上最严大学考勤"。成才与就业杂志还正在组织公开的讨论。

在这里,我觉得有必要减轻一下大家的焦虑:请诸位不用担心,对付指纹考勤的方法很简单,上网定制个指模,一般也就80到300元,已经或者拟购买的同学还可以拿着发票到我这来报销。那些助人为乐的同学,也将获得不用参加考试等各种形式的"奖励"。当然,我更希望有同学能自己研制其他破解指纹考勤的方法,因为这也是刑司专业学习与应用的一部分。

坦白地说,指纹考勤引起的关注与争论,多少让我有一些意外。

我同意这样一种观点：如果大学需要用如此严厉的考勤方法将学生留在课堂，这肯定是大学教育的失败。但这项由学生提出并自律实施的措施之所以被学院接受并试点，更多是基于突出刑司专业特色的考虑。因为你们在刑事司法学院接受的是刑事司法类专业教育，你们中的大部分人也将在毕业后走上公安、监狱、戒毒以及其他刑事司法工作岗位。按照香港的公务员分类，也即成为"纪律部队"中的一员，今后将受到"特别纪律的约束"。还有的可能成为刑事法官、检察官等司法人员，同样需要遵守特别的职业操守。养成自律甚至服从的意识与习惯，是你们在刑事司法学院学习期间所必须接受的训练。

在学校开学典礼上，学院全副武装特训队队员的盾牌操表演掀起了开学典礼的小高潮。今后，你们可能会发现在学校各种重大活动场合，都会有学院学生的类似身影和展示。相信在座的很多人，都会以为身着警服、头戴钢盔、手持盾牌警棍的警察就是刑司人的面孔。我曾问一位新生为什么选择刑事司法学院，他告诉我：以前总有人欺负他，所以选择刑司，想让别人怕他。这位同学说出了心里话，因为在十多年前穿上警服的那一刻，我也觉得自己神气异常。当脱下警服多年后，有次我的母亲还忍不住说："你为什么和我说话总像是在训人？"

1971年，美国著名心理学家菲利普·津巴多在斯坦福大学进行了一项著名的试验：24名身心健康、情绪稳定的大学生被随机分为狱警和犯人两组，并被置身于模拟的监狱环境中。结果试验进展到第六天，情况演变得过度逼真，原本单纯的大学生已经变成残暴不仁的狱警和心理崩溃的犯人。一套制服、一个身份，就轻易让一个人性情大变，原定两周的实验不得不宣告终止。菲利普·津巴多将这一试验发现的人的性格的变化命名为"路西法效应"。路西法是光的守护者，上帝最宠爱的天使，但他最后带领一群堕落天使投身地狱，成了魔鬼撒旦。

虽然大学生的含金量下降了，但大学生曾经有着天之骄子的美誉。在这样一个特殊的场合，看着在座诸位纯真和善良的面孔，我想请大家永远记住一句话：拒绝成为路西法。

我曾经在某机构遇到一个被收容教养的13岁少年——他的父母均因为贩毒而在监狱服刑。少年异常平静地对我讲了他还没有被收容教养时的一段经历：在得知母亲被判刑后，他千辛万苦地找到了母亲服刑的监狱，向狱方提出会见母亲的请求。结果，接待他的民警说："五千块，给你安排"。最后,这位衣食无着的少年没能见到母亲,并在不久后因为严重犯罪而被收容教养。

实话说,当时我的心情是复杂,甚至是离奇愤怒的。我多么希望,这只是这个少年编造的谎言。因为,面对这样一个孩子见见母亲的请求都能开口索贿,那需要怎样的麻木、冷漠与心黑! 当然,这个狱警肯定不是上海政法学院刑事司法学院毕业的。

今年8月22日,福建省高级人民法院在没有出现"亡者归来"的情况下终审判决曾经被四次判处死刑的念斌无罪。在这起冤案中,念斌遭受了侦查机关残忍的刑讯逼供,包括竹签插肋骨缝隙。而在去年被浙江省高院判决无罪的张氏叔侄冤案中,张辉、张高平竟然遭到了警方与牢头狱霸串通的刑讯逼供。这样的例子还有很多,但一个共同之处是:冤案背后必有警方的残暴。

我相信那些动口或者动手的警察肯定会举出诸多合理化的理由甚至是被迫的因素,他们在成为"路西法"的过程中必定也有过犹豫甚至是良心的不安。但是,每一项职业,每一种角色,都应当有其底线。正像很多年前,我对那些即将走出戒毒所大门的吸毒人员所说的:"不要向我保证出去后一定不会复吸,我只希望你们在没有钱吸毒的时候——取财不伤人害命,并尽可能避开妇女、儿童和老人。"

需要向在座诸位坦白的是,在我的警察生涯中也有过使用警棍、手铐等方式惩戒他人的经历。十多年过去了,每次想起仍然会感到愧疚与不安。这是一个复杂的时代,一个需要坚守的时代,一个需要勇气才能独善其身的时代。尽管期待,但我并不奢望大家以后都能像水晶玻璃那样纯洁。

然而,在这样一个你们与刑事司法正式结缘的特殊日子,我依然要告诫大家:"不倚强凌弱,不刑讯逼供,不制造冤案。"因为,这是刑司人可以也应当遵守的底线。

好了,我讲得够多了。大学四年眼一睁一闭就过去了,别以为成为"路西法"那么容易,你们还需要通过四年的努力才能成为真正的刑司人——还需要为获得成为"路西法"的可能性而努力。

祝愿大家,祝福诸位,谢谢!

(2014年9月15日)

期待与荣光
——在上海政法学院首届研究生入学典礼上的演讲

亲爱的研究生同学们，尊敬的校领导、各位老师：

下午好！

你们很特别啊，本来可以和本科生在今天上午一起搞一个开学典礼，但是学校硬是单独为你们这几十号人举行了这次单独的典礼，而且几乎所有的校领导、导师全部都到场。如此隆重和高规格的礼遇，也只有"特别的"你们才能享受。

昨天我和刑事司法学院100名新入学的干警班学员座谈，有一个从本校考入干警班的学生对我说，他现在穿上警服重新走在上政的校园里感觉特别拉风，路过的女生都在回头看他——这个学生很实在。不过我觉得，在上政校园里最拉风的学生应该是在座的诸位——研究生，因为你们是上海政法学院最有学问的学者——学习者，而且我相信你们尽管没有穿上研究生服，但是学妹、学弟们也一样能在茫茫人群中认出你们。如果你们现在缺乏这样的气质还不要紧，但是三年后还缺乏这样的气质，那么我只能说你们的研究生生涯是失败的。

毫无疑问，你们是上政最特别的学者，因为你们是上海政法学院的第一届研究生，简称"野马浜一期生"（或"青浦一期生"）。与北大、清华、复旦华政等大学比，上海政法学院还有差距甚至是很大差距。但与那些导师每人带的学生少则十几个、多的几十个的学校相比较，你们是幸运的。我个人的切身感受是：和本科生不同，读研究生不在于学校的名气，而在于学校和导师是否用心。你们的导师全部都是来自名校、在本专业领域造诣很深的正教授，而且每名导师一般只带两三名学生。你们虽然是硕士研究生,但却享受的是博士甚至博士后的待遇。更重要的是,你们不仅是上政的首届研究生,也是导师们在上海政法学院的开门弟子。毫不奇怪,你们必然会享受到从学校到导师的特别待遇。

可以说,"上政学子一万人,万千宠爱在一身"——你们占据天时(上政第一届研究生)、地利(野马浜,可能是中国唯一没有堕落街的大学,只能寂寞攻读)、人和(所有导师的开门弟子),我都忍不住羡慕你们了

但是我也不得不说,你们也是上政期望值最高的学者。你们肩负着开创上政研究生学术传统的责任,营造上政研究生优良学风的重任,塑造上政研究生品牌的重任,甚至养成上政研究生气质的重任。为了你们的到来上海政法学院集全校之力申办硕士点,但今天我们仍然不能说成功了。某种程度上可以说,你们这一届研究生的培养质量就是上海政法学院研究生培养质量的坐标。你们必须要有这样的担当!

尽管今天是一个值得庆祝的时刻,一个值得铭记的时刻,也许并不太适合说教。但我仍想以过来人的身份给大家分享几个想法和建议。

12年前,我低调地从重庆市劳教戒毒所考入华东政法学院。但是后来我仍然得知,我的父亲知道这个消息后,专门跑回老家放了一串长长的鞭炮,引得街坊邻居都来问,你们家又有什么好事情了?我的父亲,不好意思而且有些难为情地说:我的儿子考上研究生了。诸位要知道,在父辈的眼中——你们承载着的是整个家族的荣光,你们就是整个家庭的希望,而为了你们的每一个起点,也许你们的父辈需要耗尽一生。珍惜研究生三年的求学时光,并不只是你个人的选择。

前些天我和台湾高雄少年及家事法院的法官交流,他们送给我一个小法槌,法槌上有一句话——"我们怎么想,就会变成怎样的人",我觉得这句话非常好,今天也送给在座的诸位。2012年全国招收研究生高达58.4万人,研究生扩招后质量下降是一个客观事实,但我觉得更主要的原因是现在的研究生缺乏"精英意识",自己把自己降格为"大本科生"甚至"大中学生"。12年前当我以华东政法学院刑法学最后一名调剂到青少年犯罪方向的时候,我的导师告诉我,你很厉害,因为青少年犯罪专业在全国就招一个人,我想想非常有道理,这一想法也决定了我能走到今天。诸位,你们要有精英意识,因为你们就是上海政法学院学问最高的精英,你们也是上海滩最好的研究生,甚至是全国最好的研究生。

但是要真正成为精英,光想是不可能的,只是想而不去行动,那是阿

Q。请允许我给大家提三个建议:第一,建议对自己"狠"一些。三年求学时光转瞬即逝,刻苦攻读不是口号,我希望看到你们的行动。第二,建议对自己"雅"一些。别天天玩游戏,睡懒觉;别总是想着逛商场,买东西,把自己搞得像个本科生,甚至中学生。有时间多逛逛书市,买买书;开开读书会,谈谈学问。第三,建议对自己"好"一些。最近一些年,我的心情很沉痛,因为很多熟悉的学者、朋友,有的英年早逝,有的正当壮年却身染重病。在学生时代除了要重视学会做人、学会做事,还要重视学会生活,因为不会生活的人,也不会工作,更不会事业有成。学有余力可以谈谈恋爱,感受一下成年人的责任与担当。也可以爬爬佘山、看看教堂、钓钓鱼,上政好山好水好风景,别浪费了。

上政有很多想象力丰富且擅长考证的人才,据他们考证:写下"前不见古人,后不见来者。念天地之悠悠,独怆然而涕下"亘古诗篇的唐朝大诗人陈子昂曾经和大家住在一起研读学问,据说就在新食堂后面。还据说,明朝名探险家徐霞客万里远行的起点在老校门那,上政是他的起点。

青年让人敬畏之处是——一切都有可能,我很羡慕你们。祝福大家,希望上政成为你们辉煌人生的起点!

最后,别忘了做研究生的底线:不抄袭剽窃!

谢谢!

(2012 年 9 月 7 日下午)

从这一刻开始,懂得责任与感恩
——在上海政法学院刑事司法学院 2013 届毕业生毕业典礼上的演讲

恭喜同学们,从今天开始,你们也是有母校的人了。所谓母校,就是自己可以随便骂,但是谁敢骂就要和他拼命的奇怪存在。无论是悲伤还是喜悦,无论是感激还是抱怨,无论是不舍还是决绝,母校都将是你们永远走不出的"背影"。

这个典礼结束后,你们就是真正意义上的社会人了,不用再忍受寝室的酷热、辅导员的唠叨,或者某个"名捕"老师的摧残,也将不用再忍受"学生"这样一个"幼稚"的名称了。但这也意味着,今天你还可以理直气壮地向父母要钱,而明天你将会为此感到羞愧。今天你犯了错误可以获得改正的机会,而明天犯了错就可能需要付出也许根本无法承受的代价。

你过去的四年,无论是精彩还是浑浑噩噩,都已经不再重要,重要的是,从这一刻开始,你必须一步一步地开始你自己的人生。最近网上流传一篇武汉大学毕业生的万言长帖《一名大学毕业生的反思》,其中有对中国大学教育的深刻反思,更有对人生的深刻反思,这篇万言帖的结尾有这样一句话:"我们更要加倍地为自己负责,更要认真地思考和选择自己的人生",我觉得在座的每一位同学都应该好好去品味一下这句话。

修身之后才有所谓齐家、治国、平天下,立德之后才有所谓立功和立言。在奢谈对家庭的责任、社会的责任、民族的责任、国家的责任,乃至解放全人类的责任之前,首先应当对自己的每一言每一行,每一分钟、每一天负责,我想这是在座的每一位都应当记住的"责任"最基本的内涵。

"理想很丰满,现实很骨感。"无论你是否已经准备好了,你都要不得不直接面对这个残酷的社会。今后的挫折、磨难、不公、悲伤、绝望……，你都需要独自去面对和承受，和这些相比，那些在大学里的委屈又算得了什么。坚定内心的信念，不颓废、不抱怨、不嗔怒，永远不放弃，直面未来的每一个挑战。如果取得了成绩，不忘和家人、朋友以及母校分享；如果遇到在人生低谷的时刻，也请记住七个字："此时正当修行时"。

上午我收到很多曾经教过的学生的短信，其中有一条是这样写的："要走了，告别上海了，感谢老师四年的帮助，等飞黄腾达的时候再来谢恩吧。愿老师工作顺利，身体健康，您永远的学生。"其实，没有哪一个老师会在意学生是否会谢恩，但我相信每一位老师都会为这样温暖的短信而感动——感动并不是因为这条有些"肉麻"的短信，而是因为这位学生已经懂得了感恩。

这是个把什么都视为理所当然的社会。在大学四年中，我们绝大多数人从没有为父亲、母亲的默默付出说过一句"谢谢"；没有为食堂里的师傅、校园里的清洁工阿姨，说过一句谢谢；没有为老师、同学的帮助说过一句谢谢。甚至，对他们有的只是"抱怨"。

懂得感恩是一个人是否成熟的重要标志，懂得感恩的人才能走得更远、更稳；懂得感恩的人，生命中也将洋溢着温暖。在离开你的大学之前，别忘了对曾经帮助过你的人、支持过你的人、默默为你祝福的人，说一句"谢谢"。别忘了和同学们，尤其是同寝室的兄弟姐妹说一声感谢——"感谢四年不杀之恩"。

祝福每一位同学，母校将继续关心每一位同学的发展，也请你们关注母校的发展。

刑事司法学院与你们同在！

谢谢大家。

（2013 年 6 月 25 日）

拯救有罪的灵魂,那是你们的使命
—— 在上海政法学院刑事司法学院2013届干警班毕业典礼上的演讲

这原本是一个欢乐的时刻,因为经过两年培养,学院终于成功把同学们送入"监狱、戒毒所"了,但,我们仍要在这里说再见。

这也不是毕业的季节,但你们仍然要义无反顾地离开母校,离开刑事司法学院。

你们曾经是上政最耀眼的风景,无数学弟、学妹心目中的男神、女神,但你们还是如此决然地转身而去。

这都只因为,你们是特殊的"毕业生"——中央政法委、司法部政法干警试点班的学员——监狱、戒毒人民警察中的"嫡系"与精英。

平安夜、圣诞节即将到来,这是一个纪念耶稣诞生的节日。尽管我们都是无神论者,圣诞节也是一个西方的节日,但耶稣诞生的隐喻,恰恰也是诸位未来的使命。

《圣经》上说:"世人都犯了罪,亏缺了上帝的荣耀。"(《罗马书》3章23节)罪使人面对永远的刑罚和痛苦,因此上帝赐给世人自己的独生子——耶稣基督——做救赎主,让他肩负将世人从罪恶里拯救出来的使命。

这个典礼之后,你们将正式成为监狱、戒毒人民警察,从此你们也将肩负起挽救那些有罪的灵魂、那些深陷毒海不能自拔之人的使命。正如两千多年前耶稣诞生的使命一样,你们也是为了拯救世人的"罪"而去。这是你们的责任,你们的使命,也是你们的荣耀。

要走了,但别忘了,你们是刑事司法学院永远的牵挂。

前几天,我和学院另外几位老师去某省监狱共建交流,回访、看望学院的毕业生——他们曾经也是你们中的一员。晚上在食堂用简餐,当听说某监狱有学院七位毕业生的时候,我们一位老师端起酒杯连敬了这所监狱在座领导七杯白酒。不为别的,只希望他能关注我们的毕业生。我和其他几位老师也都不善饮酒,但在那天也不胜酒力,因为那里有我们的毕业生。

请记住,刑司会时刻关注你们的成长,并为你们的每一点进步感到欣慰,我们也希望能够不断听到大家的好消息。明天,你们的照片将挂上校友会办公室的墙,但我们更希望你们能常回母校看看。

今天,我不打算说教,只想祝福。

平安夜即将到来,祝福你们永远健康、平安!

冬季阴冷,祝福你们永远温暖相伴!

毕业了,也意味着你们真正成年了,祝福你们家庭幸福、事业有成!

最后,祝福你们一路平安!

(2013 年 12 月 24 日)

足球是圆的 人生是圆的
——在上海政法学院刑事司法学院2014届毕业生毕业典礼上的讲话

同学们:

中午好!

毫无疑问,你们是我见过的刑事司法学院最优秀的毕业生,当然,也因为我到学校只有两年多的时间。

我说的优秀不是指你们破纪录的考研率、司法考试通过率和公务员录取率,也不是指你们所获得的挑战杯上海一等奖、全国二等奖、上海市司法行政系统新长征突击手、国家奖学金等耀眼的荣誉,而是指你们这一届毕业生在刑事司法学院所养成并展示出来的以下三种优秀品格与精神:

一是刻苦拼搏。那些名校的毕业生只需要亮出名校的牌子,人们就会假定他们很优秀,但我们学校毕业的学生还需要用实力和业绩去证明自己。你们这届毕业生是刑事司法学院学风最好的毕业生之一,在过去的几年中你们已经通过刻苦和拼搏证明了自己,相信在未来你们也能够不断地证明自己。

二是团队合作。你们这届毕业生是刑事司法学院最具有团队精神的毕业生之一。有一个班的考研率超过了35%,可以说创造了我们学院乃至整个上海政法学院考研录取率的新纪录。经过深入了解我发现,原来这个班的同学在考研过程中几乎都是集体行动:早上集体晨读,集体到图书馆学习,集体互相鼓励互相学习。这种团队合作精神是你们展现出来的非常优秀的品质。当然,我也听说你们通过团队合作的方式干了不少坏事。

　　三是公益服务。你们这届毕业生是刑事司法学院迄今为止最富有公益精神的毕业生，没有之一。无论是创立蓝盾志愿者服务中心、开展蓝天下的至爱公益活动、公安博物馆等志愿者活动，还是义务献血、志愿去西部支教等等，都既为你们的青春，也为刑事司法学院写下了浓重而绚丽的一笔。我非常欣慰你们没有忘记自己作为一名学生、一名青年人的社会责任。

　　艾略特有一句诗写得很好："现在和过去，两者都可能存在于将来，而将来则包含在过去之中。"我希望你们可以继续保持"刻苦拼搏、团队合作、公益服务"三种精神，因为这将让你们受益终身，可以让你们与任何一所名校的毕业生PK，也决定了你们的未来能够走多高、走多远。而这也是在这样一个特殊的时刻，我对大家的期许与期待！

　　这些天世界杯把大家折腾得够呛，已经有两人因为熬夜看球猝死了，一名孕妇因为看球太兴奋而流产，还有的球迷为了看球而辞职、弃考。为了证明自己还没有老，我在今天凌晨爬起来熬夜看球，结果坚持了90分钟，一个球没有进。

　　我在你们这个年纪的时候也很喜欢足球，在我看来，足球之所以让人着迷，是因为"足球是圆的"——一切都有可能。其实人生也好比足球。

　　请记住，人生是圆的，永远不要轻言放弃，更不要放弃心中的梦想，因为一切都有可能。

　　请记住，人生是圆的，不要轻易把自己的路走入死胡同，而要让自己的未来多一些可能性，因为有可能性的人生才是值得期待和精彩的。之前我从事过很多工作，包括戒毒所民警、副检察长、杂志主编、名校教授等，但是最后我还是到野马浜来当一名教师。我和很多年轻朋友分享我的经历时说过：能够预知到自己30年后会怎么样是很可怕的——人生一定要有一些不确定性；人生也不一定要太有成就，但一定要丰富多彩，最好再来一点传奇。

　　请记住，人生是圆的，在保持必要个性的同时，也要学会谦虚与礼节、包容与融通，而不要总是与周围的世界格格不入。上午学院召开监狱学教官会议，一位监狱学教官的话让我印象深刻："领导和老同志最恨的是不懂礼节礼貌，自以为是，不知天高地厚的人"。我没有想到这位来自实务部门的同志竟然会用了"恨"这个字。我把原话转给大家，就是希望同学们在以后的工作中除了注重工作能力外,更要注重个人的修养和礼节。

人生是圆的,这也是在这样一个特殊的时刻,我对大家的祝福与祝愿。

祝大家一路平安,刑事司法学院与你们同在!

谢谢大家!

(2014年6月17日根据录音整理,略有修改)

对你们的谢意与敬意,发自内心
——在华师大附属幼儿园2014届毕业生毕业典礼上的发言

从小小三班到小三班,再从小三班到中三班、大三班,孩子终于毕业了,我现在的心情既激动又复杂。希望孩子快快长大,又不希望孩子长大,相信在座的很多家长也都过有这样的矛盾心态。

这是我人生中第一次参加幼儿园毕业典礼,也是我第一次以家长身份参加的毕业典礼。感谢附幼给了我这次宝贵而又特别的发言机会,在我看来,能在毕业典礼上作为家长代表发言,是莫大的荣誉。当然,这不是我个人的荣誉,而是犬子姚中琛所在的大三班的荣誉。

今天,我站在这里,首先是为了表达一份谢意,相信也是所有毕业生家长的谢意。事实证明,我们把比自己生命更为重要的孩子、我们一生中最珍贵的宝贝托付给附幼,这一饱含信任的选择,是对的。在过去的四年,孩子们是安全的、健康的,更是快乐的。在最为幼弱的童年,还有什么比安全、健康和快乐更重要呢?我要特别感谢附幼各位教职员工的辛苦付出,尤其是四年中直接照顾与教育犬子的戴老师、姜老师、程老师、肖老师、施老师、吴老师、杨老师……

今天,我站在这里,更是为了表达一份敬意,相信也是所有毕业生家长的敬意。幼儿园四年,是孩子成长最为关键的时期,某种程度上决定了孩子一生的幸福与未来。这四年,也是孩子最不懂事、最任性的四年,调教他们需要超凡的耐心与爱心。

在过去的四年,各位老师以你们的敬业及对孩子们的热爱,呵护了孩子们最为幼弱也是最为关键的四年,我们也共同见证了孩子的成长:自立与礼节、倾听与思考、感恩与责任……这些在附幼培育的优良品质,将让孩子们受益终生。对你们的敬意发自内心,因为通过你们,我们家长也得以与孩子们共同成长。

在过去的四年,我们也共同见证了孩子成长中最为美妙的时期,在今后的日子中,我们也将继续共同见证他们的成长与成熟。孩子们的人生从这里起步,而我们也永远与附幼结缘。

祝愿附幼的未来更美好,也祝愿孩子们的未来更美好!

(2014年6月23日下午于华东师范大学附属幼儿园)

第九辑
表达之心：有一种呐喊是否总会无助

政府当作"托举哥"

刚刚过去的6月,南京两名女童饿死在家中的悲惨故事,深深震动了中国社会。所有人的疑惑是,我们每天浪费的食物可能都堆积如山,为何还会发生饿死儿童的事件?

如果用经济总量、城市建设、人均收入衡量,中国已经进入现代社会,但让人悲哀的是,"现代社会"并不能自然地等同于"文明社会"。

关于"文明",有这样一种解读:文明就是在发展的过程中停下来想一想自己都干了什么。面对层出不穷的儿童伤害事件,我们真的该停下来想一想,我们为儿童保护都干了些什么。

《新民周刊》专访上海政法学院刑事司法学院院长姚建龙、上海社会科学院青少年研究所副所长程福财讨论中国儿童保护困境,选择这两位学者,不仅是因为他们从不同的专业角度长期从事儿童保护研究,更加重要的是,作为父亲,他们和普通人一样对儿童保护现状抱着不满,同时也怀抱改善现状的急切期待。

是责任不是慈善

新民周刊:南京女童饿死事件后,人民网微博发表了"南京小姐妹饿死是全社会的失职"这样一篇评论,我看到你对这篇文章的回应是:"恕我直言,南京小姐妹饿死就是'政府'的失职,别把责任往'全社会'推。"为什么这样说?

姚建龙:在儿童保护上,各国都遵循的理论基础是"国家亲权"理论,或者叫"国家监护权"理论,即认为国家是儿童的最终监护人。具体来说,这个理论包含三个意思:第一,国家亲权高于父母亲权,在父母无法或不宜行使对儿童监护权的时候,国家有责任代替父母行使监护权。第二,政府应该"积极"、"主动"的承担儿童保护的责任。第三,国家监护权的行使必须为了儿童利益,即遵循儿童最大利益原则。

说到底,我们的政府还缺乏"国家亲权"的观念。

新民周刊:我们会去假设,如果邻居管得更多,如果警察管得更细,如果居委会承担起责任……但你却认为所有的责任都在政府身上。

姚建龙:我当然并不否认其他主体也负有儿童保护职责,但儿童保护首先是政府责任。政府的责任需要通过具体的机构或者个人去实现,在维护儿童利益的时候,我国还缺少"跑第一棒的人"。比如南京事件,当女童的父母怠于或者没有能力履行监护责任的时候,政府就应该主动进行干预,或为女童父母提供支持,或者接管其监护权,承担起监护责任来,这种责任要有具体的机构或者人去代表政府承担,这个具体的机构或者人通常是政府儿童福利部门的代表,也可能是警察、社工等。暂且不去讨论谁来做"跑第一棒的人"合适,现在的情况是,没有人"跑第一棒"。在南京事件中,两个女孩长期得到不到应有保护,这个情况邻居知道、居委会知道,警察也知道,但是悲剧仍然发生了。国内也经常发生父母长期虐待未成年子女的恶性案件,父母的虐待行为广为人知,但就是没有具体的机构和人对此采取及时的干预措施。没有人"跑第一棒"的原因,还是政府没有主动承担自己的责任,没有建立起"跑第一棒"这一儿童保护的关键机制。

我国《未成年人保护法》第53条规定"父母或者其他监护人不履行监护职责或者侵害被监护的未成年人的合法权益,经教育不改的,人民法院可以根据有关人员或者有关单位的申请,撤销其监护人资格,依法另行指定监护人。"这一法条看上去很美,但在实践中基本上没有这方面的撤销监护权的判例。关键原因之一是没有提起剥夺监护权的"申请人",我曾经建议由检察院可以代表儿童利益来作为剥夺监护权的申请人,但由于没有完整的配套政策,迄今未能形成一个判例。另一个关键原因是,我国还缺乏完善的儿童福利体系,无法保证剥夺父母监护权后,儿童的利益能够得到更好的保障。

新民周刊:强调政府的观念转变,其实就是强调政府职员的观念转变对吗?

姚建龙:政府及其工作人员要有儿童意识,这一点非常关键。发达国家的公职人员对三个基本问题是不敢懈怠的——儿童、性别和种族,在任职培训时通常也会进行培训。谁要在儿童、性别与种族问题上有不当言行或者渎职行为,那后果会很严重。在当代社会,其实不只是公职人员,一般老百姓通常也不敢在这三个问题上有不当言行。

世界上签字国最多的国际公约《儿童权利公约》规定了"儿童最大利益原则",要求关于儿童的一切行动都应当以儿童最大利益为一种首要考虑,政府及其工作人员都应当记住这一原则,并以此作为衡量其是否渎职的标准。从这个角度看,南京饿死女童事件中的有关政府部门,尤其是街道办事处、警方、民政部门难辞其咎。

新民周刊:我们常常把帮助那些失去照料的孩子当成"慈善""爱心",这种观念并不正确是吗?

程福财:代替无法监护儿童的父母行照管儿童,是政府的责任而不是"慈善"。2012年,上海媒体曾经报道一则新闻。当年9岁的女孩婕婕因为父母入狱,其他亲属无力照料,成为"事实孤儿"。她原先居住的社区得知这个情况后,将她接回社区。最先收留婕婕的是街道居民区党支部书记,这位书记不仅照料婕婕生活,还要帮助她学习,其他居民也轮流照顾她,当时媒体赞扬这些居民是"爱心妈妈"。后来这位支书透露,照料婕婕压力非常大。单单靠爱心或者热情,是很难完成监护儿童的责任的,个人很难承担这样的重任。

有的家长不值得同情

新民周刊:什么叫"从儿童利益出发"?

姚建龙:我可以举一个例子。在加拿大,有一份工作是专门留给未婚妈妈的。这份工作就是在道路施工的时候,站在路上引导交通。这个工作很简单,很清闲,但工资却非常高,未婚妈妈每天干几个小时,薪水就够养育孩子和体面生活。这个保障措施的逻辑是,从儿童的利益出发,那些未婚妈妈的孩子更需要得到政府的照顾,政府应该在父亲缺失的情况下提供支持,帮助儿童及其未婚妈妈体面生活。但是,不久前我国某市竟然拟出台地方性规定,对未婚妈妈进行处罚——在现代社会竟然还会有这种缺乏基本儿童意识的立法,令人不可思议。

新民周刊:但有一种说法是,如果政府承担更多监护责任,是不是鼓励或者纵容父母疏忽监护的行为,鼓励未婚生育的行为。

姚建龙：我国经常有人会提出这种观点，尤其是一些政府工作人员与领导也常会由此担心。这是两种思维的冲突，这些人想问题的方式不是"从儿童利益出发"，而是从成人立场与社会管制的角度出发。

新民周刊：长期以来，一方面我们认为对儿童的监护是家长的责任，但一方面当家长失职时，我们又想不到追究家长的监护责任，这又是什么原因？

姚建龙：国内对家长监护失职的追究实在是太弱了，很多人都不能接受让家长为监护失职担责。最典型的例子是今年初发生在长春的盗车杀婴案。婴儿的父母把孩子独自留在车里，罪犯盗车后将孩子残忍杀死。在这个案子中，我们不要忘了婴儿的父母也有责任。最近在加拿大多伦多发生了一件事，一名华裔母亲去超市买东西，把两岁幼童留烈日下的轿车内，路人发现后报警，这名母亲按遗弃儿童罪被逮捕。

如果把两件事进行对比，又可以回到"从儿童利益出发"这个原则上，长春盗车杀婴案后，国内民众对婴儿父母的同情，还是站在成人的角度，如果从儿童利益的角度，父母是必须要为自己疏于监护的行为付出代价的。庆幸的是，这种观点已经开始得到了越来越多人的认同。

新民周刊：家长的监护责任不够细化是不是也是家长容易忽视儿童监护的原因？

姚建龙：很多国家的法律明确规定，如果父母让12岁以下子女独处脱离监护，无论是否已经发生严重后果，父母都要承担法律责任，轻则会失去监护权，重则会因"忽视儿童罪"或"虐待儿童罪"受到处罚。我也曾经建议修改有关法规，让这类规定进入中国法律。最近媒体报道了很多由于父母疏于监护导致儿童坠楼的事件，这些事件中的父母会有种种自我辩护的理由，或者有时候仅仅是没有预见到让孩子独处的危险性。对于这类父母，需要法律"动真格"的，以此发挥法律的一般预防功能。

新民周刊：很多父母会觉得，监护责任这么大，难以承受。

姚建龙：现代社会已是"风险社会"，与传统的农耕社会有截然的不同。我们常常说，现代社会是"陌生人社会"，儿童生活在这样的环境中，风险比传统社会要大得多，所以监护人的责任也应该大得多，这是现实的需要。在"风险社会"里，如果不强调监护人的责任，就无法给予儿童最基本的安全保障。

有的家长说，我要上班、我要做生意，我没办法照看孩子。我觉得这些是借口,身为父母,监护孩子就是你的职责,逃避责任就是要受到惩处。要知道,法律对父母多一分"理解",儿童就会多一分"危险"。这一点已经有足够的悲剧性事件做了说明。

新民周刊:但现实生活中,家长的确有很多困难,一味要求家长尽责,是不是也很苛刻?

程福财:家长照料孩子是有很多困难,就像我自己,我们夫妻上班,我的父母和太太的父母都在外地,叫父母过来带孩子,父母在上海生活也不习惯,但没有办法,为了照看孩子,只能委屈父母。很多父母有各种各样的原因难以照看孩子,这个时候,如果政府秉持"儿童利益优先"这样的观念,就应该采取措施帮助父母,只要政府愿意做,究竟由社区、社会组织还是其他机构来实现这些措施都是可以解决的。

法律能做什么

新民周刊:发生像南京饿死女童事件、十年前的李思怡事件后,我们常常会责怪"法律不健全",是这样吗?

程福财:最主要的问题并不是法律不健全。中国最重要的儿童保护法律是《未成年人保护法》,其中第53条规定:"父母或者其他监护人不履行监护职责或者侵害被监护的未成年人的合法权益,经教育不改的,人民法院可以根据有关人员或者有关单位的申请,撤销其监护人的资格,依法另行指定监护人。被撤销监护资格的父母应当依法继续负担抚养费用。"但在遇到具体情况的时候,法官很难判决。一位法官说,我如果判剥夺孩子父母的监护权,接下来,我该把孩子送到哪里去呢?要履行怎样的手续呢?什么样的情况可以恢复父母的监护权呢?我们怎么保证新的监护人能够保护儿童的权益呢?

没有完整的制度设计,光有法律条文是没有用的。

新民周刊:制度设计由谁主导?

程福财:当然还是取决于政府的观念。的确,我国的《未成年人保护法》不够细化,很多国家儿童保护法有几百页,而我国《未成年人保护法》只有7000多字。

但是,如果政府有主动承担责任的态度,模糊的条文也可以成为创新更多儿童保护措施的空间。比如面对"事实孤儿",我遇到新疆阿克苏地区的一位民政干部,他说他们的福利院系统就愿意接受"事实孤儿"。

如果政府没有主动担责的态度,"人人有责"就变成了"人人无责"。

新民周刊:为什么说整个机制有问题?

程福财:首先,我国儿童保护的职责分散在各个部门,教育部门、民政部门、卫生部门、公检法部门、妇联、共青团分头负责。在民政部门里,不同的类型的儿童保护还归口在不同司里,流浪儿童归社会事务司管,像毕节流浪儿童在垃圾箱中死亡这种事,是他们的职责范围;孤儿又归社会福利司管,兰考袁厉害事件就由他们处理。但政出多门,也会形成很多空白的空间,部门之间互相难协调。

进步还要等多久?

新民周刊:十年前发生李思怡事件,如今又有南京饿死两名女童的恶性事件,在儿童保护问题上,我们一点进步都没有吗?

姚建龙:如果说有进步,那就是民众对于儿童伤害事件的容忍度越来越低。因为我做儿童保护研究的原因,最近我不论到什么场合,几乎所有人都要拉着我讨论南京事件、儿童坠楼事件等儿童受害事件。微博等自媒体兴起后,我发现公众与社会对儿童受害事件特别敏感,容忍度越来越低,而不是变得越来越麻木,这是值得欣慰之处。希望民意可以推动政府态度转变得快一点,儿童保护制度进步得更快一些。

程福财:很多国家在儿童保护上的进步,都是通过特定的事件实现的。1996年,名为安珀·海格曼的九岁女童在美国得克萨斯阿灵顿被绑架杀害。美国借此建立"安珀警戒"(AMBER Alert)系统,当美国确认发生儿童绑架案时,各种媒体会向社会大众传播警戒告知,内容通常包含了被绑架者的描述、绑架嫌犯的描述,以及绑匪车辆的描述和车牌号码。

新民周刊:以事件推动进步,代价是非常大,有没有更好的方式?

姚建龙:从19世纪末开始,欧美掀起"拯救儿童运动",一些有一定社会地位的家长,特别女性精英在社会上制造儿童保护的舆论,并且为了儿童利益身体力行,她们游说政府官员、游说她们的丈夫,她们还建立儿童救助的民间机构,倡导儿童保护立法与制度的改革。欧美的儿童保护状况因为这一场持续近一个世纪的社会运动而得到了重大改变。

我发现,最近一些年中国社会也开始出现了形成类似"拯救儿童运动"的趋向,比如于建嵘等推动的微博打拐、佟丽华等推动的保护儿童全国律师协作网、女作家陈岚等推动的儿童保护自愿者行动,媒体也非常积极地报道儿童保护的信息,希望这些行动能够形成中国的"拯救儿童运动",推动中国儿童保护状况的不断进步。

(载《新民国刊》2013年第27期,黄祺采写)

农二代,路在何方

主持人: 在这座城市里呢,有一群人和我们一样会关注热议的话题,会关注一些热点的电视节目,比如说《超级女声》或者《非诚勿扰》,但是不同的是,他们和我们有着不一样的压力和迷茫,而这群人被我们称为农二代。在这座城市里,他们的生活状态究竟是怎么样的呢?我们今天的节目当中就邀请姚建龙教授一起来分析这么一个略带沉重的话题。在您关注的这些未成年人当中,这一群农二代有什么比较明显的特征呢?

教授: 最近几年,农二代是政法机关和社会各界都关注的一个非常特殊的群体。在我的记忆中,今年中央一号涉农文件将这一群体称之为新生代农民工。有时候,我们也会把他简称为农二代,但是在使用农二代这个概念的时候,更多地会指这样一个非常特殊的群体:他们是、跟随父母来到城市打工,从小生活在城市,长大在城市,还有一部分甚至出生在城市,但老家对于他们来说就是一个概念,没有一个切实的体会。这部分群体,我们可以称之为农二代。

这部分群体跟他们的父辈有很大的不同,一个非常重大的区别就是他们的心态。曾经有人把这个农二代的特点概括为"三高一低"。"三高"就是说他们的教育程度相对比较高——当然是相对于父辈,精神物质文化要求相对比较高,对于工作报酬的要求或者说是职业期盼也比较高,一低是指耐受力比较低。"三高一低"是这一群体非常重要的特质。

另外,这个群体和他们的父辈还有一个非常大的区别:对于家乡没有一种归属感,对于城市也没有一个归属感,因为他们无法融入这个城市。而他们的父辈对于家乡往往有很深的情感,他们在城市里打工但最终还想回家乡做一个体面的农民。而农二代来到城市后并不想回到农村去,这是他们一个非常典型的特点。

主持人：从您刚才的谈话中，我是不是这样总结，就是说其实他们的父辈的最终目的还是想要回到农村的，可是他们的子女是想要永远留在城市的。

教授：对，这是一个很大的区别，或者说，他们的父辈对于农民这个身份是认同的——"我自己还是农民，但是我在城市打工，挣钱回家盖幢漂亮的房子，在村子里光宗耀祖"，他还是想做个体面的农民。但是农二代对于农民这个身份是感到焦虑，感到自卑，甚至感到自责的，他们想融入城市，留在这个城市，但又往往无法留在和生活在城市，所以很多时候，我们会把农二代称为无根的一代或漂移的一代。

主持人：这个定义非常的准确。对于农二代来说，他们的身份会变得十分尴尬。他们从心里不愿意回到农村，可是他们确实也在客观情况下无法在这个城市生存下去。

教授：这就是他们所面临的一种生存状态和尴尬。

主持人：那么造成这样一种境地的原因除了心理上对于农村身份的不认同之外，还有其他原因吗？

教授：原因很多，这可能跟我们国家的城乡二元社会结构体系有很大的关系。因为农村与城市相比，城市的诱惑是相当大的，而对于一般的80、90后这些年轻人，他们向往城市的生活，这是无可厚非的。但是我们国家的城乡二元社会结构里面的一种非常强的户籍制度，造成城乡间的隔阂。在这种情况下，农二代很难在现行的社会结构里改变他们的命运。比如说很多孩子包括他们的父辈可能在城市里打工，但是他们可能永远无法成为市民，而只能是农民工，这是一个非常关键的问题。

主持人：在身份上，他们没有任何的改变。

教授：他们无法改变，这可能是个制度问题。

主持人：作为他们的子辈，是不是只能通过非常少的途径，比如说考入大学，或通过教育这么一个途径才能改变他们的命运。

教授：您说到一个非常关键的途径。这是中国传统的一种改变身份的方法。我们古代叫作科举制度，现在叫作高考制度。确实有很多农二代通过高考制度改变了他们的命运，但是客观上也得看到现在的高考制度，随着大学的扩招后逐渐失灵了，甚至大学生本身也开始成为一个社会问题，更不用说改变身份和命运。比如说大学生就业难越来越突出，有很多大学生毕业就是失业。所以考大学现在也往往无法改变他们的命运了,这是一个很尴尬的地方。有些地方已经出现大学生和农民工争抢同一个职位的尴尬现象。从这个角度来说,我们所讨论的农二代在城市里确实面临着非常尴尬的地位。

主持人:我不知道您认不认同我这样一个说法。如果在教育问题上,他们能够有一技之长。或在专项上,他能超过普通的大学毕业生的话,是不是也能成为他们在城市里比较能够立足的……

教授:您说的非常对。如果某项专业技能比较过硬的话,那确实是能在城市里比较好立足的一个因素吧,但是必须看到,城市生活成本仍然非常高。比如说现在的房价,你也许可以在城市里拿到 5000、6000 的高工资,回到家乡的话可能是一个非常巨额的工资,但是你要是想留在城市里,面对高企的房价,这个工资仍然难使农二代在城市里拥有一个立足之地。

主持人:所以这一群人对于未来非常迷茫同时对于近况的改变也是无从着手的,让他们处于一种非常尴尬的境地。那么这样的一种情况下,对他们的心态会造成怎么样的不良影响?

教授:这个影响是非常大的。我们做个简单的比方吧,农二代就像在一个透明的玻璃瓶里的小跳虫,看上去没有隔阂,没有障碍,但是你永远跳不出这个瓶子,因为有一个客观存在的玻璃瓶盖。对于农二代来说,确实存在着这样一个客观上的、个人无法逾越的障的。在这种情况下,即便在城市里拼命打工仍然无法通过自身的努力去改变命运,这就会产生一种挫折感、失败感,会对人的心理产生很多负面影响。

有一种理论叫作挫折攻击理论,就是说一个人经受挫折之后,往往会有三种效果,第一种叫内罚性反应,就是向内惩罚自己。比如说自责,最为严重极端性的反应为自杀;第二种叫外罚性反应,就是把责任归咎于外因,甚至严重的会造成被害妄想症,觉得世界对我都不公平,其他人都是坏人,我之所以落到今天这种情况都是别人害的。在这种情况下,就有可能产生违法犯罪行为,甚至特别是暴力犯罪行为;第三种叫无罚性反应。如果能合理的疏导自己是心理,能正确对待自己遭受的挫折,就有可能不产生攻击反应。比如说采取一些类似于阿Q胜利法的一种精神方式来迷惑自己,逃避挫折感。再比如转移注意力法,比如信仰宗教,这都可能把遭受的挫折无害化。

主持人：其实任何对待挫折产生不良影响都是我们非常不愿意看到的。但是在这个城市里确实存在着一群人，他们很努力工作，可是依然无法改变现状。有一句话非常经典，很精确地总结了他们的这一种状况，叫作"白天机器人，晚上木头人"。这是一种对他们的生存状态的描述。这也表现出了他们对自己生存状态的不满意，也很迷茫，无法改变，最后由于青春的冲动，他们走上了犯罪的道路。

（播放农二代自杀视频）

主持人：这样一个悲剧让我们联想到前一阵子热议的一个话题，就是富士康跳楼事件。您觉得这一群人跟这个富士康事件之间有没有一些关联性、相似性？

教授：他们非常相似，他们都选择了一种极端的方式——自杀，来结束自己幼小的生命。所以我有时候会很感慨他们连死的勇气都有，但他们却没有活下去的信心。这里肯定会有一些非常重要的原因，让他们感到对生活的绝望。而这个原因，无论这个案例中表现的三个少年，还是富士康事件中连续跳楼的员工，你会发现，他们都是新生代农民工，都是80、90后进城务工的年轻人。按照他们的说法也是一种比较沉痛的说法是："我会拼命努力，但是成功却离我们越来越远"。他们类似于机器、生产线上的螺丝钉，每天机械地重复劳动，但是每个月领着非常低的报酬，对自己的未来看不到希望，对自己的前途没有信心。在这种情况下，负面感觉、心情日积月累就容易产生一种心理上的绝望。而这个案例所反映出的三个少年自杀的悲剧，还有现在广泛关注的富士康跳楼事件，其实共同的诱因是这些年轻人都感到生活的窘境和前途的绝望。另外你会发现，我刚刚所讲面对挫折的三种反应，他们都采取了一种非常极端的内罚性反应，面对挫折做出了一种以自杀的方式来结束他们的生命的选择。

主持人：我在想，通过这种现象，我们肯定是要究其根本的。会不会有这样一种说法，他们从一开始选择进城或选择富士康的道路就是不正确的呢？

教授：不能这么说。因为在农村，他们对于自己的未来是有预期的。"日出而作，日落而息"、"讨个媳妇，终其一生"。但是来到城市，他们对未来是有另一种预期的。不管如何城市对他们来说是一种向往，是一种改变命运改变身份的途径和方式。你不去走，你永远不可能改变现在的命运，但是你去走，说不定还有一线希望。只不过，我们面临一个情况，就是新生代农民工来到城市的时候他们发现这条路已经越来越窄了。这种情况就会产生一种非常强烈的挫折感,这就是他们和父辈的一个重大区别。他们的父辈来到城市,也许想赚点钱,回家盖一所房子,找一个好媳妇,然后做一个翻身的农民。他们的子女农二代来到城市,不想再成为农民,试图成为市民。但他们往往面临着很多的障碍,很多挫折。

主持人:青少年的成长其实需要周围的包括同学、老师或父母不断地关爱,不断地教育他们的。那么在刚才的那个话题中,我就想到是不是他们的父母或者是身边的朋友和他们的沟通有障碍,让他们不能了解到其实这一代农二代的根本希望是想留在城市里的,而不是说过上好的生活再回到农村的,从根本上,他们的沟通就产生了问题,还是说两代人之间的一个代沟。

教授:您说到一个很重要的问题。的确是这样,新生代农民工或者说是农二代,他们在城市里的生活工作是非常繁重的。刚刚那个片子讲到,他们每天工作12小时,甚至是13、14个小时,这都是非常普遍的。在这种情况下,他们很少有时间去和别人交流,他们的交流对象可能是生产线、机器。在这种情况下,他们的内心就会产生很多心理上的变化。比如说,这部分群体往往是和父母分离的,或者说,即使在同一个城市里打工,但是也没有太多的时间去和父母交流。父辈常不能理解他们的子女所使用的语言、娱乐方式、所向往的生活,以及为什么会对现实如此的不满。农民工亲子之间确实存在一种非常明显的沟通障碍,这是一个有一定普遍性的现象。

主持人:那么在这样的情况下,作为身边的朋友也好,或者说他们的父母,怎么样从一开始就关注他们。是不是能在他们的日常行为看出一些需要心理干预的症状?

教授:"世界上没有无缘无故的爱,没有无缘无故的恨",农二代对自己的恨——要自杀,肯定会有一些表征性的一些征兆。比如说,心理学上有一个叫作危机干预的做法,即由一些专业的心理学专家对待有自杀倾向的人进行干预。危机干预中的一个重要做法就是早期发现机制,按照弗洛伊德的说法,"人都有生的本能,也有死的本能",向死而生,向生而死,其实都是人的非常正常的行为表现。如果一个人对于生命看得暗淡了,对未来绝望,他肯定会有一些特殊的言行表现出来,比如说,他的生活规律往往就会散乱,这是一个非常重要的行为规律的表现。还有就是言行会表现出厌世的情绪，甚至对人、对世的一种极端性的看法，这也是一种非常重要的表现。再比如，在他周围的一些群体，可能也是这么一些对于未来缺乏信心的群体。还有，想自杀的人所关心的事情可能也有很大的不同。比如说，他在关心用什么样的方式自杀，和别人探讨自杀的过程。在视频中的案例中，我们也发现少年在事前会留意家里有怎么样的东西可以用来自杀。所以，如果我们有心的话，有意去关注，应该说是能够发现自杀的早期症状并进行及时的干预和制止。

主持人：就像刚才我们刚短片中看到的，就是阿强的母亲说他儿子一直都是胡言乱语的，思路不清晰，不知道他想要表达什么，其实在那个时候，他的母亲就应该往这个方面去想，要进行一定的教育和重视。

主持人：相对于农二代的犯罪的这个问题，可能很多人都会谴责他们身上有很多不恰当的地方，可是我觉得更重要的是让我们的社会各界的人都对这样的一个群体进行不同角度，不同层面的关心，让他们有一个更加阳光、更加健康的生存方式，也让他们今后的发展有更多的空间和更多的希望和可能。

主持人：在刚才的谈话中，我们说到这个群体处于非常尴尬的境地，那么内向的极端表现往往就是自我伤害，甚至是自杀，而外向呢，普遍的就是犯罪行为，那么接下来我们就会看到这样的一个案例。

（播放农二代犯罪视频）

主持人：看完这个短片很难让人相信如此年轻的三个人就这样走上了一条犯罪道路，可能从此以后他们的人生经历就会完全的不一样。一直以来，我知道你都非常关注未成年人犯罪的话题，所以我想问一下，在所有这些未成年人犯罪中这么一个群体当中，有多少是属于农二代的呢？

教授：目前还没有一个权威性的统计数据，但是一些现有调查包括司法统计数据可能会有一些反映。以上海为例，现在外来未成年人的犯罪比例已经超过80%。2008年，法院判决的未成年人犯中外来未成年人比例是83.27%，而他们这个群体基本上是农民工子女或新生代农民这样一个身份。从这些数据可以发现，大城市里农二代犯罪已经成为一个非常严重的社会问题。我这还有一个全国统计数据：04—08年，全国具有农民身份的未成年人犯罪平均每年是43.18%，应该说，这个比重还是非常高的。

主持人：那在所有的犯罪案件中，您能不能给我们介绍一下是哪几类的犯罪会占到比较大的比重?

教授:从罪名来说,农二代犯罪的罪名还是相对比较集中的。盗窃罪往往排在第一位,排在第二位的一般是抢劫罪,第三位的一般是寻衅滋事罪,第四位的是聚众斗殴罪,第五位的一般是故意伤害罪,还有第六位的可能是性犯罪——强奸罪。

从这些罪名还可以发现以下几个特点。第一个特点,主要是以侵财类犯罪为主。这个比重非常高,60%—70%的比例是为了谋财。谋财的目的,就像刚刚视频中的超市命案,是为了一夜暴富,用这样一种简单的方式来实现阶层的转变。第二个特点是暴力化。无论是抢劫还是寻衅滋事、故意伤害,暴力倾向都非常明显。从视频中的案例我们也可以发现,农二代犯罪的暴力化倾向中还存在令人无法理解和痛心的现象——我把它称为"无必要犯罪",像刚才的片子里面的抢劫,其实完全没有必要去杀害这么多人的性命包括幼儿。农二代犯罪的过度暴力化倾向应当引起关注。

这个群体的犯罪还有第三个特点,我把它称为涉网型犯罪——即都直接或者间接和网络有关。比如说盗窃、抢劫的目的是为筹集上网的资金。再比如在结伙作案的时候,团伙成员是在网吧里认识的。再比如说,农二代的犯罪地点也常发生在环网吧周围。还比如说,实施犯罪的时候,网络往往是纠集犯罪的一种非常重要的手段。2009年上海发生一个非常有影响的案件——尊龙名社案,就是网络结社的一个典型案件。

主持人:我相信他们表现出来的这几类犯罪类型,其实和他们的内心的一些心理活动和想法一定有着非常大的关联的。比如说,像您刚才说到第一类是为了钱财的,那他们可能确实是在城市当中觉得经济收入对他们是一个非常大的压力。那像第二种暴力倾向,像您刚才觉得他们的暴力非常的过度,而且在我们常人看来是无目的性。那我可不可以理解为,这其实是对社会的不满的发泄。

教授:可以这么说。不只是无目的性,而且是无必要性。比如说你要抢劫,通过暴力威胁的方式就可以获取钱财,你不需要去剥夺别人的生命。但这一群体的犯罪会表现出一种对外界的过激反应,产生务必要犯罪行为和务必要暴力犯罪行为。这可能跟这个群体自尊心强,希望获得他人尊重,但是在城市里往往受到较多歧视所产生的特殊心态有关。在去年年底的时候,上海发生某主持人在主持节目时发表歧视性言论事件,在上海甚至是在全国都引起了比较大的反响。这一事件被视为城市市民与外地人隔阂日益加深的重要表现。

城市原住民与外来人员之间的隔阂与敌对现象必须引起重视。如果一个人长期生活在存在心理隔阂、对立的环境中心态就容易变得十分敏感，在面对外来刺激的时候就会容易采取过多或者过度的反应。这可能是农二代犯罪中存在无必要暴力的一个重要解释。

主持人：可是我们在很多很多的案例中可以看到其实农二代，他们的这些犯罪行为并不是初犯，有一些可能是"二进宫"，有些可能是"三进宫"，那是不是也从一个侧面体现出来他们在进行改造的一个场所当中，对他们的教育还是不完善的，还是非常片面的？

教授：对，您讲到的也是一个非常关键的问题。"二进宫""三进宫"，我们把它称为重新犯罪，其实不仅仅是农二代，总体看来，未成年人犯罪的重犯率都是比较高的。像有一些国家统计，未成年人犯罪的重犯率高达百分之六七十。我国未成年人重新犯罪率相对于国外来说是比较低的，但是在实践中我们也已经发现未成年人犯罪，包括农二代犯罪的重犯情况越来越严重，呈现出提高的趋势，这种现象应当引起重视。

降低未成年人犯罪，特别是农二代犯罪的重犯率，有很多的措施可以采取。比如说，上海少年司法部门一直坚持非监禁化的原则，简单地来说，非监禁化原则就是认为看守所、未成年人犯管教所等监管机构具有很强的负面效应，某种程度上也是一个犯罪学习的场所，会产生"染缸效应"，把失足未成年人从一个小罪犯变成一个大罪犯，从单面手变成多面手。所以要避免未成年人重新犯罪，一种成功的经验就是尽量避免让他们进入监管场所。社区矫正是一种更为妥当的做法，社区矫正即把失足未成年人留在社区里进行改造，这种方式有助于降低重犯率。

当然社区矫正的应用也有很大的障碍，尤其是对农二代犯罪。以上海为例，触犯刑法的农二代往往缺乏有效的监护条件，他们的父母不在身边，或者父母监护能力不足，甚至是没有父母，那么怎么办？如果把他们放在上海进行改造，也许我连对他的有效监护都无法做到，再犯的危险性也就更高了。所以在很多时候，司法机关不得不对他们进行监禁性的判决。为了突破这样一个难题，上海司法部门推行了社会观护制度。社会观护制度的基本做法是在上海选择设置一些考察帮教基地，给外来涉罪未成年人提供一个工作、生活的场所，同时建立相应的帮教小组，进行相应的监督帮教，为这些缺乏监护的外来涉罪未成年人创造可以在社区监督改造的条件，避免因为缺乏监护条件而判处监禁刑，实践效果非常好。

上海司法机关所采取的避免"二进宫""三进宫"现象的措施还有很多，其中一个探索是前科消灭制度。未成年人犯罪后回归社会的一大障碍是前科，前科也就是曾经犯罪的事实，前科记录是失足未成年人回归社会非常沉重的枷锁和障碍。比如说，很多企业听说你有犯罪的前科就不要你了，你要读书，有很多学校也不要你了。我们在调研中发现，这些有前科的孩子要回归社会，举步维艰。前科所产生的排斥效应，容易造成失足未成年人重新犯罪的恶性循环，针对这样的困境，有的司法机关采取了有针对性的措施，这种针对性措施就是刑事污点限制公开制度的探索，有些地方也叫作前科消灭制度，效果非常好。

主持人：就是说，他的前科不会被记录在档案……

教授：也不是不记录，主要是对前科记录予以封存，非特殊情况不公开。因为按照现行的法律规定，完全不记录前科会和法律有所冲突，但是我们对未成年人的犯罪档案进行封存、进行保密，非按照法律规定是不能够去看到这些材料的，这样可以最大限度的限制前科记录的不利影响。对前科限制公开后，失足的孩子在回归社会的时候，就不会带着这个沉重的枷锁了，也就能够比较顺利的回归社会，开始新的生活，避免重新犯罪的生涯。

主持人：其实，我觉得关键还是在于心理问题，还是要给他营造一个宽松的、自由的，并且是阳光的一个环境去让他们生存。

教授：生存环境非常重要，其实消除对他们的社会排斥也是非常关键的，也就是说要创造让他们顺利重新融入社会环境。很多时候，那些犯罪的孩子并不是不想重新做人，只是社会往往会给他们设置诸种障碍让他们做不到。曾经有一个统计，我们国家大概有超过160部法律法规，对有前科的人的就业进行限制，在我的印象中，连兽医都是不能做的，更不用说做公务员、老师、律师。在这样的情况下，那些失足的孩子怎么回归社会？他们没法回归。所以如果要解决您所提出的如何避免他们"二进宫""三进宫"的问题，在很多时候需要在制度层面进行改革。

主持人：相对于去关爱这些已经犯错误的孩子们，防患于未然是一个更加重要的课题。那么在这方面，您能不能通过一些您和您同事实际上的工作或案例来给我们做一个介绍呢？

教授：预防当然是一种最好的方法。所谓"上医治未病",病了之后才去治已经晚了,预防是一种最好的方法。

针对未成年人犯罪,特别是我们今天讨论的农二代犯罪,预防应该有一些针对性的措施。未成年人犯罪包括农二代犯罪,实际上是一种社会问题的折射。未成年人犯罪严重了,肯定是社会的什么地方出现问题了。比如说很多离异家庭子女的犯罪率很高,那肯定是因为我们这个社会的离婚率越来越高了。那么,农二代犯罪率为什么越来越高了,则可能是农二代的生存环境等方面出了一些问题。我刚刚提到的这个城乡二元化的户籍制度可能是一个大问题。要预防农二代犯罪,城乡二元化的社会结构须要进行必要的调整,要创造农二代能够融入所在城市的条件。

除了创造农民工融入流入城市的条件外,还应当加强小城镇建设,这是国外的成功经验。小城镇建设的好处是离土不离乡,为那些希望成为市民又很难在大城市立足的人提供了一条中间道路——到小城镇去发展,先成为小城镇的市民。

主持人：等于就是给他们创造了一个新的环境。

教授：对,实际上就是在其中取一个折中的点,这是很多国家在城市化过程中解决犯罪现象等城市化问题的一种成功经验。在我们国家,这条经验是可以借鉴的。

预防农二代犯罪的第三个措施是,也是最直接的措施是针对流入城市的农民工及农二代最直接的需求,提供必要的职业技能培训等。

主持人：说大一点,就是教育问题。

教授：可以这么说,掌握职业技能非常重要。现在的产业升级比较快,如果这些农二代来到城市不能去适应产业升级的变化,他们会永远成为就业大军中最底层的群体,永远无法改变自己的命运。我国很多城市针对农民工已经有一些就业援助的举措,例如为农民工子女进行职业培训,政府给予补贴,这种方式就很有针对性。再比如说你刚刚提到的这个教育问题,其实很多农二代的义务教育都存在问题,更不用说更高的教育机会。我觉得,可以有针对性地采取一些教育性的措施,让农二代可以在所在城市完成义务教育,现在已经有很多城市在这么做了。比如在上海,农民工子弟学校已经得到了政府的支持,甚至可以享受公立学校的待遇了,这是一个非常大的进步。

当然,还有一些预防农二代犯罪的措施,刚刚我们提到的心理干预就是一种很好的做法。还有,针对这个群体的特点,政府和社区可以给他们提供一些娱乐方式,让他们的闲暇生活变得更加多姿多彩,而不是那么空虚。城市市民也应当多给这一群体以关爱,让他们感受到城市的温暖,而不是冷漠,这也是一种非常关键性的预防措施。

从立法的角度看,也要重视预防未成年人犯罪立法工作。以上海为例,预防未成年人犯罪的地方性法律法规是不完善的。全国有一个《预防未成年人犯罪法》,很多省市也已经制定了本地方的预防未成年人犯罪条例或者实施办法,但是上海到目前为止,仍然没有一部专门针对未成年人犯罪预防的地方性法规,这是和上海作为未成年人保护立法先行者的地位和预防未成年人犯罪实践的需要不相匹配的。

从少年司法制度建设来看,也还有些不足。比如说,我呼吁了近十年的时间,要在上海建立少年法院,但是现在少年法院仍然没有成立,这说明少年司法的专业化程度还不是很够。

主持人:可是您刚才也说到,在上海已经建立了少年法庭。

教授:对,少年法庭是少年司法机构比较进步的一种形式,但是他的专业性还是不够。可能这个问题从专业性角度不好解释,我就举个例子,比如说,如果小孩生病了,通常的家长会首先想到带他去哪看病呢?

主持人:儿童医院。

教授:对,如有儿童医院让你选择的话,你肯定不会到一个综合医院的儿科。如果有儿科可以选择,你肯定不会带他到成人科室去看病。同一个道理,在上海的经济、社会、司法已经发展到可以建立少年法院的程度时,为什么不建少年法院呢?正如在有条件建立儿童医院的时候,为什么不建立儿童医院呢?建儿童医院肯定肯定要比普通医院儿科的专业性更强,医疗水平也肯定要更强,这是同一个道理。

主持人:相对于农二代的犯罪的这个问题,可能很多人都会谴责他们身上有很多不恰当的地方,可是我觉得更重要的是让我们的社会各界的人都对这样的一个群体进行不同角度,不同层面的关心,让他们有一个更加阳光、更加健康的生存方式,也让他们今后的发展有更多的空间和更多的希望和可能。感谢教授分享自己的观点和建议。

(本文系2011年接受上海电视台法治天地频道专访的记录)

"关注"就一定"正义"吗:从李某轮奸案谈起
——与《解放日报》记者对话李某轮奸案

主持人:本报记者 柳 森

嘉宾:姚建龙(上海市法学会未成年人法研究会会长,上海政法学院刑事司法学院院长、教授)

卢汉龙(上海社会科学院研究员、中国社会学会副会长)

解放观点:连日来,某著名歌唱家之子李某再度犯事的新闻持续在坊间发酵。面对如此恶性案件,媒体有跟踪报道案件进展、从各个层面揭示其警示意义的天然责任。然而,在此过程中,不少媒体公开未成年李某的身份信息、深挖其家庭背景的做法,还是引发了争议,尤其是受到法学家们的关注。姚教授是在第一时间指出媒体此次报道失当的学者之一,并就此在自己的微博上发表了系列评论。当时是什么点触动到了您?

姚建龙:这次李某案在网上一经披露后,我就关注到了。然而,它在第一时间触动到我的点,却是媒体伦理。

根据我的观察,这次全国媒体,从中央到地方,从传统媒体到新兴媒体,几乎集体沦陷。他们一方面正义凛然的声讨、反思,另一方面又公然践踏《未成年人保护法》不得披露未成年人犯罪案件身份信息的规定,亦弃新闻职业伦理于不顾。我称此为"三大违反"。也就是说,他们从"伦理"到"专业"再到"法律",都违反了。这种现象不能不引起重视。

即便在监狱中,性犯罪人都会受到其他罪犯的蔑视。我曾在私下场合说:作为一名孩子的父亲以及曾经的管教民警、副检察长,如果纯粹情绪化，我对类似李某这样的所作所为的厌恶程度绝不亚于你们其中任何一个人。但是即便如此，越是在这样的情况下，我们更应理性。最重要的一点是，不能知法犯法。

解放观点：这不是您第一次指出媒体在报道此类案件时的失当行为了。这一次又再度主动站出来与媒体商榷。

姚建龙：从某种程度上，我很能理解媒体在报道此类案件时心中那股按止不住的冲动。从某种程度上来说，李某案非常具有典型性。它几乎融合了现在为大家所关注、敏感的大多数社会问题元素：仇富仇官、贫富差距、性犯罪、家庭教育、社会环境、酒吧管理等等。也就是说，从媒体的角度来讲，这的确是一个可以在第一时间吸引人眼球的"绝佳案例"。但即便如此，你还是应当记住对于涉及未成年人新闻报道时的伦理底线、法律底线，这不仅仅是一个意识问题。

为什么这次李某案出来以后，我愿意再度指出媒体报道上的问题？首先，因为未成年人法学、儿童权利是我的主要研究领域之一，我有责任在大家面对此类问题产生困惑、违背原则时，给出参考性的意见。其次，这次媒体的失陷，多少让我有些震惊。因为工作性质，我接触过不少报道未成年人犯罪案件的媒体朋友。在以往与他们交往的过程中，我感到他们还是相对比较慎重的。大多数记者在报道涉及未成年人案件时，拿不准的时候还会再问一下，"这个信息怎么处理比较好？"但这次的案件出来以后，我突然发现，竟然很少人注意这个问题。这就很奇怪。从我个人来讲，就感到这是一个很明显的落差。于是心里就会去想：怎么会出现这种情况？

解放观点：有人将此解释为，当媒体为民意所驱动，同样难能从舆论漩涡的裹挟中抽身。

姚建龙：我问过一个相熟的记者，在这次对李某案的报道上，为什么"明知故犯"？她很诚实地回答说，因为她看到大家都那样去做了。这让我在痛心之余更深刻地感到：我们现在社会上对于未成年人的"儿童意识"、"儿童观念"依然严重欠缺。而且，这个问题不只在媒体工作者身上存在。

这两天我也在思考这样一个问题。好莱坞编剧守则中有一个"儿童不死"原则,这属于好莱坞编剧自动遵守的最基本的新闻伦理。所以,在好莱坞电影中,你几乎看不到儿童被杀害的情节。日本也有一个典型案例:1997年,神户市两名儿童被害并分尸,疑犯为一名14岁少年,由于日本罕见少年恶行案件,因此此案震惊全国。日本法律禁止披露少年犯身份信息,疑犯真实姓名未被传媒公开,在法律文件上他也被称作"少年A"。后来少年A被家庭法院裁定送入少年院,2004年出院并更换身份后在另一城市正常生活。迄今为止,其真实身份信息仍被保密。那么,这些国家相关从业人员又怎能严格遵从这道底线?

我想,这光有一定的伦理敏感度还不够,渐趋成熟的"儿童观"、不断完善的外部制度约束、广泛的社会共识、必要的法律责任恐怕都不可或缺。只有这样才会织成一张无形的网,让大家对儿童权利保持敬畏——无论他是贫寒子弟还是富二代、官二代,都能采取儿童本位的立场,不让他们因为我们在这个问题上的疏失或者情绪化而受到不应有的伤害。有了这样的基础,未来我们在展开任何涉及儿童权益的讨论、报道时,才可能有最起码的儿童意识、更坚定的职业操守,不轻易逾越法律的底线。

解放观点:据说,日本神户少年A案件在某种程度上也促进了日本少年法的修改。

姚建龙:没错。以前遇到此类案件,我们讲得比较多的是谨防对被害人构成二次伤害。事实上,如果我们不处理好案件所涉任何一方的身份信息,如果儿童保护立场一直不能在我们的社会上树立起来,从长远来看,对社会保护、社会安全都是不利的。

像日本的这个案例,有人会说这是法治发达使然,实际上这种做法本身就是一种很聪明的做法。假设你现在不保密他们的身份信息,在全国范围内把他们树为全民公敌,这意味着什么呢?就是这些孩子想改好、想重新回归社会,也几乎没有任何可能。他们完全被树立到了社会的敌对面。这样的人积累到一定程度会严重影响社会安全。但如果我们保护了他们的身份信息,不仅不妨碍社会公众对案件展开深刻思考,也给了这些孩子一次能够接受教训、回归社会的机会。

从这个意义上讲,我们今天绝不是在为"权贵"辩护,也不是在为"犯罪"辩护,更不是在为"恶"辩护。如果把李某称为"恶少"、"坏人",那么我们保护的不是"恶"而是"少",保护的不是"坏"而是"人"。我们每个人都曾经是孩子,每个人都会有孩子。

至于这样的"宽容"会不会导致"纵容"?必须强调的是,少年司法制度虽奉行保护主义理念,但其基本立场是"宽容而不纵容"。一方面充分保障涉罪未成年人的权利,尽可能给予其改过自新和重新回归社会的机会,但另一方面则对于恶性的涉罪未成年人仍然给予应有的惩罚。

解放观点:这次案件一经披露后,的确也成了很多人表达情绪的出口。包括姚老师的观点表达在内,遭遇了很多网友的不理解甚至是正面攻击。如何避免类似这样一些理性的声音和思考,在对此类事件的讨论中不被忽视?

卢汉龙:如今类似对"星二代"、"富二代"的报道屡见不鲜,且在社会转型、矛盾多发期,这种事情一经报道,的确很容易沦为社会情绪宣泄的出口,但很多情绪不是没有理由的。所以,对此,我们还是必须采取理解和换位思考的立场,分析舆情背后的社会成因,多一点对情绪的疏和导,而不是堵。

如何让这种引导成为可能?第一,媒体在不僭越法律底线的基础上,依然必须坚持多报道真实的新闻细节,让事实真相说话。第二,对于网上的舆情,我们要倾听,要分析,但依然要适度、不要夸大任何一种声音在观点市场上的比重,要让更多元的声音被听到。可参照的视角多了,人们会有更理性、中立的判断。第三,我们要多从这样的案件中吸取教训。任何社会问题的出现,尤其在青少年犯罪、越轨事件上,从来不会只是个体问题。对此,我们如何深刻反省都不为过,但无论如何,保护未成年权益不受侵犯,是展开一切讨论的底线。

(原载《解放日报》2013年2月28日)

中学女生援交事件的省思

"女性特别是未成年少女的犯罪率,从一定程度上讲,是衡量全社会道德水平的标志。"这是前苏联犯罪学家巴格丹偌娃说过的一句话,姚建龙把他写在自己的微博上。

姚建龙,上海市法学会未成年人法研究会会长,华东政法大学教授,长期从事青少年犯罪研究。

已有统计显示,我国各类青少年犯罪中,性犯罪的比重近年来持续攀升,已成为未成年人犯罪的第二大原因。而且,犯罪低龄化趋势进一步明显。

在上海开展调查和研究工作时,姚建龙获知的一些情况,也与学术统计数据基本相吻:一些少女为了金钱,逐步走向性犯罪的道路。她们大多是中学生,集中于中专和职业技术学校。

姚建龙从专业层面展开他的学术思考:谁制造了这些"迷途羔羊"?

"深渊",可能就在孩子身边

"除了交友不慎、校风问题外,社会整体道德水准的滑坡,对今天的孩子产生了很大的负面影响。"即便身为法学专业人士,姚建龙坚持认为,"迷途羔羊"的生成,是一个复杂的社会问题,而非简单的法律或教育问题。消费主义的盛行、拜金风气抬头,以及在成人社会里屡见不鲜的表征道德腐朽、堕落的种种劣行,正在侵蚀中国传统文化的根基。由于青少年的生活很难与成人世界完全剥离,所以也会无形中成为"受害"对象。

"千百年来,中国人对性是保守的,强调女子的贞操观念。但现在的很多年轻学生,已经越来越不认同传统的性文化观了,甚至认为这是落后的、腐朽的。"

姚建龙接触的未成年人性犯罪案件中,不少青少年被认为是缺乏"羞耻心"。但是,这些孩子的羞耻感是如何被淡漠所取代的?

根据一些犯罪学专家观察,未成年人的是非观和道德感还比较模糊,很容易临渊失足。假设一名少女,她身边的不少同学和朋友都认为用自己的肉体去兑换金钱没什么可耻,或者在她的结交群体中,有人通过不当手段获得金钱、大肆消费、享乐,在炫耀中获得一片赞誉。这种情况下,一旦学校和家庭教育缺位,未成年女孩的羞耻心就很容易在同伴的影响下被消解。

事实上,这不是假设,而是很多涉足性犯罪的未成年人普遍的心理轨迹。

今年年中,香港一家机构做过一项调查,发现香港的青少年性犯罪近年有上升趋势,且2年内调查的54件涉及性犯罪的案件中,与16岁以下少女发生性行为的非法性交占12件,近九成犯事者与受害人认识,为情侣、朋友或同学关系,近半数受害者更是同意有关行为。

道德迷失,是传统式微的表现

孩子从一本日本漫画书里,不仅看到了美少男、美少女,领会所谓爱情的美妙,甚至接触到了"性幻想"和"少女援交"。如此开放的性文化,在素有孔孟之乡的中国,本没有生存的土壤。

令更多专家、老师和家长头痛的是,互联网、漫画书、电子游戏、小说、电视剧等文化和出版类产品正在成为国外性文化和性观念的"入侵通道",让一部分未成年人迷失于道德的十字路口。

家长们可能没有意识到,孩子"哈日"、"哈韩",在成为异域歌星、影星"粉丝"的同时,也易对裹挟于文化娱乐作品中的畸形价值观,产生道德判断上的模糊。

所谓"援助交际",最早出现在20世纪90年代的东京,是日本人对女中学生从事性交易的委婉说法。

"少女从事援交已经成为日本社会的毒瘤。"姚建龙介绍说,在日本,无论是政府部门还是民间志愿者,都有相对完整的干预措施,加强对女中学生的教育。但由于少女援交的生成背景与日本的性文化关联紧密,比如一些日本女中学生从事援交,不是因为家庭贫困、需要金钱或者贪图享乐,而是寻求刺激、认为处女是可耻的……所以,尽管学校采取多种方式,加强同伴教育,但仍难根治"少女援交"。

相反,作为孔孟之乡的中国,本没有这些"开放"性文化生存的土壤。"男女授受不亲"的伦常经过千年的教化,深入人心;《论语》里,"非礼勿视,非礼勿听,非礼勿言,非礼勿动"的教诲也是妇孺皆知。可在当下,这些代表传统的力量,却在一些异域新观念、新浪潮的冲击下显得十分"苍白虚弱"。

"有的少女一味追求名牌和物质享受,在家庭不能满足的情况下,自愿出卖身体;而一些成年人也受到海外不良文化的侵蚀,从未成年人那里购买性服务,这种'你情我愿'的行为,具有很高的隐蔽性,不容易被公安机关发现。"姚建龙说,打击卖淫嫖娼,尽管我国的公检法机关从未放弃过努力,但杜绝这一社会丑恶行为,仍任重道远。

据介绍,目前性犯罪在未成年人犯罪中屡见不鲜,作案手法与成人参与的性犯罪手法相差无几。借助网络,"买卖双方"很容易建立联系,而一些宾馆酒店在客户登记管理上没有严格执行相关规定,对未成年少女"开房"睁只眼、闭只眼,成为色情活动的交易场所。

"对于卖淫嫖娼行为,尽管每个国家的法律都有不同的裁定,但是有一点是共同的:世界上几乎所有国家的法律都重拳打击嫖宿、诱奸幼女。"姚建龙继而分析说,杜绝未成年人性犯罪,除了通过学校和家庭渠道加强性教育,作为维护社会道德底线的法律,必须有所作为。

聚焦未成年人保护,法律须更给力

挽救更多徘徊在道德边缘的未成年人,从法律和制度层面做出一些调整,或是可行的一步。

在长期的研究中,姚建龙看到的一些情况是:现行法律在执行过程中还留有一些灰色地带,对于未成年人的保护聚焦力度还有提升的空间。

按照我国法律的有关规定,只要成年人与未满14岁的幼女发生性关系,不管在何种情形下,都以嫖宿幼女或强奸罪论处,从严判刑;但后来,相关的司法解释却做了一些调整。

姚建龙简单介绍了司法解释的修改背景。不少司法机关在受理一些涉及青少年性犯罪的案件时发现,很多嫖客都坚称自己"无辜"。一些参与卖淫活动的女孩刻意隐瞒年龄,或者通过成熟的打扮等方式虚报年龄。

经查,这些现象部分属实。

姚建龙的记忆里,有这样一个案例:一位不满14岁的女孩在成功掩饰自己的年龄后,先后与20多人发生了性关系。但是否应该对涉案的20多人都判处强奸罪?当时,受理此案的司法机关内部也有较大争议。

"这类案件的数量积累到一定程度后,相关的司法解释就做了调整。但从现在来看,这一条容易成为一个法律漏洞。一些不法分子就是利用这一点,为自己脱罪,有的人甚至就能躲过应有的法律制裁。"

按照姚建龙的看法,挽救更多徘徊于道德边缘的少女,从法律和制度层面做出一些调整,或许是可行的一步。

无独有偶。早在今年年初,上海市妇联就曾向上海"两会"提交过一份议案,呼吁以法律手段打击奸淫幼女的犯罪行为,加强对未成年人的保护力度。这份议案的具体建议是,接受14岁以下幼女流产的医院应当在保护当事人隐私的前提下,向警方或有关的青少年维权机构报案。

发挥法律的强大威慑力,让不法分子的魔爪不敢轻易伸向孩子,这或许是保护孩子的一种根本方式。

(本文为《文汇报》记者樊丽萍采写,原载《文汇报》2011年11月11日,原标题为《一位法学专家的呼吁:拯救"迷途羔羊",法律或有可为》)

关键不是撕下标签,而是消除排斥
——与《检察风云》记者卢劲杉对话未成年人前科

姚建龙观点:

在研究未成年人轻罪记录消灭制度问题时,最重要的关注点不应是前科(污点、犯罪记录)本身,而应该是由前科所带来的"过度社会排斥"。实际上,前科作为曾经被定罪的"事实",是无法被消灭的,但对归正人员的过度社会排斥,则是可以也应当被消灭的。

人类社会自古以来,就有将犯罪人标识出来的冲动,最早的时候是在犯罪人的身体上烙刻印记作为标志,比如宋江一直引以为憾的就是他脸上刻的金印。今天这种方式虽然隐退了,但却演化成了犯罪前科记录制度。这样做的目的有三个,一是惩罚的作用;二是社会防卫的作用,即提醒人们他是高危人群,要监督、警惕他们。三是预防犯罪的作用。但我们应该反思一下,我国将犯罪人标识为"异类"的做法是不是有泛滥的成分?

据初步统计,我国至少有160多个法律、法规对于受过刑事处罚的人进行权利限制。特别是《刑法》第100条规定的前科报告制度,把归正人员通过隐瞒犯罪经历的方式进行自救的唯一途径也堵住了。所以我们说,现行的相关法律不单纯是给有过罪错的人贴上标签,而是带来过度的社会排斥。这种社会排斥包括政治排斥、就业排斥、就学排斥、社区排斥、心理排斥等方面,有过犯罪记录的人都将被排除在主流社会之外,连社会化尚未完成的未成年归正人员也不例外。也就说,一旦贴上了犯罪人的标签,他从此就永远被排斥于主流社会之外。

一旦消除了这种过度的社会排斥,很多问题就可以迎刃而解。准确地说,未成年人犯罪记录(也称"前科"、"刑事污点"等)消灭制度应当称为"未成年人犯罪记录消灭社会排斥制度",我主张建立这一制度最后要达到的目的有两个:一是即便归正人员带着前科的标签,仍然可以融入主流社会;二是在必要时,尽可能地淡化前科的标签(例如通过封存犯罪记录、限制公开犯罪记录等方式),以便归正人员可以融入主流社会。

检察风云:采访之前,读了一些您的文章,发现很多都在论述国外的少年司法制度,具体到未成年人的轻罪记录消灭制度,请您简单介绍一下西方的做法?

姚建龙:就我的了解,在少年司法领域,前科消灭制度在其他国家是比较普遍的,而且,这种制度不仅局限于美国、德国、法国、澳大利亚等西方发达国家,在越南、朝鲜等发展中国家也都已经实行了。另外还有一个特点,未成年人的前科消灭制度往往区别于成年人前科消灭制度。大部分国家对于未成年人的犯罪记录管理十分严格,前科消灭的限制条件更加宽松,消灭的方式也更符合未成年人的特点。例如,在法国、德国等很多国家,未成年归正人员的前科消灭不需要申请,可由少年法院直接依职权消灭。

检察风云:现在也有很多人提出,前科消灭或许有它的理论基础,但目前就我们国家的现状而言,真正要实施,时机似乎并不成熟。那么,在已经实施的国家中,这项制度的产生是在怎样的大背景下呢?

姚建龙:从全球范围来看,少年司法已经有100多年的发展历史,早在1899年7月1日,美国伊利诺伊州第41届州议会通过了世界上第一个《少年法院法》,还根据这项法规建立了世界上第一个独立的少年法院,这标志着少年司法制度的诞生。到20世纪中期的时候,大部分国家和地区也都陆续出台了专门的少年法,建立了专门的少年司法机构。在100多年的发展过程中,国外少年司法制度已经发展出了十分成熟的模式,有关少年司法的专门立法、机构、程序等,都已经十分健全,其中就包括专门针对未成年归正人员的前科消灭制度。

国外前科消灭制度的建立与少年司法的国家亲权哲学有着密切的关系,这一理论主张国家是未成年人的最终监护人,国家负有挽救失足未成年人的职责,而不应将其排斥于正常社会生活之外。从宏观社会背景来看,这一制度的建立则是基于更有效的控制未成年人犯罪的考虑。自工业化时代以来,各国都面临着如何有效控制未成年人犯罪的挑战,而前科消灭制度可以"化腐朽为神奇",最大可能的挽救失足未成年人,避免将其推向社会的对立面,更有效的控制未成年人犯罪,促进社会的和谐。

在我国,直至1984年11月,上海市长宁区人民法院才建立了我国第一个少年法庭,1986年长宁区人民检察院才建立了我国第一个专门的少年检察机构。尽管如此,二十余年来我国少年司法制度建设仍有较大的发展,不过与发达国家相比,还很不成熟。其中备受诟病的是,我国目前不但没有建立前科消灭制度,反而建立了前科报告制度,对归正人员的社会排斥明显过度。它产生的一个严重问题是,人为地制造了只有进口没有出口的不断膨胀、恶化的敌对阶层,严重威胁社会治安。对于未成年归正人员而言,这一制度的弊端更为突出。近些年来,建立前科消灭制度的呼吁越来越高,一些地方司法机关也开始了可贵的试验,中央也提出了建立有条件消灭未成年人轻罪记录的改革方案,这与我国近些年来社会治安形势严峻,未成年人犯罪未能得到有效控制的背景是密切相关的。

当然,一项制度的发生要和宏观社会环境相匹配,很多社会制度的发生直至完善也不是水到渠成的。少年司法在我国已经探索了二十几年,在我看来,它现在已经到了要深入细节,逐渐探索规范流程的时机了。

从这个角度讲,我认为未成年人轻罪记录消灭制度在我国的确立,应该说时机已经比较成熟了。现在很多法院和检察院也都已经做了这些方面的探索,积累了很多经验。特别是中央提出了宽严相济的刑事政策,倡导构建和谐社会,而中央政法委员会则更加明确地提出了构建未成年人轻罪记录消灭制度的司法改革措施,这都为前科消灭制度的建立创造了良好的政策条件。当然,他这个提法中还是加了很多限制条件,比如限定在"轻罪"、"有条件"、"未成年人"等等,但这毕竟是透露了一种改革的方向。

检察风云:刚刚讲到的这个时机成熟问题,主要是就司法角度而言。

但很多人也提到,要实现这种轻罪记录消除,还需要社会各方面的支撑。比如说家庭、学校也包括社区等等。您认为从这个角度讲,实践犯罪记录消灭制度的时机成熟了吗?

姚建龙:你说的这个,我们业内把它叫作少年司法的社会支持体系。少年司法和普通刑事司法制度的最大区别是,它的运作不是孤立的,在具体实行中,更需要有其他相关部门的支撑,而且往往是很专业的支撑。就我了解,很多国家和地区都建立专门的少年观护体系。比如在我们国家台湾地区,每个犯罪的未成年人都会有专门的观护人进行辅导,而观护人还会带着一批社工,社工后面又会有很多志愿者,这样就把很多力量串了起来;另外,有一些国家少年司法中有专门的转介程序,比如说,未成年人被判有罪以后,就业有困难,司法部门就把这个孩子转介给劳动部门,以司法系统为核心,集中了很多社会力量,进行未成年罪犯的矫正,让他们回归社会。

至于目前我们国家在少年司法社会支持体系方面是否已经足够完备,我个人觉得,至少类似上海这样的发达城市已经具备了,而且就我了解,上海的检察院、法院在这方面都已经做了很多积极的实践探索。

检察风云:中央政法委员会去年年底明确提出"有条件地建立未成年人轻罪犯罪记录消灭制度",像您刚说的,加了"有条件"、"轻罪"等限制,您认为它的必要性在哪里?

姚建龙:这种限制是改革的策略,它能减少改革的阻力,给对前科消灭制度抱有传统观念者一个逐渐接受的过程。但我个人认为,在改革进展到一定阶段后,这些限制条件会慢慢放宽,也应当逐步放宽,以便让更多已经矫正好的归正人员顺利回归社会、融入社会。

(载《检察风云》2009 年第 13 期)

妇女儿童权益保护 从源头开始
——对话上海市未成年人法研究会会长姚建龙

记者：十年来，上海市在妇女儿童权益保护工作方面做了哪些探索，取得了什么成果？

姚建龙：妇女儿童权益保护是社会文明进步的重要标志，上海市妇女儿童权益保护工作体现了政府主导、职能部门负责、妇女儿童工作委员会协调、人大、政协监督、社会组织参与、各方齐抓共管的工作格局。十年来，上海市在妇女儿童权益保护方面取得了比较大的成就，具体表现在以下几个方面：

1. 法规政策不断完善，从源头上加大了妇女儿童权益保护力度。如2007年新修订了《上海市实施〈妇女权益保障法〉办法》，在上位法的基础上增加了政府每两年安排一次退休妇女和生活困难妇女进行妇科病及乳腺病免费筛查（以下简称"两病筛查"）、签订女职工特殊保护专项集体合同等，加大了妇女权益保障力度。再如，将儿童免费身高线标准统一调整放宽至1.3米等。

2. 将"家庭暴力"报警纳入110出警工作范围、成立反家庭暴力庇护救助中心，创新推出建立少年审判综合庭等措施的实施，使妇女儿童合法权益得到有效保障。建立了妇女儿童法律援助三级网络，为妇女儿童提供法律咨询、法律援助等服务。同时通过加强未成年人司法保护，创新推出来沪未成年人法制教育项目、涉罪未成年人心理矫护体系、社会观护体系等做法，有效遏制了上海未成年人犯罪的增长势头。

3. 通过如危重孕产妇、危重新生儿会诊抢救中心等核心技术平台和网络的建立以及免费婚前医学检查和孕前优生健康检查等措施使妇女儿童的健康状况和发展环境不断优化。如上海妇女的平均期望寿命为84.80岁（2011年统计数据）、4.2万间中小学教室光环境得到改善等。

4. 妇女儿童整体素质和受教育程度进一步提高。其中，义务教育的普遍率一直保持在99.9%，高中阶段教育入学率保持在97%以上；农村义务教育薄弱学校委托管理、优质高中教育资源辐射郊区农村等机制的实施，促进了儿童教育的均衡发展；女性平均受教育年限和文化素质不断提高，在校女大学生超过半数，专业分布上性别结构过度倾斜的状况也得到改善。

记者：对来沪女性和未成年人权益保护方面有何举措？

姚建龙：上海对于来沪妇女儿童则保障他们同等享有政府提供的公共服务。上海坚持公共服务逐步向来沪妇女儿童覆盖，如提高进城务工人员随迁子女在本市公办学校的就读比例，2011年秋，全市50余万进城务工人员随迁子女已全部在公办学校或政府委托民办小学享受免费义务教育，其中超过七成在公办学校就读；部分职业高中的部分专业已经向进城务工人员子女开放；来沪儿童在园人数已约占在园总数的31%。此外，孕产妇保健系统管理、计划免疫接种和上海少儿住院互助基金等项目已经覆盖到来沪的妇女儿童，全市24家流动人口孕产妇分娩点实行限价收费。

记者：那么您对妇女儿童权益保护还有哪些建议？

姚建龙：对于上海的妇女儿童权益保护工作，我认为现在处于良好的阶段，但还有一些可为的空间，主要是：

1. 在制定和完善法规及公共政策的过程中，可以更加充分地考虑妇女儿童的特殊权益和利益，推进性别平等和儿童优先原则的分析审查机制，从源头保障妇女儿童的合法权益。

2. 在权益保护的深度上还可以进一步加强，不能仅仅考虑覆盖面。比如对于来沪儿童教育的质量是否能够进行监测与稳步提高等。

3. 对于流动人口中妇女儿童的管理还存在比较大的发展空间，如何确保这部分群体在流动中也能制度化地享受到平等的权益保障服务也是一个需要加强研究的课题。

4. 未成年人犯罪预防体系还可以进一步完善和发展。

（载《中国妇女报》2012年10月9日）

就再发弑师案答《法制周报》记者问

2008年,继10月份三起弑师案之后,11月20日湖南澧县城关中学再发弑师惨案,该校37岁的老师曾庆岩19日被学校已开除的一名初中生用匕首刺死。26日晚,《法制周报》记者李俊杰君来电请我对弑师案频发发表一些看法,并发来问题提纲希望我能书面答复。近期我正在为系列弑师案写一些文字,遂回复如下:

1. 由于案件尚在进一步审理中,这位学生为何要杀老师,真正原因仍在调查中,但该犯罪嫌疑人是单亲家庭,另外一位凶手也是"留守儿童",您认为导致该起案件发生是否与家庭因素有关?

答:犯罪学界普遍认为家庭与青少年犯罪有着紧密的联系。由于家庭结构残缺、儿童留守等因素导致家庭功能不能正常发挥,是导致青少年犯罪的重要因素。但需要注意的是,青少年犯罪是多因素作用的结果,不能片面放大家庭因素的影响作用,还应关注导致青少年犯罪的学校教育、社会环境、青少年个体等多种因素,特别是应放在社会转型的宏观背景下来思考青少年犯罪的原因。

2. 为何现在的学生频频将屠刀对准老师?您研究青少年犯罪这么多年,您认为是哪个环节出了问题?类似的未成年杀老师案与成年学生杀老师案有什么共同点和异同点?

答:就弑师案而言,由成年学生还是未成年学生实施已经并不重要(尽管在法律后果上会有差异),他们都是一种极端性暴力犯罪。由于在传统观念中"教师"是传统社会权威的代表,弑师案的频发在更深层的意义上是社会转型期传统权威受到挑战甚至瓦解的折射,也是社会问题的综合反映。

3. 现在老师都普遍反映说,在国家九年义务教育制度上也有问题,按规定,在此期间的学生不能被开除等等,根据教师法等规定,老师不能体罚学生,而当学生多次辱骂老师,甚至动手殴打老师时,哪怕老师迫于无奈还手,最后埋单的也是老师本人,不少老师认为,国家应该制定相关法律来保障教师的权利,而不仅仅只有《未成年人保护法》,对此,您怎么看?

答:在当代中国,相对教师而言,学生仍然是弱者,不能因为弑师案(哪怕是近期频发)而无视这样的事实。教师权利日益不被尊重是一个客观的事实,但是面对来自学生的侵害,强调"不能开除学生"、"不能体罚学生"、"还手埋单的也是老师本人"的影响是一种可怕的误区。当面对学生的时候,教师的权利与权威绝不能通过放弃教育责任,甚至是暴力手段去维护!

4. 您怎么来看待这起事件?对于青少年校园暴力犯罪,您有何建议?

答:面对频发的弑师案,应当反思的是如何在社会转型加速期的中国维持对传统社会权威的底线敬畏——这是社会秩序能否得以维护的基础。但需要注意的是,暴力本身并无助于此目的的实现,相反还会导致一种暴力恶性循环的结局。遗憾的是,这样一种趋势似乎正在日益显现。例如杨佳案。

暴力是具有传染性和遗传性的,如要控制青少年校园暴力犯罪,必须创造一个非暴力的社会。这对于处在社会转型加速期的中国而言,很难,但又极为重要。

法典离少年司法有多远

刑事诉讼法修正案的相关规定,对未成年人权益的保护具有重大意义。然而,青少年身系祖国的未来,对他们的关心与关怀是不是走到这里就足够了?刑事诉讼法的相关规定在司法实践中还存在哪些问题?

两个世界的"冲突"

2012年1月7日下午,华东政法大学教授、《青少年犯罪问题》杂志主编姚建龙从未成年人保护的理论建构的高度,结合少年司法实践中存在的问题,对刑事诉讼法中未成年人案件诉讼的相关程序进行了剖析,指出了法律还应该在哪些方面进行完善,才能使之为青少年提供更多的保障。

姚建龙教授首先指出,中国少年司法和一些发达国家相比还存在差距。目前世界上很多国家对未成年人的保护和案件审理都有专门的、综合性的法典进行规范,而中国仍将成年人案件和未成年人案件的相关规定统一到一部法典中,这注定会造成对青少年权益保护的漠视与偏离。姚建龙教授形象地把中国少年司法存在的问题比喻成"两个世界的冲突",即成人世界与未成年人世界的冲突。姚建龙教授还提醒大家要关注当下社会少年期延长的现象,对未成年人权益保护的理念可以适当地扩大到青年群体。

刑事诉讼法修正案的"傲慢"与"误会"

结合刑事诉讼法修正案,姚建龙教授指出,修正案对未成年人案件的诉讼程序作了相关规定,是司法的一大进步,但修正案对未成年人的态度仍然是"傲慢"的。这种"傲慢"表现在国内立法仍然把未成年人犯罪和成年人犯罪视为一体。姚教授认为,很多未成年人犯罪都不是一种"恶",而是一种"错",未成年人心智上还未成熟,其思想、观念还未定型,法律应该为他们提供更多教育改正的机会。从司法实践的角度来看,修正案对未成年人案件诉讼程序的相关规定还存在漏洞,如合适成年人到场制度,合适成年人的资质如何认定?合适成年人的选择需不需要征求被告人意见?如果没有合适成年人到场,公安机关通过讯问所获取的口供是否有效?这些问题都需要法律做出进一步规范。姚建龙教授还指出,将对犯罪的未成年人采取教育、感化、挽救的方针以及坚持教育为主、惩罚为辅的原则写入修正案,是一个很好的开端,但对未成年人犯罪的处理不能仅仅停留于此,国家和社会应该更加努力,争取从教刑并重走向以教代刑。

不大不小的进步

姚建龙教授指出了修正案在未成年人犯罪案件诉讼程序规定上存在的一些问题,但这并不是在否定修正案取得的成绩,相反,他肯定了修正案对未成年人权益保护方面的意义。他认为这是少年司法法典化的开端,有了这个开端,少年司法制度必将进入一个黄金时期。最后,姚教授还就如何结合刑事诉讼法修正案的相关规定,进一步保障未成年人诉讼方面的权益提出了两点建议:一是在刑诉法修正案正式出台后,要对相关的司法解释进行密切关注,用司法解释对修正案存在的不足进行弥补,使其更好地应用于司法实践。二是附条件不起诉制度的确立,给了大家一个启示,即对未成年人诉讼程序的改革要大胆地进行基层的先行探索,基层探索中比较好的方法可以逐渐地在以后的司法和立法中加以制度化的确立。

(民主与法制网讯龙曦　包贵萍)

就新刑事诉讼法未成年人条款配套规定答《中国妇女报》记者问

最高法、最高检、公安部已经出台了刑事诉讼法的司法解释和规定。对于其中有关未成年人刑事案件诉讼程序的规定,上海政法大学刑事司法学院院长姚建龙认为,很多亮点值得肯定,"教育更实在、感化更明显、挽救更可行。"

姚建龙说,公检法三家在各自的职权范围内把教育、感化、挽救的方针,教育为主、惩罚为辅的未成年人刑事诉讼基本原则制定了更加明确、细化的规定,从一种原则的规定变成具体可行的规则。

他举例称,最高法的司法解释规定了法庭教育特别程序,教育更具体更实在;对于"能不捕的不捕,能不诉的不诉",公检法都有很细化的规定。

姚建龙一直希望公检法司联合对未成年刑事诉讼程序统一作出规定,但是,目前仍是按照传统的模式由公检法三家分别作出规定。

在他看来,公检法分别作出规定会产生一些问题,存在不明确的地方。如公检法三家都对社会调查制度作出规定,都是"可以",并未明确在哪个阶段启动社会调查制度最有利于保护未成年犯罪嫌疑人。而如果联合出台规定,可以对涉及到四家有争议的问题做出更加具体明确的规定。

此外,姚建龙认为,尽管最高法的司法解释对涉罪未成年人的刑罚执行和社区矫正问题进行了规定,但还是有所缺位。作为主管机关的司法部应该出台对未成年人犯刑罚执行以及社区矫正的规定。

"社会调查制度是新刑诉法非常亮点性的规定。"姚建龙说,早在20世纪九十年代初,上海市长宁区检察院和法院在审理一起未成年人盗窃案件时首次采用社会调查制度。二十多年来,社会调查制度基本成为未成年人刑事案件诉讼程序的一个司法规则。这次新刑诉法把它上升为法律规定,也是对未成年人刑事司法实践改革经验的总结和提炼。

在姚建龙看来,社会调查"非常重要、非常必要",公安机关对案件的处理、检察院审查逮捕、审查起诉、法院的判决、交付执行,社会调查报告都有很大的参考作用。就如同医生下处方之前进行的检验,使得法院的判决能够对症下药,有助于提升教育、感化、挽救未成年犯罪嫌疑人的准确性、成功性和科学性,必将产生重大影响。

对于社会调查制度,公检法三家均作出了规定。

"目前公检法三家均可开展调查的规定,适应了我国各地少年司法发育不成熟的特点。但是,越早调查越好。"姚建龙说,应以公安机关调查为原则,检察院调查为补充,法院调查为例外。

他介绍,2010 年,中央综治委预防青少年违法犯罪工作领导小组、最高人民法院、最高人民检察院、公安部、司法部、共青团中央等六部门联合发布了《关于进一步建立和完善办理未成年人刑事案件配套工作体系的若干意见》,其中就有社会调查的规定,当时主要是以公安机关启动为主。"现在新的刑诉法出来后,该意见的效力如何还不确定。"

《人民检察院刑事诉讼规则(试行)》规定,"对于罪行较轻,具备有效监护条件或者社会帮教措施,没有社会危险性或者社会危险性较小,不逮捕不致妨害诉讼正常进行的未成年犯罪嫌疑人,应当不批准逮捕。"

"这一规定听起来有道理,其实是有矛盾。"姚建龙说,对成年犯罪嫌疑人逮捕的条件并未强调监护条件和社会帮教措施,而对未成年人做出不捕的决定却是以监护条件、社会帮教措施为前提条件,要求更高,与"严格限制使用逮捕措施"是冲突的,与优先保护未成年人的理念相矛盾。

姚建龙认为,这一规定对于外来涉罪未成年人,本地父母双亡、监护状况特殊的弱势群体会产生不利影响,这是不平等的。同时,这也是少年司法客观存在的难点问题,比如,北京、上海外来未成年人的逮捕率远高于本地未成年人,其中一个重要原因就是缺乏有效监护条件或者社会帮教措施。

早在 2002 年《人民检察院办理未成年人刑事案件的规定》、2006 年《最高人民检察院办理未成年人刑事案件的规定》就有这样的规定。

"从司法平等性的要求来看,应去掉这两条限制性条件,实践中可以具体掌握,但是不应强化这样的规定,作为必要的条件。"姚建龙说,从国家亲权的角度出发,政府应为外来涉罪未成年人、处于特殊监护状况的未成年人提供帮教条件。例如,上海建立了社会观护体系,为外来涉罪未成年人提供替代性帮教措施,在敬老院、企业提供观护点。

姚建龙说,附条件不起诉制度是含而不露引而不发的特殊制度设计,可以有效地挽救涉罪未成年人。但是附条件不起诉制度的一个很重要的条件是考察帮教,这和法定代理人有很大的关系,征询其意见,有助于落实帮教,提高帮教有效性。同时,这也是对法定代理人和辩护人权利的尊重。

最高法院关于刑诉法的司法解释规定,"犯罪时不满十八周岁,被判处五年有期徒刑以下刑罚以及免除刑事处罚的未成年人的犯罪记录,应当封存。"

姚建龙说,规定定罪免罚的纳入犯罪记录封存制度的范围,是"举重明轻",属于合理的推定,对未成年人的保护更严密,没有漏洞。

公检法三家对犯罪记录封存制度均作出规定。姚建龙说,这有助于进一步落实犯罪记录封存制度。在实际操作中,公安机关面临的问题更多。通常人们出国、就业、就学等需要到公安机关开具无犯罪记录的证明。

"仍有很多地方需要细化。"姚建龙说,按照现有的规定,"国家规定"的界定不是太清楚,公安机关应该进一步细化。比如司法部、教育部等部门的规章,政策性文件可否算是国家规定。

姚建龙认为,"国家规定"应限定在全国人大制定的基本法,国务院出台的行政法规,从儿童利益最大化原则,从有利于未成年人的角度出发从严限定范围。

最高人民法院的司法解释中对少年法庭的设置问题进行了规定,公安机关也规定应设置专门机构或者配备专职人员办理未成年人刑事案件。

"专办机制对于保护未成年人是非常重要。"姚建龙说,由专门的人员、专门的机构参与未成年人刑事案件诉讼程序,就如同孩子们到儿童医院看病,方法、程序更加专业、经验更加丰富,可以大大提高教育、感化、挽救未成年犯罪嫌疑人的科学性、有效性。

全国已建2000多个少年法庭,从事少年审判的法官有7000多人,500多家检察院开展了未检专业化建设。1995年《公安机关办理未成年人违法犯罪案件的规定》就明确，公安机关应当设置专门机构或者专职人员承办未成年人违法犯罪案件。

"但是迄今为止，全国范围内公安机关真正做到专办机制的非常少。"姚建龙告诉记者，目前我国刑事诉讼制度设计有很大的侦查决定主义，公安机关抓的人最后判无罪的很少，取得的证据非常重要。公安机关侦查环节对于未成年人刑事案件具有决定性意义，对于提高办案质量和教育、感化、挽救未成年人非常重要。目前很多国家有少年警察这一警种，主要办理未成年人案件，从事未成年人犯罪预防工作。

"希望公安机关能够把专办机制的规定落到实处，补齐少年司法制度建设的这块短板。这种局面必须要改变。"姚建龙说。

（主要观点以《专家解读刑事诉讼法司法解释和规定中的"保护未成年人"条款》为题发展，载《中国妇女报》2013年1月15日）

山西挖眼男童案折射监护盲点
儿童福利法呼声高

2013年8月30日讯,"天怎么还不亮?"一个六岁孩子的问题,让人们无言以对,有网友评论道:"一个孩子的一句话,让一个国家的心都碎了。"六天前,山西省汾西县的男童小斌被人骗至野外,下药迷昏后挖去了双眼,目前,警方正在缉凶,并提出悬赏十万元征集线索。在这个即将结束的暑假,关于孩子的悲剧几乎每天都在上演:坠楼、溺水、车祸、走失,以及——令人不寒而栗的人为侵害。在这个成人亦需时刻警醒的世界里,孩子的脆弱不堪一击,无论是谴责还是同情,哪怕是对凶手的严惩,都无法还给他们一个完满而鲜活的人生。重要的是在这一切发生之前,尽力呵护好这些稚嫩的生命,让他们平安长大。

对孩子疏于照管,就是一种"虐待"

小斌的遭遇或许是一个极端案例,但这个夏天频繁发生在全国各地的幼童坠楼事件,已经不能再用"偶然"、"意外"来形容了。本月8日,《温州商报》刊发了一条题为《唉,又一名儿童坠楼》的新闻,称这个暑假,当地"各大医院已收治了20多名坠楼小患者"。十天之后,《河南商报》则刊发了一条题为《这是商报3个多月来 报道的第8起儿童坠楼事件》的报道,甚至同一个小区两月内先后摔下两个孩子。

这些坠楼的孩子,大部分是独自在家,也有的是虽然家中有人,但孩子仍被独自留在了没有防护措施的阳台上。据统计,意外伤害已经发展成为我国0~14岁儿童的第一杀手,每年有超过20万的0~14岁儿童因意外伤害死亡。

姚建龙（上海市未成年人法研究会会长、上海政法学院教授）：

每年暑假，儿童伤害的事件都大量出现，溺亡、烧伤、坠楼、性侵……其中一个原因就是孩子疏于照管，在国际上，"忽视"，是标准意义上虐待儿童行为的一种，和性侵害、精神虐待、身体虐待是并列的。

发达国家对疏于监护这种行为在法律上有很严格的责任规定，比如经常发生这种情况，儿童福利部门和法院可以判定你没有监护能力，就可以启动剥夺监护权的程序，有可能会把孩子从监护人身边带走。如果疏于照管造成孩子发生意外，还会追究监护人法律上的责任，轻则训诫，重则可能还要坐牢。

我们的法律对家长的监护责任也有一些强制要求，比如未成年人保护法（以下简称"未保法"）规定，不得让未满16周岁的未成年人脱离监护，单独居住；再比如禁止侵害未成年子女的权益。所以从法律上来说，是要求监护人履行监护职责的，

但"未保法"里对疏于照管的法律责任，没有明确规定。在我们国家的传统观念中，家长跟子女之间是一种非常独特的家庭关系；如果未成年子女出了问题，对这个家庭来说是一个灾难，对监护人已经是一个非常大的惩罚。立法者也有这样的考虑，不能在伤口上撒盐，所以疏于照管导致孩子发生伤亡事故或者犯罪侵害之后，家长是否应该承担相应的责任，现行法律态度不明确，我们也没办法去追究监护人的责任。

正因为监护人的违法成本太低，不能让父母们感到害怕，很多人没有认识到问题的严重性。从这个角度来说，我们的立法确实存在漏洞。

张志伟（"宝贝回家"法律顾问）：

儿童保护本身，从"未保法"来说是四个领域的保护，第一个是家庭保护，然后是学校保护、社会保护和司法保护。家庭保护是最重要的环节，而且是第一责任。在拐卖案件包括走失事件当中，我们发现虽然主要原因是犯罪行为导致的，但其中也确实有父母或者监护人疏忽的情况出现，有的案例里就出现父母在打麻将，让孩子一个人玩儿，然后出问题的。

"10岁以下的孩子，不要出现监护盲点"

姚建龙：

很多国家的规定是不能让12岁以下的未成年人处于监护空白，如果出现，警察是可以抓人的。也就是说，监护人比如父母，在茶馆里喝茶，把

小孩放在外面,没有在父母的视线之内,就有可能是疏于监护。

之前让人非常痛心的"小悦悦事件",就大人在上面晒衣服,小孩自己跑出去了,像这种情况,在发达国家肯定是违反儿童保护的法律规定,要追究监护者责任。

但在我们国家,父母会成为被害人,我们的立法思想里也有一个传统偏见,潜台词就是孩子是父母的财产,而不是独立的个体。我认为未成年人的保护和儿童权益的立法,一定要"不近人情"。不能认为孩子是父母的,而要有一个国家监护的概念。当父母不能适当监护孩子的时候,国家有权利把这个监护权接管过来,还要追究监护责任。

我呼吁过很多次,比如在民法上,10岁以下的孩子是完全无民事行为能力人,至少要做到这个年纪的孩子不能让他脱离监护,不仅仅是单独居住的问题,而是不能出现监护空白点。

因为在成人环境中,一个孩子即便是在自己家里(比如厨房),也是非常危险的。一旦脱离监护,对孩子的生存都会有很大的威胁,而这种威胁,孩子的世界成年人有时候是理解不了的。

如果法律不做出一些"不近人情"的规定条款,让父母知道这是一种非常严重的违法行为,要承担严重的法律责任,就会有侥幸心理。

社区可设立儿童托管中心,为特殊家庭提供支持

昨天,"宝贝回家"的官方微博发布提醒,除了假期中,很多父母由于工作繁忙而无暇照顾孩子之外,"很多来城市中与打工父母团聚的'小候鸟'更容易缺少应有的关照,由此造成的意外事故让人唏嘘。"

来自全国妇联的报告显示,农村留守儿童中,父母都外出的占46.7%;其中,与祖父母一起居住占留守儿童总数的32.7%,与其他人一起居住的占留守儿童总数的10.7%;单独居住的占留守儿童总数的3.4%,人数高达205.7万,人身安全隐患严重。

姚建龙:

前面说到"未保法"规定,不得让未满16周岁的未成年人脱离监护,单独居住;很多人认为这个条款是"中产阶级立法"——你自己衣食无忧,当然不会跟孩子分离,但中、下层由于谋生的需要,不得不和孩子分开。在这种情况下,你怎么还能去责难他们呢?

我认为这是没道理的,因为法律规定不能脱离监护,单独居住,并不一定要是监护人的监护。"未保法"里有一条"委托监护",可以委托其他成年近亲属来承担监护职责。我刚刚到四川去考察留守儿童的问题,当地有一种"托管"的方式,把留守儿童托管到学校去,由学校来承担监护责任;尽管监护人和孩子分离了,但孩子并没有处于无人监护的状态。

当然,我们必须要看到一个客观事实,中国处在社会转型期,城乡流动、人口流动非常大,"双职工"家庭很多,这就需要把社会保护机制建立起来。

对一些特殊家庭,比如一个母亲带一个孩子,有问题怎么办呢?应该在社区提供一些补充机制,比如在社区设立儿童的托管中心。比如刚才说到四川的"托管",他们就是有志愿者到学校里面去帮这些孩子,给他们做辅导,带他们野营,为这些家庭提供了一个很有力的支持。

所以,我主张法律在儿童保护上必须"强人所难",同时要健全社会保护机制。一方面强化监护人的法律责任,另一方面提供必要的社会支持,两者结合才能形成未成年人保护的无缝衔接。

医生、老师、社区工作者等发现儿童受侵害,应有强制报告义务

张志伟:

一些案例中确实反映出来家长怠于履行职责,但从另一个角度来说,拐卖的发生主要还是犯罪的原因,其中大部分都采取了诱骗、暴力等一些手段。从社会治理的角度来说,政府有责任给孩子和家庭提供一个平安、安全的成长环境,不能人人自危。让孩子可以自由地到哪儿都能玩儿,对孩子天性的发展是很好的,可安全问题解决不了,家长们都不敢让孩子出门。

一方面可以通过宣传教育,呼吁全社会各个层面的组织机构和个人,都来关注儿童安全的问题,不管是不是你的孩子,一旦发现问题,都要积极地给他提供帮助,或者告知有关部门进行救助,这是道德层面。

而在法律层面,则应该确立强制举报制度,对于社区工作人员、心理咨询师、医生、老师,这些特殊职业,在发现儿童受到侵害时,应该有强制的报告义务。

【延伸】亟须出台"儿童福利法"

张志伟("宝贝回家"法律顾问):

近年来,对于"打拐",政府非常重视,其中重要的一环就是打击利用儿童乞讨；但真正解决起来很困难，因为后续的配套制度跟不上。在这种情况下，简单地去执行前面的强行规定，反而会侵害一部分以流浪为生的儿童的生存权。

比如，"未保法"里虽然有剥夺监护权的规定，但在国家层面我们没有一个正式的儿童监护机构，福利院只是针对孤儿，而救助站只是临时性的救助场所，监护机构本身就不健全。我们和执法人员经常接触交流，他们对这个问题（利用儿童流浪乞讨）也深恶痛绝，但如果后续民政系统的社会福利跟不上，司法机关也不敢判，因为判了以后没法执行。

这个问题要解决，是一个系统工程，可能需要这两年大家一直在呼吁的"儿童福利法"才能解决。"儿童福利法"的本质是通过立法的方式，确定在儿童权益保护中政府的责任。

拿剥夺监护权来说，首先评判的标准是什么，监护人失职到什么程度需要剥夺他的监护权？这需要专业评估，那么谁来评估？是政府还是社会组织？评估确认之后，是否需要司法确认？

由谁来担任新的监护人？确定新的监护人和监护家庭也需要评估，要进行培训；孩子交给他之后，还有长期的跟踪和考核；以及是否要对亲生父母进行行为矫正，这都需要专业的机构和人员来做。如果矫正实现了目的，孩子是否要还给父母，以什么样的程序还给他？

这不光涉及法律，还涉及人伦的问题，很难一蹴而就，但这个工作现在必须要去做，否则我们前期努力的方向就不可能实现。

（原载《北京晚报》2013年8月30日，记者：张棻/文）

与《东方早报》记者对话少年法院

随着未成年人犯罪问题的日益突出,在我国运行已有 20 年之久的少年法庭,无论在法律体系和实际操作中都显得捉襟见肘。早在三年前,就有专家提出成立独立的少年法院取代少年法庭的设想,这一意见历经波折终于获得全国人大法工委的支持,目前少年法院的筹建工作开始进行。

据《广州日报》报道,目前最高人民法院选定了四个试点省市:上海、广州、南京、黑龙江,如不出意外,我国首个少年法院将于今年下半年在上海挂牌。记者对专门研究未成年人犯罪和少年司法制度的华东政法学院青少年犯罪研究所专家姚建龙进行了专访。

记者:关于"少年法院"的模式具体是怎么定位的?现在筹建进展到什么阶段了?

姚建龙:从少年法院的设置区域来说,少年法院应设置在属于城市,更准确地说是大中城市。并非任何地方、任何时间都需要、都有条件建立少年法院。建立少年法院至少应考虑以下五个条件:一是案件数量;二是区域范围与交通条件;三是经济发展与领导条件;四是队伍素质与经验条件;五是社会文化背景与公众法律意识。符合上述五个条件的地区只能是人口较多、交通便利、经济发达、少年司法基础好的大中城市。目前最高法院选定了四个试点省市:上海、广州、南京、黑龙江。就筹备阶段而言,我对自己 3 年前的预言还是比较乐观的,上海少年法院年底首先挂牌的可能性比较大。

少年法院的性质是专门人民法院,我主张少年法院宜为基层法院,它集中审理全市的少年一审案件,少年案件的终审权归属该市的中级人民法院。对于中央直辖市内少年法院的设置,因为目前的直辖市一般设置两个或两个以上中级人民法院,为此,可指定其中一个作为二审法院。作为二审法院的中级人民法院,内设专门的少年法庭。高级法院依然维持少年法庭指导小组的设置。

记者:"少年法院"的受案范围有哪些?

姚建龙:就少年法院的受案范围而言,我主张少年法院受理以下四类案件:其一,少年刑事犯罪案件。对于成年人与少年共同犯罪案件,应做到分案起诉。对于可能判处无期徒刑的案件,亦应由少年法院审理。其二,18周岁以上22周岁以下在校学生犯罪案件。其三,少年严重不良行为案件,即严重危害社会,尚不够刑事处罚或者因不满16周岁不负刑事责任的少年案件。它包括两种案件:一是因为不满16周岁而不承担刑事责任的触法少年儿童案件;二是虽然达到刑事责任年龄,但行为的社会危害性尚未严重到承担刑事责任程度的案件。这类案件具体包括九类:纠集他人结伙滋事,扰乱治安;携带管制刀具,屡教不改;多次拦截殴打他人或者强行索要他人财物;传播淫秽的读物或者音像制品等;进行淫乱或者色情、卖淫活动;多次偷窃;参与赌博,屡教不改;吸食、注射毒品;其他严重危害社会但尚不够刑事犯罪的行为。这类案件大致相当于国外的部分轻罪案件和部分虞犯案件。其四,未成年人保护案件,仅限于未成年人作为被害人的成人刑事犯罪案件。

但是,与未成年人权益有关的民事案件(如收养、抚养、监护、离婚)以及行政案件(如未成年人不服行政处罚的行政诉讼案件),也有可能会确定为少年法院管辖范围。

记者:目前全国共有多少个少年法庭?少年法庭在设立的这些年中,在法律规定、机构设置、处理案件或者其他方面都有哪些不足之处?

姚建龙:1984年上海长宁区法院建立了全国第一个少年法庭。最新统计(2003年7月份),少年法庭的数字为2400多个,少年审判人员为7000余名。

少年法庭的不足之处较为突出的有以下方面:其一,稳定性差,大部分属于合议庭,而并非独立建制。其二,有关法律对于少年法庭收案范围界定为未成年人刑事犯罪案件,因而大量未成年人严重不良行为案件(如劳动教养、强制戒毒、工读教育、收容教养等),并不由少年法庭管辖,而是都是由公安机关、教育行政机关处理的。这与国际通行做法相违背。其三,由于立法的不足、经济条件等因素的影响,各地少年法庭在数量、类型、审判人员素质等方面均很不平衡,这导致了未成年犯罪人保护力度的地区差异性明显。

记者:近年来我国未成年人犯罪呈现哪些新的特点?对未成年人应怎样进行较为全面的司法保护?

姚建龙:我认为,近来我国未成年人犯罪的以下三个特点,颇值得关注:

(1)未成年人犯罪类型以抢劫、抢夺、盗窃、伤害、性犯罪为主。(2)未成年人犯罪与成年人犯罪之间的差异性正在逐渐缩小。(3)尽管并不排除媒体渲染的因素,但未成年人恶性犯罪案件发生率的上升是一个不争的事实。其中尤以"杀父弑母"案件最为突出。

在司法保护方面,我主张少年司法制度与成人司法制度的有机结合来实现对未成年人较为全面的司法保护。其中,独立建立的少年司法制度主要负责对违法犯罪未成年人和刑事被害未成年人的保护。

(原载《东方早报》2004年6月14日,原标题为《全国首家少年法院下半年可能落沪》)

少年司法改革新动向

2010年9月15日,华东政法大学姚建龙教授做客中国青年政治学院德恒刑事法名家讲堂,带来题为"少年司法改革的新动向"的讲座。聆听讲座的还有海淀区检察院领导与即将成立的海淀区少年检察处的处长及各位检察官。讲座由法律系吴用副教授主持。

姚建龙教授开宗明义地认为,在我国,少年司法改革颇受争议,但将此项改革进行下去很有必要。少年法庭是少年司法的标志性建筑,它承担着教育、感化、挽救青少年,预防青少年犯罪的重任。在我国,少年检察的发展相对滞后,少年法庭改革迟早会对少年检察产生后发影响。

目前,少年司法改革面临着"两条锁链",姚建龙教授形象地将此比喻为"戴着锁链跳舞"。首先是外部锁链,我国没有独立的少年司法,指导司法运作的是以理性成年人为假设对象而制定的"成人法",这在法律适用上不利于最大化地保护儿童利益;其次,是以成人案件为标准设计的评价考核体系这一内部锁链,以量为基点,考察结案数和人均办案数的评判标准,忽视了少年司法个别化、无法批量生产的特殊性。好在眼下外部锁链已经日益被重视,内部锁链也开始受到关注。

接着,姚教授以最高法院2006年7月启动"全国部分法院设立未成年人案件(综合)审判庭"试点改革的实例,深刻剖析了少年综合庭的改革溯源,备受争议的现状及原因。他说,我国少年法庭基本现状是"杂乱"(多元化):组织形式多样,有独立庭、合议庭、半独立庭等多种形式;受案范围不统一,有的仅受理刑事,有的刑事、民事、行政三审合一;管辖地域范围有按行政区划划分和指定管辖等等,总之,这种多元化的表现方式曾让最高人民法院不支持少年综合庭的改革,认为这会导致法院内部审判秩序混乱，业务划分不明，甚至认为民事刑事共入现象将改变少年司法特色。不过，近年来，最高人民法院逐渐接受了全面司法保护和少年审判机制当多元化的观念，同时为了应对《未成年人保护法》的修订，稳固少年法庭机构和队伍，对少年司法改革态度已有所转变，并且领导了新中国成立以来最大的一次统一的少年司法改革，让少年法庭建构的梦想在走过一段艰辛路程之后，终于又看到了曙光。

但我国现有的未成年司法改革和世界其他各国有很大差异，甚至相比之下来说，潜藏着一定风险。姚教授指出，少年综合庭将其他涉少案件纳入少年法庭的受案范围，改变了传统少年法庭的"小刑庭"模式，有利于淡化其"刑事化"色彩，更全面地保护青少年利益，这也是绝大多数国家少年司法制度发展的共同特征。但是，与大陆法系"以教代刑"的"教育主义"和英美法系的"保护主义"不同，我国少年司法的刑事化色彩更重。今后，可以借鉴别国"危机干预"的做法，将虐待、失教、失养等易造成青少年堕落和犯罪的事件以及与未成年人犯罪关系最大的"家事案件"纳入少年法庭受案范围中来。不过，这只是有限度地扩充，不能改变少年司法制度为少年犯罪预防的基本制度这一格局。

最后，姚教授以全球儿童运动口号作结，表达了他对我国少年司法改革的热切关注——"每个新生儿降临人间，人类的希望与梦想又重新点燃，儿童是我们共同未来的寄托，一个前所未有的、实实在在的未来"。

（中国青年政治学院网站，访问地址：http://news.cyu.edu.cn/ReadNews.asp?NewsID=18487，略有修改）

附录

追求"入世"与"出世"完美结合的学者:姚建龙教授

金秋的风,和煦温暖地吹拂着。上海西郊佘山小镇,稻田片片,秋声阵阵。在刚刚过去的国庆假期,抛却都市的喧嚣与繁杂的公务,静静地度过一个超脱俗世的假期,以心轻如羽、身若浮尘的苍鹰的气度,以披蓑戴笠、驻足山间的老农的眼神,欣赏着佘山小镇这一小片葱茏,其心悠然,其性恬淡。当秋风轻抚万物,吹去过往的繁华与匆忙后,一切的一切,都因平实而变得坦然了。这,就是自称"佘山老农"的学者姚建龙教授。

百度百科"姚建龙"词条载:"姚建龙,别号佘山老农,江西永丰人,华东政法大学教授,法学博士,硕士生导师,韬奋学者;南京大学犯罪预防与控制研究所特邀研究员。《青少年犯罪问题》杂志现任主编,上海市长宁区人民检察院副检察长等。""低调做人,高调做事"是他的一贯作风,在众多的头衔中,最钟情的还是"佘山老农"这一名号。

"知术欲圆,行止须直"——以严谨之风治教治学

在与姚建龙教授的几次工作接触中,给人印象最深的是他严谨的治学态度和活跃的思维。无论是专业教学还是学术研究,他都孜孜不倦、一丝不苟。虽然集学者、教授、官员等多种角色于一身,却认为自己首先是一名教师,视教书育人为其本分。自承担起传道授业解惑之责的那一刻起,他就一直恪守自己作为一名教师的担当与使命。对学生亦师亦友,主张"研究型教学模式",主张理论与实务的有机融合。他所教授的每一门课程,都要求学生走出课堂开展实证研究。他认为,如果不关注法律的实际运作,就容易被有着美丽"面纱"的法律条文所迷惑,他常常将课堂开设在未管所、少年法庭、检察院等现场,教学方法颇受学生欢迎。在华东政法大学开展的学生评教活动中,他教授的课程曾经在全校520余门课程中独占鳌头。虽然无缘亲身进入他的课堂,但观摩有关他课堂教学的网络视频,便仿佛置身其中领略他激情演讲般的教学风采,其教学艺术即可窥见一斑。由于出色的教学和科研实绩,他一步一个台阶,仅用六年的时间完成了从助教、讲师、副教授到教授的跨越。而"优秀青年教师"、"卡西欧奖教金"、"韬奋学者"等荣誉对他来说更是实至名归。

姚建龙教育学生要眼高手低,即做学问要眼界开阔、目标远大,做事情要低下头来,脚踏实地。这也契合了青少年犯罪研究和少年司法制度建设所必须具备的一种精神状态。我国少年司法制度建设面对的是已成定势、拥有主流话语权的成人法律体系,在成人司法价值观主宰的现实环境里,少年司法被一些主流法学家看作"小儿科",但要将"小儿科"做出"大学问",须具备一种沉得下去的执着与淡定。

"博而反约,通而求专"——持之以恒乃为学之道

姚建龙主张学术须持之以恒,继而拓展达致贯通之境。正因为坚持这样的治学之道,他很早就形成了自己的学术标签,与肖建国教授、徐建教授一道同为国内青少年犯罪与少年司法研究领域的代表性学者,被行内人士津津乐道的称为"三剑(建)客"。

姚建龙认为,"治学须由广博中求专精",正是十年如一日地践行这一宗旨,他先后主持了《禁毒法对劳教制度改革的影响研究》、《转型中国的青少年犯罪及其治理》、《适当成年人介入未成年人刑事诉讼程序研究》、《少年法院的学理论证与方案设计》、《校园暴力控制研究》等多项国家、省部级课题。出版了《长大成人:少年司法制度的建构》、《少年刑法与刑法变革》、《超越刑事司法》、《权利的细微关怀》等多部专著,合著或主编了《女性性犯罪与性受害》、《中国青少年犯罪研究综述》、《中国少年司法研究综述》等十余部著作,发表学术论文百余篇,十余篇被《中国社会科学文摘》、《人大复印资料》等转载。特别是其在2003年出版的处女作——《长大成人:少年司法制度的建构》,完整地提出了少年司法的理论框架,并系统地提出以少年司法权理论为中心建构中国少年司法制度的设想,迄今仍然是少年司法领域引用率最高的著作之一。

刚过而立之年的姚建龙,虽然有着一幅少年英俊的相貌,却又有几分少年老成之气势,驾轻就熟地对多门学科进行综合运用,以一种学者的使命感积极参与法治社会建设的具体实践,先后受聘为《未成年人保护法》修订工作专家顾问组专家、英国救助儿童会项目顾问、上海市妇女儿童发展"十一五"规划中期评估专家、上海市青少年发展"十二五"规划咨询专家、北京市海淀区人民检察院未检工作专家委员会委员、广州市中级人民法院专家咨询委员会委员、全国重点青少年群体教育帮助和预防犯罪试点工作指导专家等。并担任中国犯罪学学会理事、全国犯罪被害人学专业委员会副主任委员、中国法学会少年审判专业委员会委员、中国行为法学会金融法律行为研究会理事等社会职务。而在众多的社会职务中,他最看重的则是中国预防青少年犯罪研究会常务理事一职,相信不仅仅只是因为他是83位常务理事中最年轻、最有青春活力的一位。

"无论何时何地,只争一份尊严"——感受政学"两栖"生涯

姚建龙主编的《青少年犯罪问题》是全国 CSSCI 期刊,是目前中国内地唯一一本以研究和报道青少年犯罪问题、少年司法和青少年保护问题为核心内容的公开发行刊物。作为主编,每一篇来稿,他都要认真筛选、审阅并编辑,为了将这些本职工作与社会工作做得尽善尽美,他以超乎常人的意志力与时间赛跑。鉴于他的学术研究和教学成果,他时常被学者和官员们用"善思、上进、刻苦、睿智"等词汇来评价。

"研究有用的学问"是姚建龙始终坚持的信念,凭着这种信念,他投身于青少年犯罪和少年司法研究,并努力将研究成果应用于实践。2008年被任命为上海市长宁区人民检察院副检察长,开始了政学"两栖"生涯,给他提供了将研究成果转化应用更为广阔的舞台。长宁区是我国少年司法制度的发源地之一,姚建龙上任后,着手进行了诸如改进社会调查制度、创设涉罪未成年人心理矫护体系、构建三层立体式观护体系、推动未检一体化改革等新一轮卓有成效的探索。

对于挂职检察院副检察长一职,姚建龙颇有感触。因为有了一个官员的头衔,在出席各种活动时,活动主办方常常有意无意地疏漏他的教授身份,而只取某区检察院副检察长一职,着实让他感到失落。一日在某电视台录制节目,主持人竟然问:"可否不称呼您教授?因为不好听。"姚建龙淡定地回答:"你随便吧",而这种淡定其实是一种无奈。又一日赴某市开会,与一同窗好友共进晚餐,席间该同窗频频举杯,向所邀请到的本地大小官员逐一介绍道："这位是我同学，上海某区副检察长。"而姚建龙则不合时宜地补充道："挂职的。我是华东政法大学的老师"。

姚建龙以副检察长身份出席公务活动，一般都会在发言时特别说明自己是华东政法大学教授，当听到"教授就是不一样"的议论时，还会感到莫名的欣慰。"搞理论的人看不起搞实务的人，搞实务的人也看不起搞理论的人。"这是一种怪圈，也是姚建龙政学"两栖"后的最直接感受，但他认为无论何时何地，身居何位，只争一份尊严。

2011年9月6日下午，姚建龙以检察官的身份出庭公诉一宗未成年人盗窃案，在法庭上发表了教育词，面对有着苦难经历的未成年犯罪嫌疑人，姚检察官告诫她："你的经历值得同情，但不能成为你偷窃他人财物、违法犯罪的理由。如果改正了，相信你的生活会翻开新一页。为了自己和家人，你要认真改错，开始新的生活。"这也是姚建龙挂职副检察长所出庭的最后一个案件，随着此案的审结，姚建龙婉言谢绝了调检察机关任职的邀请，将自己检察官的生涯画上一个圆满的句号。

"博则视野阔，专而创新出"——孜孜以求的是一种坚守

十余年的青少年犯罪和少年司法制度建设研究之路，使姚建龙更加理性地认识到我国少年司法制度建设的发展方向。少年司法制度建设考验的是一个国家与社会法治的胸怀，国外刑事法制进步的路径表明，少年法学与少年法制往往引领着整个刑事法学和刑事法制的发展。"相比国外犯罪学家对青少年犯罪几十年如一日的研究，我们要走的路还很漫长"，姚建龙教授感慨道。在当今浮躁和追求短期效应的社会环境下，青少年犯罪和少年司法研究更需要一种超然的境界，他希望更多的有志者投入到这个事业之中。

姚建龙十分注重将青少年犯罪研究和少年司法制度建设研究的激情与热情融入笔端与演讲之中，大凡读过姚建龙文章或听过其讲座的人都会对其文采与演讲风格留下深刻印象。无论是在国内首部关于系统考证美国少年司法起源与变迁的《超越刑事司法》、国内首部关于系统论述少年刑法理念的《少年刑法与刑法变革》等著作中，还是在各种讲座、演讲中，他常常能让读者或听众从绵延铺展的文字或精妙的语言中体验到一幅幅精美画卷。墨笔批出的，或是雄奇壮美的层峦叠嶂，或是深幽静寂的林间小径，泼洒随性，奔放不羁，或着色青青，或淡彩层层，幅幅都是美丽的画卷,博大而精深。

除非百度姚建龙的简历,很少有人知道他曾是一名三级警司,曾在重庆劳教戒毒所一线担任管教干事。在祖国西南那座海拔千米的高山之上,在与数以千计的噬毒者朝夕相处中,姚警官积累了对人生、对中国司法生态的独特感悟。正是这段特殊的工作经历让他变得更为理性和务实,也使他的学术研究少了浮躁、空谈与书生之气,在追求理论厚重的同时更贴近司法实务。早在2002年他就提出了重构我国戒毒体系的建议,十年后其关于戒毒体系重构的设想基本为《禁毒法》与《戒毒条例》吸收,许多观点被中央和地方的司法改革所吸纳,甚至有政法部门将其著述中的诸多理念和内容直接转化为规范性文件。

姚建龙崇尚"入乎其内,出乎其外"的为学境界,他把自己的家建在远离都市尘嚣的远郊小镇,体验躺在床头眺望山峦的惬意感觉,或是随意套上宽松外套,睡眼惺忪爬山去的闲适。每日以山峦为伴,与山民为伍,不仅钟爱自己"佘山老农"的别名,还为自己的书房冠以"滴水阁"、"仰止阁"等雅号,享受着在寂静中的默默钻研与耕耘。他经常写诗与随笔贴在博客,尽管他很低调地表示这完全是出于一种兴趣,如若品读他的随笔,或徜徉于他的诗篇中,定会产生诸多共鸣。从姚建龙身上,我们能够感受到一种"入世"的热情与坚守,也能体会到一种"出世"的飘逸与宁静。

当我在键盘上敲出最后这几行文字时,头脑里涌现出一番景象——在高山之巅,峻峭的山峰突兀而起,一片白茫茫的轻云自天边而来,向天际而去……或许这就是中国人传统的烙印吧,那些儒释道能自由出入的先人们,又何尝不是一会儿出世,一会儿入世呢?而那千年传统的痕迹,已经刻印在他周身的每一个细胞之中,永远抹不去。或许,这就是姚建龙命中注定的求学、为师、治学之路。

(原载《预防青少年犯罪研究》杂志2011年第6期"人物风采",执笔:胡发清、周羚敏)

佘山老农杂记

老姚是我的江西老乡,也是同窗。好像在读博士前他就出版了两本专著,声名鹊起,搞得我们这些同窗既钦佩又焦虑,经常半夜起来拍着床沿叹气,大有莫等闲白了少年头之慨。但老姚治学的确是极勤奋的,很有老表的韧劲和狠劲。写起东西来,一个猛子下去,几个月目不窥园,出来时脸瘦了一圈,胡子也拉杂地长起来了,书稿自然如期付梓。总之生猛得很,不服不行。苏力曾经说做学问首先是个体力活,端的有道理。

老姚长得很"江西",就是说你一看到他,就可以直接问"你是不是江西人啊?"就是这样。江西是很出才子的,唐宋八大家就有三个是老表,这也不服不行。当然才子总是和浪漫之类的词儿勾连在一起的。这天经地义。没有才气,何来浪漫也哉?老姚就很浪漫,写诗,写散文,但不知填不填词,总之很有才情。据夹尾狼博士披露,老姚追爱人那阵儿,还是书生,囊中羞涩,但为了达到追求异性之目的,竟一咬牙,把华政四楼的歌厅包下。是夜,歌厅烛光摇曳,葡萄美酒,男甲女乙,你侬我侬,那是相当的浪漫。但据另一个版本,他别有用心地把人家骗到杭州,包了只船,在西湖上飘荡了大半天,大概还迎着风用江西普通话吟了几首诗,最后一举拿下——多么单纯的姑娘啊。当然这些只是传闻,还须向本人求证。

老姚住在佘山附近,所以自号"佘山老农",颇有上完课不忘下地干活之意,亦有以农民自警、自省的意思,就是告诫自己不要忘本,这是让人极敬佩的。因为都是吉安老农出身,我们聚到一起经常讲讲农村,讲到悲愤之处,大有重上井冈山的想法——当然主要是去参观旅游。后来我知道老姚只是小时候在乡下待过,现在全家搬到县城了,所以只能算是个"脱帽农民"。但他小时的经历和我大抵差不多,譬如用门板当球桌打乒乓之类,他也有过。所以他对自己的乒乓球水平很自信,而我总在一旁偷偷冷笑。去年我们在一家健身馆决一雌雄,大战二十多局,我大胜。他很有风度地认了输,并请我吃了一顿川菜。但我知道他心里还是不服的,这没什么。今后找个机会再灭他一回,好教他口服心服。毕竟要以德服人嘛。

我们这届博士读书那阵儿经常一起聚餐、喝酒、吹牛、海阔天空,其乐融融——那是一段多么美好的时光啊。老姚酒桌上话不多,特别韬晦,偶尔推推眼镜,温和地笑着,很有学者风度。当然,他酒量也不大行,没资格发飙。但几两的量,就喝几两,喝到刚刚好,就很有风度地说不行了不行了,然后笑眯眯地看着别人喝。而我们这班人,四两的量,却经常要喝一斤,一副前世不修的样子,最后把每个人报的量汇总起来,经常要比买的酒还多。当然,老姚也有喝高的时候,这需要激将法,而且须老苏亲自出马。现在老姚在一个检察院挂副检察长,气象不一样了,上次请我们在御花园吃饭,喝的是红酒,用那种很精致的高脚杯,搞得大家都很文静,连碰杯都优雅起来了。而我则担心不小心把杯子捏碎了,搞得一直很小心。

昨天晚上孩子感冒发烧,我带他在医院里挂盐水。老姚给我打来电话,说他的第三部专著已出版了,要寄一本给我。我听到,既钦佩又惭愧。多年来,恩师一直教导我们这些弟子,人生短暂而且无常,年轻人须要有一种时不我待只争朝夕的精神,有什么想法就尽量及时付诸笔端,写了下来,虽然起初可能稚嫩,但今后可以不断修缮,趋于完美。而一味地追求完美和成熟,谨慎下笔,可能会错过了写作的最佳机会,最后不了了之而一事无成。这对于个人来说,对于人类的知识而言,都是一种遗憾和损失。诚哉斯言矣。我想老姚笔耕不辍的行动,便是对于老师最好的响应吧。

张海斌(江渚子)
(2009 年 5 月 17 日凌晨随记)

这就叫差距

"开啥会不清楚,开会坐哪很清楚;谁送礼不清楚,谁没送很清楚;谁干得好不清楚,提拔谁很清楚;和谁娱乐不清楚,回家交代很清楚。祝愿你深深领悟、清清楚楚。"收到友人发来的这条手机短信,回顾自己的过去,尽管有些事情很荒唐,但基本上还算得上清楚。只是,长期过着一种自恋、浮躁、糜烂的生活,对自己和他人的"差距"一直不清楚。但当这种"差距"越拉越大的时候,才突然发现这"差距"不打一处来,也不是一天两天了。

最近,台湾大学法律系教授、著名民法学家王泽鉴先生应邀来华东政法大学进行为期两周的学术活动。大约十年前,我还在读大学高年级,先生的《民法学说与判例研究》八卷册在大陆横空出版,我使劲压缩生活费,花了血本全套买下民法的"天龙八部",兴致勃勃而又困难重重地啃完;考入研究生,继续畅游于先生的民法系列,体会民法学之美;毕业之后,继续从事民商法的科学与教育事业,与王泽鉴先生成了"学界同行"。阅读先生的著作,非常景仰;聆听先生的演讲,更加崇敬。可是,幼稚地想一想:我和王泽鉴先生都在同一片热土,从事的都是民法学专业,两人长相甚至也有几分形似,但为什么会有天地"差距"呢?差距之大,足以剥夺我的比较资格。

先别拿这么远的来瞎比。就与周围的同学相比,我也深感惭愧。前段时间,法博博友江渚子先生写了一篇《佘山老农杂记》,[注1]文中的佘山老农,是我的同学姚建龙。

我和姚建龙是同届研究生同学。当时一届研究生人数不是很多,研究生教育院将我们这一级研究生划分为两个行政班。一班由所谓三大

"热门专业"民商法学、经济法学和国际法学的同学组成,而法学理论、法律史、宪法学与行政法学、刑法学、诉讼法学等专业的同学则被分在二班。因二班的同学专业复杂,方便起见,当时流行的称呼习惯就是"其他专业"。刚入学时当然大都不认识,见面聊天不免要相互介绍。一开始大家都比较拘谨,被问及哪个班、什么专业、生源地及毕业院校等信息时,大都"老实交代",听者也点头示意,礼貌回应。但颇为滑稽的是,当同学之间越来越熟悉的时候,有人一听到谁在二班,压根就不问其具体学什么专业了,干脆就直接来一句:"哦,知道了,你是其他专业的"。这话显然是善意的嘲弄,但"其他专业"这一说法总让人觉得别扭,尤其是刑法,"这么大的一个法",也未加区分地被列入"其他专业",刑法学专业的同学多少有些心头不爽。记得有位刑法学专业的同学,很幽默,当一班的"热门专业"同学有意问其什么专业时,这位同学干脆就回一句"其他专业"。

姚建龙当时分在二班,显然,根据上述,他学的是"其他专业"。但究竟是什么专业呢?很遗憾,按照当时的专业划分,建龙可能连"其他专业"都算不上。记得华东政法学院设置了一些专业方向,如刑事侦察、犯罪学、青少年犯罪等。这些专业方向相对比较独立,学刑侦的难以言称是"诉讼法学"专业的,学犯罪学、青少年犯罪的难以言称是"刑法学"专业的。事实上,这几个专业确实独立设置,甚至说犯罪学和青少年犯罪也是各自独立的。建龙当时的专业方向是"青少年犯罪",记得这个专业方向似乎就他一个研究生。因此,我只能说,建龙的专业是"其他专业的其他专业"。

我当时的专业是民商法学。显然,在"我们的大中国",在所有学科专业设置中,这是最热门的专业。一些著名高校的报考统计数据屡次显示,法学院的民商法学在所有专业中是报考人数最多的,其次是商学院或经济学院的金融学。这是毫无疑问的。我选择报考民商法学专业,纯粹是基于学习和研究的浓厚兴致,以及本科多年培养起来的民商法学专业感情。报考时,并没有顾及该专业的竞争环境以及个人研究潜力等因素,"爱了就要上"。

很幸运,我上成了。上半年随从一位民法教授进行用益物权研究,下半年则开始"单干",凭借本科期间的点滴积累,第一篇习作《现代代理制度的发展趋势》,一投即中,公开发表。随后力推"上课"(打工维持生活)、"上网"(炒作土生阿耿)、"上报"(读书撰文发表)的"三上"政策,一发不可收拾。那个年代,我精力似乎无与伦比的充沛,很少睡觉。创作欲望也异常饱满,网络作品几乎一天一篇,长短不一。[注2]在报刊纸志上发表文章,也是接连不断,频繁露面。[注3]实话说,民商法学涵盖领域广泛,单是次级法律部门,就一二十个,不愁没问题写,只要具备两个条件即可,一是别偷懒,二是有起码的语言表达能力。

在专业热度及领域广度上,建龙与我相比,明显并不占优势。其一,我的专业派头很大——民商法学,"说出来你不觉得很有面子吗",该学科业内的"名流"和"大牌",无论是伪装的还是真装的,怎么说也算得上"不计其数"。简而言之,咱这块领地,不缺"腕儿"。反观建龙那个"其他专业的其他专业",看上去太萎缩。试想,在普遍追逐"商"、"经"的浮躁时代,对功利的绝大多数来说,刑法学已不再是"热门",与其相干的犯罪学更是"冷门",再在前面加一个限定语"青少年",谓之"青少年犯罪",那绝对算是"冷门"当中的"冷门",绝对的。其二,我的专业是"爱了之后上的",而建龙的这个专业,如果我没记错,应该不是他的报考志愿专业,多是调剂过来的,"拥抱过了就会有默契,你会爱上这里",简言之,"上了之后爱的"。此刻,我忽然似乎很低俗地又一次想到了爱与性。有人说,"因性而爱"与"因爱而性"是爱的两条路径,前者的主演多是男人,后者则多是女人。对此,我缺乏专门思考与实践,但可以想象,前者情形,爱的情感生成后,欲想达至饱满程度,需要经过孕育和积蓄的过程;后者情形,在性事实发生之前,爱的情感生成已有一个阶段,于是在性事实之后的爱较前者更容易进入饱满状态。将这一景象移植到读书求学领域,"先爱后上"情形,越容易早出成果;"先上后爱"情形,不大容易早出成果。

这么说,建龙非但没有优势,反而可能还算处于劣势。然而,不可思议的事实是,从读书、毕业,直到今天,我和建龙的差距越拉越大。攻读硕士研究生期间,建龙不仅撰写发表了系列有影响力的论文,还有了自己的学术著作《女性性犯罪与性受害》一书,尽管这不属于其"少年法学系列研究"之计划,但作为同学,我却很清楚他为此付出的努力。当时我和建龙的宿舍仅有一壁之隔,不时串门聊天,每次都看到建龙埋在书堆里刻苦钻研,映入眼帘的似乎全是"女人"、"性"、"犯罪"等字眼,最初仅停留在垂涎这些感官刺激的符号上,但后来得知他第一本关于女性犯罪与性受害的合著出版的时候,才发现功夫不负有心人。那些于我仅是官能层次的认识,到了建龙那里却成就了学术之作!他送了我一本,我很认真地读了,"差距感"油然而生,无地自容。

毕业后,建龙本可以去野马浜工作,我们一起做同事,但他最终还是选择留在了母校华东政法学院,继续从事青少年犯罪研究。我去了上海政法学院,继续扑在民商法学专业上。表面上看,我们毕业后的专业都极其"对口",这相当不容易。可是,差距也就随之产生。建龙所在单位是政法名牌,而我却进入了一所新生院校,况且当时还未挂牌。建龙不仅留在母校从事学术研究、人才培养、杂志编辑等工作,而且还师从著名法律史学家何勤华教授继续深造,攻读博士学位,致力于美国少年司法史研究。而彼时的我,却继续无聊地混迹于互联网BBS,发帖子、穿马甲、打嘴仗、做斑竹、当顾问,非常装蒜,极其自恋。真不知道这是为何,也许网络就像大海,"能够带走我的哀愁,就像带走每条河流"。

准确的学术定位和一贯的勤学苦练,力促建龙茁壮成长、天天向上。毕业那年,其少年法学研究系列的第一本个人专著《长大成人:少年司法制度的建构》,即由中国人民公安大学出版。我收到了其签名赠书,十分喜悦,同时又惊叹于其三年研究生时光的学术寂寞、沉默与积淀。[注4]此书应该是建龙的成名著作,也是少年司法界必读图书。那时,建龙在国内少年司法的理论与实践领域,已经非常有影响力了。学术讲座不断,社会活动特多。记得2004年,受我院研究生部和科研处的邀请,建龙来到野马浜校园,为研究生做了一场关于少年刑法的学术演讲。当时我在科研处从事行政工作,作为工作人员,我必须到场提供讲座服务;作为职业教师,我愿意去参与学术报告;作为同窗学友,我更想去支持喝彩。果然,建龙出场不凡,整个演讲不仅表达一流,而且学术功底相当扎实,现场提问交流,更是三下五除二,"流动着的魅力充满着朝气",征服了在座听众。那一天,我俩一起乘坐班车,下车后步行聊天,到了一个小酒馆,开怀畅饮,开心畅谈。记得当时我"充分肯定"了他的那场学术讲座,一直赞叹不已。心里,我又进一步意识到了"差距",但未做检讨。

2005年的一天,建龙的爱人(也是我的同事)来我办公室,送我一本书:《少年刑法与刑法变革》。这是其第二部少年法学研究的个人专著,仍然由中国人民公安大学出版社出版。苍天啊、大地啊,"产房里再传喜讯——人家又生了"!作品是作者之子,照此说,《少年刑法与刑法变革》是建龙的"二胎"了。当时我电话致谢,并鼓足勇气承诺"以后我也会回赠的"。话这么说，无非是要个死面子，但"差距感"却又一次侵占了我的心灵，可是，我还是硬作坚强，"就算我喝醉，就算我心碎，不会看见我流泪"，这一次，仍未做关于"差距"的检讨。

一晃又是四年过去了，我不仅没有任何回赠，反而又一次受赠了建龙的第三本少年法学个人专著《超越刑事司法：美国少年司法史纲》，这次由法律出版社出版。原以为2009年版的图书，怎么说也得是2008年底完成的，但打开一看，早在三年前的2006年初就已写得明明白白。仔细看了序、前言和后记，才得知这是建龙的博士学位论文，封底还有何勤华、朱苏力、陈瑞华三位教授的评语。这本书是委托我的友好同事、诉讼搭档砝码先生转交于我的，建龙和砝码都是何勤华教授的博士，为同门师兄弟关系。于是，我多次和砝码长时间通话，交流对此书的看法。少年司法的学术我一窍不通，但我向来欣赏建龙优美的文笔，读其作品，正是通过享受语言之美，进而体味法学之美。这诚如其导师何勤华教授在本书之序中所言："建龙一直提倡学术作品文风的优美性、可读性与个性化，在这部作品里，我们可以感受到他的上述努力"。

"差距"进一步拉大。以上所言还是仅限于独立的学术专著，如果说开去，"差距"分布范围还可以扩及诸多方面。这些年来，建龙还合著、主编、副主编了著作十余部；陆续在包括法学核心期刊如《现代法学》、《法律科学》、《环球法律评论》、《法学评论》、《法学》等在内的学术期刊上发表学术论文近百篇；主持国家社科基金项目、中国博士后科学基金资助项目、司法部国家法治与法学理论研究项目、上海市哲学社会科学规划项目、上海市教委社科项等多项国家级、省部级课题。因其斐然的初期学术成就，建龙已评上高级职称和韬奋学者，聘为硕士生导师，担任上海市长宁区人民检察院副检察长，学术兼职及社会活动若干，并在北京师范大学刑事法律科学研究院做博士后研究人员。

这些，已经够"差距"了，但清点一下，"差距"还不止这些。建龙不仅在学术事业上孜孜不倦，在生活与家庭建设方面，更是圆圆满满。刚毕业那阵子，他租住在"沪笆屋"，但很快就购置了新房产"仰止阁"，娶妻生子，吉祥三宝，幸福一家。有一次，在市区有一个学术会议，建龙专门开车送爱妻前来开会，很够丈夫意思。

我倒是干干净净，清清白白。学术著作、核心期刊论文的数量均为零。毕业六年来，从没投稿，因为从没撰写过任何一篇学术论文，一无所投。职称更是刚脱离助教不久，非常落后，学术职务当然更是空白。我常常自嘲为"本科生导师、享受国务院普通津贴"。[注5]婚姻家庭方面，更是落后得很。甭说嫁人或娶妻了，连个落脚的窝都买不起；甭说窝了，我能支付得起的，也就一两个西瓜、两三根肉串。"从那遥远海边，看那潮来潮去，徒劳无功想把每朵浪花记清"。

我性格内向，喜欢安静，平日里，很少和人打交道，没事从不出门。建龙尽管是我同学，却也极少见面。其实，每次联系，他总是鼓励我。记得有一年上海市法学会组织青年学术沙龙，我和建龙都去了，并同住一个房间，夜里我们聊了很久，他给了我许多人生与学术的中肯建议，但我至今未付诸实施。或许，这也是造成"差距"的原因之一。

有人说，人生有五大发展阶段，首先，自己要行；其次，要有人说你行；再次，说你行的人要行；然后，你说谁行谁就肯定行；最后，谁敢说你不行！可惜，我至今还未进入第一阶段，悲哀，悲哀，真是悲哀！显然，这也是"差距"。

什么叫"差距"？这就叫"差距"。唉！同样是生活在上海的俩乡下人，差距怎么就这么大呢？念及此，羞得我都不知如何收笔结尾了。尴尬时刻，突然找到了救场的最佳"台阶"，那就是小品《钟点工》里宋丹丹的经典一句："不说了，走了，伤自尊了。"

注释：

[注1] 参见江渚子：《佘山老农杂记》，载《法律博客——法律的异邦》，2009年5月17日。

[注2] 记得以"土生阿耿"网名发表的首篇文章即"走红"中法网，文章短小，但题目"雷人"，叫做：司法考试，你的门槛实在太低了——土生阿耿泪洒中法网。因当时还没有施行司法考试，依然是"全国律师资格考试"（"律考"），但正处于改革关键阶段，律考允许大专生参加，司考是否维持旧门槛？我文章大胆主张司法考试应将最低门槛设置为法学本科，禁止本科以下及非法学专业人员报考，结果自然引来巨大争议，尤其是大专及以下学历和非法学专业的网友，更是旗帜鲜明，声嘶力竭地攻击我的观点及我本人，可以说，绝大多数网民是反对的。

[注3] 研究生入学后，我尊敬的导师张驰教授强调了学术成长中"练笔"的重要性，我很受启发，一直练笔，不成熟的想法也尽量写出来、发出去，记载特定阶段的思考经历。结果，这一学习方法被我过度膨胀地使用，每写一篇文章，不管

长短、大小、深浅、优劣,一律从《中国社会科学》、《法学研究》、《中国法学》等所谓"三大刊"开始,一直到《上海法学研究》等地方法学会主办杂志,几乎全部投稿一圈,一开始一稿10投,后来20投、30投,直到顶峰60投,之所以如此操作,我是有充分依据与正当理由的,详细说明可参见李绍章:《投稿风险与一稿多投》,载《法律博客》,2005年月日。一稿数十投的成本看似很高,其实所需资费寥寥无几,以5000字文章30投为例计算,1投中,印制费大概5角,信封2角,邮票8角,计需资费1元5角,30投也不过45元。但只要发表1篇,稿酬(少则百元、多则几百元)即可盖过45元。显然,在文章质量有起码保证的情况下,一稿数十投,不可能不会发表,所谓"东方不亮西方亮",但我尽量确保一稿不多发。那时,我投稿的欲望及行动简直到了疯狂的地步。某家法学核心期刊主编不堪忍受我的频繁投稿,某次见到我熟悉的一位朋友说:"你们学校有个叫李绍章的研究生吧?他一有文章就投到我这里,快100篇了,但我一篇也不给他发表。"还有一家著名的法学核心期刊,我投得很低调,一年内才投了4篇文章,但该期刊编辑部却给我发来公开信,指责我一年投稿4篇是在"滥投稿"。你看,你看,大家都来看看,竟然还有这样的期刊,别的期刊都是"欢迎赐稿",这家倒是被我投烦了,强加给我一个"滥投稿"的罪错,为此还费尽心机专门给我来信。可以批评我"滥文章",但指责我"滥投稿",似乎横竖说不通。这个世界,怪人太多,搞得我不是很明白。工作以后,直至今天,我从来没投稿,前后六年了。此间,除非是约稿,否则绝不投稿;今后,再说。

[注4] 何勤华教授在建龙著作的序言中提到:"据我所知,建龙大约自2000年即开始专注于少年法的学习与研究,并将研究重心定位于少年司法。"参见姚建龙:《超越刑事司法:美国少年司法史纲》,法律出版社2009年版,序002页。

[注5] 我院实行本科生导师制,每个老师都有义务带相应数量本科生,均为"本科生导师";与一些专家享受"国务院特殊津贴"相比,每个享受工资津贴待遇的教师,我认为,均可视为享受"国务院普通津贴"。

李绍章(土生阿耿)

(2009年5月28日晚一气于上海)

图书在版编目(CIP)数据

法学的童真:孩子的法律视界/姚建龙著.—上海:上海三联书店,2019.1重印
ISBN 978-7-5426-5068-9

Ⅰ.①法… Ⅱ.①姚… Ⅲ.①未成年人保护法-研究-中国 ②青少年犯罪-预防犯罪-研究-中国 Ⅳ.①D922.183.4 ②D669.5

中国版本图书馆CIP数据核字(2015)第012713号

法学的童真:孩子的法律视界

著　　者 / 姚建龙

插　　画 / 姚中琛
责任编辑 / 冯　静
装帧设计 / 一本好书
监　　制 / 姚　军
责任校对 / 张大伟

出版发行 / 上海三联书店
　　　　　(200030)中国上海市漕溪北路331号A座6楼
邮购电话 / 021-22895540
印　　刷 / 上海盛通时代印刷有限公司

版　　次 / 2015年3月第1版
印　　次 / 2019年1月第2次印刷
开　　本 / 640×960　1/16
字　　数 / 250千字
印　　张 / 23
书　　号 / ISBN 978-7-5426-5068-9/D·277
定　　价 / 78.00元

敬启读者,如发现本书有印装质量问题,请与印刷厂联系 021-37910000